CHANGE
체인지

2018년 연말경, 나는 미국 거주 J. J. Lee 변호사를 통해 이 책의 원저자 Roy Eugene Davis와 접촉했다. 그리고 마침내 2019년 2월 4일, 원저자로부터 『Secrets of Inner Power』 번역 및 출판의 독점권을 직접 획득하게 되었다. 원저자 Roy Eugene Davis와 그 대리인 Kathleen Low에게 존경과 함께 감사의 뜻을 표한다. 그리고 이 사실을 여기 기록한다.
ㅡ한국어 옮긴이 전영우

Secrets of Inner Power

Copyright ⓒ Roy Eugene Davis, 1964
Korean Translation Copyright ⓒ 2019 by Daewonsa Co., Ltd.
All rights reserved.
The Korean language edition published by arrangement with
Mr. Roy Eugene Davis.

당신은 마음을 바꿔
재출발해 볼 예정은 없는가?

CHANGE
체인지

로이 유진 데이비스 지음
전영우 옮김

"Secrets of Inner Power!"
당신의 마음이
마법을 부려
곧 소망을 이루게 됩니다.

당신 마음에 모든 것이 있다

자기의 참된 소망을 알고 그것을 절실하게 소원하면 당신은 꼭 그것을 성취할 수 있다. 우리가 사는 세계와 환경은 모두 우리 마음이 만드는 것이다. 당신은 당신의 세계를 맞춤 양복처럼 자기 몸에 맞게 새로 만들 수 있다.

당신이 자기 인생의 주인공으로서 진정 뛰어난 성공자가 되는 방법을 이 책은 분명하게 보여 줄 것이다. 본서의 원 저자 로이 유진 데이비스(Roy Eugene Davis)는 18세 때, 요가의 지도자 요가난다(Yogananda)를 스승으로 해 심령 수행을 쌓고, 그 후 심령과학의 모든 광명(光明)사상을 배우며 항상 몸으로 수행해 왔다.

1965년대, 그는 이 방면의 대가로서 저술과 강연에 능력 있는 수완가의 활동을 계속하는 한편, 또 라디오와 TV의 수많은 프로그램에 출연, 무수한 시청자에게 희망과 광명을 준 철학자요, 종교가다.

본서는 그가 그의 철학을 우리 일상생활에 살려 인간의 운명 개선에, 사업 발전에, 또 모든 소망 실현에 응용하는 실제 방법을 우리에게 알기 쉽게 설명한 것이다. 독자 여러분들도 본서를 읽고 마음이 갖는 신비력(神秘力)을 자유자재로 구사, 인생의 무한한 기쁨의 샘을 당신 것으로 만들기 바란다.

　요가(Yoga)는 인도 육바라밀(六波羅蜜, 여섯 가지 수행) 철학의 하나다. 요가 행(行)은 오감의 작용을 누르고 정신을 한 가지 일에 통일하며 삼매경(三昧境)에 들게 하는 묵상적(默想的) 수행을 말한다. 현재 이 행법(行法)을 이용한 건강 운동이 세계 각국에서 실시되고 있다. 요가 행자(行者)를 달리 '요기(Yogi)'라 부른다.

　이 책은 1964년, 로이 유진 데이비스(Roy Eugene Davis)가 'Secrets of Inner Power'란 제목으로 미국 뉴욕 프레드릭 펠 출판사에서 발간한 것이므로 꼭 50여 년 전에 나온 책이다.

2019년 8월
옮긴이 전영우

차 례

1장
개인의 성공 정칙(定則)

'자기 희망은 반드시 성취될 것'임을 강하게 확신할 수 있다면 어떤 인물도 될 수 있고, 어떤 일도 이루어낼 수 있으며, 또 이 세상 어떤 것도 소유할 수 있다고 한다. 당신은 이 사실을 믿을 수 있을까? 믿을 수 있다면 문제는 간단하다.

만약 당신이 자기 희망은 이미 실현된 것과 같다는 확신을 마음에 품고 명확하게 그려진 꿈의 방향으로 나아갈 수 있다면, 틀림없이 평범한 사람은 깨달을 수 없는 확고한 성공을 이루게 될 것이다.

웹스터 사전에는 '성공'에 대해 "새로운 기획의 바람직한 종결"이라고 정의하고 있다. 당신은 성공한 사람을 과연 몇 명이나 알고 있는가? 자기가 달성하려 착수한 일을 실제로 과연 얼마나 많은 사람이 성취하고 있을까?

대부분의 사람이 모두 성공하는 것은 아니다. 성공한 사람은 일부 극소수일 뿐이다. 왜 그럴까? 그들이 더 좋은 것을 추구하지 않아서일까? 이유는 그들이 성공하기 위한 기본 법칙에 자기 파장(波長) 맞추는 방법을 배우지 않아서다.

성공은 당신이 마음먹기에 달려 있다. 당신은 이 불변의 기본 법칙에 따름으로써 당신의 현재 인생에 새로운 질서를 가져올 수 있다. 또한 당신이 만약 관심을 집중적으로 '부(富)의 축적 및 관리'에 돌린다면 그것 역시도 가능하다.

어느 누군가 해낸 일은 다른 사람도, 예를 들면 당신도 할 수 있다. 희망은 반드시 성취할 수 있다는 사실을 대담하게 마음속으로 확인하는 것이 희망을 실현하는 첫걸음이다.

희망 실현의 두 번째는 성공하기 위한 생활 법칙과 바른 관계에 들어가도록 최선을 다하는 것이다. 당신은 '영감(靈感)이 깃든 글'에 친숙해짐으로써 이를 할 수 있고, 또 당신은 인생에서 할 수 없다는 것을 현재 하고 있는 사람들과 친교를 가짐으로써 성공 법칙과 바른 관계에 들어갈 수 있다. 이렇게 할 때, 당신은 성공한 사람의 관점에서 인생을 바로 보는 법을 배워 그 성공한 사람처럼 인생을 살아가는 일이 가능해질 것이다. 그러나 그것은 물론 당신에게 특별함을 요한다. 당신은 자신이 할 수 있다고 믿는 것이면 어떤 일도 할 수 있다.

한번은 지금 테마와 똑같은 연제(演題)를 가지고 강의하는 도중에 청중 가운데 한 부인이 큰 소리로 다음 이야기를 들려준 적이 있다.

"선생님 이야기를 듣는 중에 저는 텍사스 친구들과 대화한 일을 떠올리게 되었어요. 이 친구들이 저에게 이런 이야기를 들려주었어요. '텍사스에서 누구라도 크게 성공하면 어떤 일도 이에 상응한 일은 가능하다.'고요."

이 이야기에는 성공의 비결이 매우 간단히 나타나 있다. 당신은 이를 잊지 말고 기억해 두면 좋을 것이다. 당신의 자각이 크면 클수록 어떤 일도 이에 상응하는 것은 가능하다. 만약 당신이 무엇을 하려는 마음속 의욕은 높은데 그것이 될 것 같지 않다면, 그 내부에 본래 있는 자기에게 작용해 성공의 자각을 키울 일이다.

동양사상가들이 즐겨 말하는 이야기 중에 듣는 청자 가슴에 크게 와닿는 것이 있다. 그중 하나가 건조한 열대에서 길을 잃고 방황하는 남자 이야기다. 타들어가는 태양 아래 여러 시간 고통을 겪으며 헤맨 끝에 이 남자는 어떤 작은 호숫가에 이른다. 이 호수가 신기루가 아닌 것을 감사히 여기고는 그 자리에 무릎을 꿇고 웅크려 계속 호수에 매달려 꿀꺽꿀꺽 물을 마시기 시작했다. 갈증이 얼마나 심했던지 그는 호수 물을 모두 마셔 버릴 것 같았다. 그러나 얼마 안 가 자기 능력에 맞는 분량만큼의 물밖에 마실 수 없음을 깨달았다.

자, 그렇다면 생명력의 은혜에 대해 이 남자와 똑같은 경우의 사람이 얼마나 많을 것인가. 생명력은 그 양과 질에 있어 무진장하게 실재하고 있어 얼마든지 퍼가기를 기다리고 있다.

사람들은 풍부한 세계에 살기를 바라고 있다. 곧, 그들은 좋은 것을 살 돈을 넉넉히 가지고 싶다. 그들은 친구 사귐에 은혜를 받고 싶다. 그리고 또 만족한 건강을 체험하고 싶다. 그들은 영적인 통찰력을 바라고 있다. 그러나 유감스럽게도 그들은 항상 자유롭게 이용할 수 있는 것에 둘러싸여 있지만 그것을 누릴 수 있는 용량에는 한계가 있다. 그들은 자기들 능력으로 적당하다고 느끼는 정도밖에 갖지 못하는 것이다.

본서가 뜻하는 바는 성공을 어떻게 해야 향수(享受)할 수 있는가를 독자에게 명백히 밝혀 주려는 것이다.

회임(懷妊)은 탄생에 선행한다. 인간은 사물을 체험하기 전에 그 사물의 실현이 가능하다. 그것을 마음에 확실히 회임해야 한다. 여기서 내가 의미하는 '현실'은 눈, 귀, 코 등의 오감을 가지고 진실로 느끼는 것이 아니면 안 된다. 현실은 3차원의 세계에서 진실한 것이어야 한다.

대부분의 사람들은 잠재의식층의 상태, 혹은 기억의 축적에 기초를 두고 행동한다. 사실 그들은 자주적으로 생각하고 행동하는 것이 아니다. 그들은 "그런 일, 나에게는 일어날 수 없다."라든가, "사실이라면 상태가 매우 좋다.", 혹은 "행운은 오래 가지 못한다."라고 중얼대며 일생을 보낸다. 그리고 이 같은 중얼거림도 사상, 감정이라면 인생에서 경험으로 나타나기도 한다.

당신은 톱니바퀴의 회전 방향을 바꾸는 방법을 배우지 않으면 안 된다. 그리고 "나는 앞으로 나아갈 수 있다. 나는 인생에서 무엇인가 꼭 할 것이다." 하고 단호하게 말할 수 있어야 한다. 그리고 앞으로 나아가 그것을 실제로 해야 한다.

참된 확신에서 출발한 행동만큼 강력한 것은 없다. "이미 시작된 것이다. 그리고 목적은 이미 달성된 것이다."라는 불타는 듯한 확신에 찬 의지는 아무도 방해할 수 없다.

여기, 우리가 기억할 중요한 키가 있다. 상념(想念)의 주류를 이루는 것이 당신의 의식 내용을 형성하고, 그 의식 내용이 곧 당신의 인생에서 운명을 결정한다. 당신의 마음속 주류를 이루는 '상념', 즉 당신이 각성하고 있는 중에 잠재의식으로 삼투한 상태로 방치된 상념은 수면 중에 계속 작용하여, 느리지만 착실하게 당신 인생의 존재 방식 형태를 만들어 나간다. 그리하여 그것이 당신의 운명을 형성한다.

그러므로 에머슨(Ralph Waldo Emerson, 1803~1882, 미국 시인, 사상가)은 쾌도난마로 자르듯 예리한 지성을 가지고 "인간은 자기가 종일토록 생각하는 바와 같다."고 말할 수밖에 없었다.

당신은 자기가 생각하고 느낀 대로의 사람이 된다. 그리고 또, 당신의 한 계열인 상념은 자각하는 정도에 따라 창출된다. 이 사실은 의식 상태를 다른 측면에서 설명한다.

당연한 사실이지만 당신은 자유스럽고 창조적이기를 바란다.

그리고 당신은 자기의 사상 감정을 지배하는 것이 얼마나 중요한가를 즉각 이해할 것이다. 당신은 자기 사상 감정을 뜻대로 통어(統御)하려 시도할 때, 처음은 아무래도 자기 힘이 미치지 못할 것으로 생각할지 모른다. 사물을 방치해 두는 습관은 강하지만 진지하게 원하고 바란다면 그 습관은 뜯어고칠 수 있다.

당신은 자기가 하는 말의 지배적 노력을 의도적으로 계속함으로써 사상 감정을 바라는 방향으로 지배할 수 있다. 당신은 확신 있는 어조로 말함으로써 자동적으로 자기 상념의 흐름을 통어해 자기가 바라는 방향으로 나아갈 수 있다. 그것은 노력 여하의 문제라기보다 오히려 주의력 여하의 문제다. 또는 당신의 주의력을 어느 쪽 방향으로 이동시킬까 하는 문제로 생각해도 좋다. 당신이 그런 노력을 미리 쉽게 생각하면 그것은 꼭 그만큼 쉬운 것이 된다.

그렇다면 지금 곧 실천할 일이 아닌가. 자기가 자기에게 진실이기를 바라는 사물만 말할 것을. 그리고 나머지 시간에 만약 당신이 가십으로 끌려 들어갈 때, 또는 어두운 화제로 말려들 때 고귀한 침묵을 지키는 것이 좋다. 이따금 짤막한 '시장 정보'를 나누는 것도 물론 좋다. 그렇지만 단순히 불안과 실망을 안겨 주는 쓸데없는 이야기를 장시간 나누는 일은 피하는 것이 좋다.

당신은 믿음이 깊고, 어떻든 성현군자 같은 사람이 될 필요는 없다. 다만, 인생에 목적과 방향을 두도록 한다. 인생에 목적과 방향을 두면 당신은 자기 사상 감정을 통어해 방향을 잡을 수 있게 될 것이다. 그리고 그것은 당신의 분위기에 자석 같은 힘을 주어 힘을 느끼게 되는 나를 발산시킬 수 있다.

당신이 친구에게 편지를 쓸 때, 그 편지가 생명의 불꽃과 자신의 불꽃을 불붙이게 하라. 당신 환경에 있는 사소한 불유쾌사를 계속 말하려는 충동을 잠재우고 낙천가가 되라. 또 실제 자기가 낙천주의자임을 느껴라.

나는 당신 마음을 공허하게 하고, 너무 기쁘게 하는 헛수고를 장려하는 것이 아니다. 나는 인생에 건실함을 주고 새 정신적 토대를 당신이 발견할 수 있도록 하고 있다. 나는 강의할 때 정확하고 간명하게 논점 요지를 거침없이 말한다. 그리고 실례를 들어 사실 그 자체가 진리를 말하는 것으로 주장한다.

나의 한 친구가 매우 헌걸찬 강연가를 단장으로 하는 판매 세미나에 참석한 일이 있다. 그는 나에게 이렇게 말했다.

"로이! 내 말 좀 들어보게. 자네도 그 남자의 책을 읽고 배울 필요가 있겠어. 그런데 그의 열변이 대단하더군. 마루에서 30센티미터나 위로 뛰고, 요점을 한바탕 늘어놓더군. 놀랬어. 그는 온전히 청중을 매혹시키는 열변가야."

"어떤 얘기를 했는데?"

"아니 뭐 흔히 듣는 주제였지. 더욱이 논지는 그다지 훌륭한 구성은 아니었어. 그런데 말이지 놀라운 사실은 그가 청중을 매우 흥분시킨 일이지."

이 연설자는 열정을 가지고 청중의 심정을 끓어오르게 하고, 최후에 뇌쇄적인 문구를 가지고 나온다. 이래서, 청중이 바로 최고의 흥분에 이른 마침 그때, 그는 자기의 상품을 꺼내 들고 바로 앞의 청중들에게 배포하는 것이다. 그러나 그가 강연회 장소를 떠나간 뒤, 청중들은 이용된 것이라고 느끼는 사람들이 많았다.

만약 이것이 자기 제품에 대한 신념과 인생을 착하게 살아가야 한다는 생활 감정의 앙양에서 용솟음친 순수한 열정이었다면, 그것은 온전히 그 선전과 똑같이 좋은 집회가 되고, 오래도록 뒷맛이 남는 좋은 세미나가 되었을 것이다.

당신은 자기 사상 감정 전부를 스스로 책임지고 자기를 책망해서는 안 된다. 당신 사상의 주류를 이루는 대부분은 당신이 모르는 사이에 잠재의식의 토양에 심어진 것이다. 당신이 이따금 이완 상태에 있을 때라든가, 혹은 더위나 추위로 기분이 조금 나쁠 때, 또 당신 마음이 수동적일 때, 당신은 외부 암시에 대해 마음이 모두 열려 있기 때문에 닥쳐오는 상념이 강한 신념을 가지고 오는 것이면 어떤 상념이든 모두 흡수해 버린다.

이 경우, 당신은 환경의 조종을 받는다. 자주성이 결핍된 수동적인 사람은 말하는 사람의 기술 속에 최면 상태에 빠진 것과 같다. 그는 어떻게 하든 생각하게 만든다. 그는 교육으로 어떤 제품을 구매하게 할 수도 있고, 당(黨)의 방침으로 오른쪽이면 오른

쪽으로 가장 기묘한 철학사상에 동의시키는 일도 가능하다. 인간의 마음은 이처럼 대중과 함께 사고하는 것을 좋아한다. 왜냐하면 그쪽이 일층 안전하게 느껴지기 때문이다.

어린이들은 교육을 통해 어떤 일정한 생활양식을 올바른 것이라 믿게 된다. 즉, 그들은 사회와 보조를 맞추는 일에 동조하도록 하는 조건에 빠진다. 성장, 결혼, 직업, 은퇴, 그리고 결국 그대로 타성적인 생활로 이어지고, 마침내 남에게 자리를 양보하게 된다.

수많은 사람들 중에 자기가 한 일에 대한 의미가 무엇인지 검토하는 사람은 별로 없다. 이는 인간이 사는 방식에 대해 모두 '인류 통념'의 끊기 어려운 정을 끊어내는 용기를 가진 사람들이 적기 때문이다. 나는 이 세계에 자기가 있어야 할 바른 위치를 찾아내고, 왜 사물이 지금 있는 형상인가 하는 이유를 아는 일이 중요하다고 느낀다. 누구나 할 수 있는 일이고, 마음이 가는 만큼 만족감을 얻는 한 가지 경험은 인생의 수수께끼를 풀어내는 일이다. 나는 이 위업을 완성하는 사람은 실로 성공할 사람이라 생각한다.

당신은 자기를 에워싸는 제한적 관념에서 벗어나지 않으면 안 된다. 그리고 당신이 마음속에 그리고 있는 것은 무엇이든 실제 사건으로 경험할 수 있는 것임을 잊어서는 안 된다. 당신은 무진장의 실질을 저장하는 우주에 살고 있다.

당신은 우주의 법칙과 조화하며 다루어가는 한, 그 마음의 실질을 손에 쥐고 생각한 대로 형상화할 수 있다. 실제 당신은 다음과 같은 관점에 설 수 있다. 즉, 당신은 '우주 마음'의 표현 기관이고, 보다 나은 세계 질서를 갖기 위해 할 수 있는 일을 하는 것은 당신 자신의 책임이다.

당신이 어디 있든 당신이 지금 있는 그곳에서 일을 시작할 수 있다. 그리고 거기서 당신을 이끄는 영(靈)에 따라 자기 및 자기가 접촉하는 사람들에게 항상 마땅하고 적절한 일을 할 수 있다.

사람들의 열등 관념을 더듬어 보면, 그것은 누군가에 의해 감정적으로 다음과 같은 말에 부딪친 것이 원인임을 알게 된다.

"자네는 전혀 도움이 되지 않는다고. 자네는 지금까지 좋은 일이 없었고, 앞으로도 결코 좋아질 리가 없다고."

"자네 같은 사람은 이 세상에서 어떤 일을 해도 절대 성공하지 못해. 머리 회전이 느리고, 게으름 피우고, 무엇을 시켜 봐도 안 돼."

이런 비난은 진실일 수 없다고 상식적으로는 생각한다. 그러나 사람이 그런 말의 포화를 정면으로 맞는 경우, 특히 그 사람, 비난의 말을 퍼붓는 사람이 전부터 존경하는 사람이었다면, 그 사람에게 매우 민감해 마치 최면 중에 받는 시술자의 명령처럼 그 비난의 말을 마음속으로 받아들이게 된다. 그리고 가령, 그가 좀 더 바른 판단력을 가졌다 해도 피곤할 때나 이따금 자기 사업이 불황에 처했을 때는 이전에 남이 들려준 비난의 말이 떠오르고 "역시 그래, 나는 안 돼." 하고 믿어버리는 경향이 있다.

인생의 길에서 당신을 잘못된 방향으로 이끌었다고 하여 그 사람을 원망하는 것은 잘못된 시각이다. 어쩌면 그는 당신에게 친절한 뜻에서 그렇게 한 것인지도 모르고, 혹은 자신이 남에게 준 감정 폭발이 뒤에 가서 얼마나 큰 영향을 끼치는지 신경 쓰지 못했기 때문이기도 하다.

당신 불행의 원인을 타인에게 돌려서는 안 된다. 이 같은 마음의 경향을 중화하려면 당신은 전력을 다해 경주할 필요가 있다. 다른 사람에게 책임을 전가할 마음의 경향을 중화시킬 최선의 방법은 어두운 감정을 밝은 감정으로 바꿔 놓는 일이다.

진지하게 이런 노력을 계속하는 것이 좋다. 그런 중에 반드시 당신은 자신의 자기 한정을 타파할 기회가 올 것이다. 전력으로 질주해 바른 방향으로 나아가도록 노력함으로써, 곧 당신은 어쩔 수 없이 성공하고 있는 자기를 발견하게 된다. 그때 당신은, 가령 자기가 성공을 억지하려 생각해도 그것은 불가능하다. 만약 당신이 처음부터 성공하고 있을 때라면 반드시 한층 더 빛나는 성공을 거두게 될 것이다. 아니면 당신은 창조의 새 영역으로 진출할지 모른다. 당신이 마음의 창을 활짝 열 때 당신이 할 수 있는 일에 그 한계가 없어진다.

현세에서 비교적 자유에 눈뜨고 인생 사물을 처리할 줄 아는 뛰어난 사람이 많은데, 그들은 그 자각 단계에 따라 여러 활동 분야에서 활약하고 있다. 그들은 자기 주의력을 어떤 사고 대상에서 다른 대상으로 신속하게, 그리고 용이하게 전환할 줄 안다. 그들은 자기 환경을 정복하고 있는 것이다.

이런 뛰어난 사람 가운데에는 라디오 및 텔레비전 스타가 있다. 이러한 남녀 인사의 생명력은 참으로 대단하다. 그들이 출연하는 어떤 프로그램을 보는 사람도 모두 그들의 두뇌 활동의 신속성과 그 장면에 어울리는 자기 처리 능력에 강한 감명을 받게 된다.

세상에는 재산 하나 없는 상태에서 출발해 오늘의 대성공을 이룬 사람이 무수히 많은데, 그들 역시 그런 인물이다. 그는 사람에 대해 깊은 애정을 가지고 있고, 누구나 그 점을 느낀다. 그는 주저 없이 모든 계층의 생활에 조화로움을 추구하는 일에 아낌이 없다. 그런데 이 '조화'가 중요하다.

가령 당신은 최선을 다했는데 성공하지 못한 경우, 당신은 마음속에 이런 생각을 가지고 있는 것이 아닐까? 즉, "사람은 물질적 성공과 동시에 영적으로 향상할 수 있는 것은 아니다." 하고. 바로 이 점이야말로 남녀를 불문하고 많은 사람이 논쟁을 일으키는 논점이다. 그리고 영(靈)이 이 세계의 실질이라는 사실을 자각함으로써 그런 생각을 해소하는 것이 좋다. 세계의 실질은 단 하나뿐이나 그 출현 방법은 다양하다. 과학이 이 사실을 확증하고 있다. 이것은 이해하기 어려운 어떤 막연한 형이상학적 개념이 아니다.

더욱이 자각하지 않으면 안 될 것은 우리의 육체는 현세에 살아갈 수 있게 만들어진 것이므로 살아가기 위해 당신은 현세의 사물과 조화하지 않으면 안 된다. 그렇다고 유물주의자가 되라는 뜻은 아니다.

눈에 보이는 사물 저 너머에 눈에 보이지 않는 신의 지혜와 질서가 실재한다는 사실은 이미 당신도 알고 있는 바다. 그러나 당신 육체는 아무래도 현세에 사는 길밖에 딴 도리가 없다. 왜냐하면 이 현세 레벨만 당신이 아는 유일한 세계이기 때문이다. 그러나 당신은 보다 풍부하고 완전한 인생을 살기 위해 물질 이상의 영적 법칙을 사용할 수 있다.

자, 그러면 인간의 마음인데, 마음은 전자계산기와 너무 흡사하다. 대부분 사람의 경우, 마음은 인생의 여러 정황에 어떤 형태로 반응할 수 있게 미리 조정되어 있다. 당신은 '마음' 그 자체가 아니라 현세에 자기를 표현하기 위해 '마음'을 도구로 사용한다.

당신은 무엇이 되려고 생각할 필요는 없다. 이미 '있는' 것을 자각하면 좋다. 그러나 이 사실은 뒤에 가서 자세히 상술하기로 한다.

당신이 잠재의식에 축적하고 있는 사실과 심상이 단지 소문과 풍설에서 얻은 정보나 잘못된 관념에서 성립될 경우, 당신이 그 잠재의식에 축적된 사실과 심상(心象)을 인출해 현 정세에 관련시킨다면 당신은 반드시 잘못된 결론을 얻게 된다. 가령, 마음 작용이 뛰어나다 해도 추론의 기초 자료가 부정확하다면 여기에서 얻은 해답은 틀리게 된다. 이는 자명한 사실이다. 바로 여기, 올바른 판단 자료를 잠재의식이 갖는다는 중요성이 있다.

고대 철인의 말에 이런 것이 있다. "인간의 문제는 모두 자기 자신의 본성을 모른다는 사실에 원인이 있다." 이 말에 대해 생각해 보자. 만약 당신이 생명을 생각할 때 그것을 구원받지 못하는 가련한 환경의 산물이란 관점에서 보면 종종 어려운 문제가 차례차례 나오는 이유를 쉽게 이해한다. 그러나 만약 당신이 일전하여 올바른 견해에 서서 자기가 인생의 주인공임을 뜻하는 위인의 입장에 서는 경우, 어째서 위업을 이루어 낼 수 있는가는 쉽게 이해할 수 있다.

당신의 마음은 한번 무엇에 눈뜨게 되면 그 대상이 무엇이든 그것을 마음에 기록한다. 그런데 책임을 회피하기 위해 잊어버리는 것이 좋을 경우 기록에서 벗어나는 사람들도 있다. 그러나 자기에게 기억해 둘 책임이 있다고 분명히 자각하면 당신은 생각한 대로 무엇이든 기억으로 남길 수 있다. 그리고 당신 자각이 좀 더 깊어지면 현재의식과 잠재의식 사이에 있는 장벽이 자취를 감춘다.

마음은 하나다. 인간의 마음은 우주의 마음이 개성화한 것이다. 또 마음은 몇 개의 구분으로 구획된 상태다.

우리가 의식면에서 인생을 보기 위한 마음의 레벨을 '현재의식'이라 일컫는다. 이 현재의식면에서 우리는 사물을 관찰하고, 결론을 도출하고, 현재를 과거에 연결시켜 결의를 행하고, 의지를 행사하는 등 작용을 한다.

잠재의식면에서 우리는 기억을 저장하고 외계의 정황에 일정한 반응을 보이는 마음의 틀을 가지게 된다. 이 잠재의식층에 우리는 습관의 틀을 새겨 넣고, 고통과 실패의 경험 기억을 무의식층에 밀어 넣는다. 이런 일을 반복하는 정도에 따라 우리는 억압관념에 고착되어 심령적 레벨에 묶인 결과가 된다. 우리가 괴로운 경험의 기억 등을 잠재의식 속으로 밀어 넣으면, 그만큼 실상의 자각은 덮인 구름을 증가시키게 된다. 우리가 가져야 할 실상의 자각이 애매하게 되기 때문에 그 사람 인생은 그만큼 곤란한 것이 되고 만다.

이처럼 자각을 감춘 의식 영역이 충분히 이루어지면 인간은 나이를 먹고, 희망을 잃고 죽음에 이르게 된다. 이것이 형이상학적 입장에서 본 죽음의 원인이다. 우리는 인생을 살아나감에 따라 심령면에 상처를 남기고 그것을 축적해 결국 우리는 현상계에서 모습을 감추게 된다.

당신이 가장 바라는 꿈은 '믿고 끊으면' 그것을 실현으로 가져갈 수 있다. 그것은 여러 차례 당신이 도저히 가능하다고 상상할 수 없던 경로를 통해 실현된다. 이제 어떤 남자가 꿈을 그리고 그것을 어떻게 지상에 실현했는가에 대해 실례를 들어 보기로 한다.

L.A.에 사는 어떤 젊은 남자가 '정신과학'의 유명한 저자 토마스 트로워드(Thomas Troward) 판사의 저서를 읽었다. 이 젊은 남자는 그 책에서 매우 큰 감명을 받고 자기도 언젠가는 꼭 '정신과학'을 사람들에게 가르칠 것이라 결심했다. 그는 신중을 기한 끝에 첫걸음을 내딛고 사무실을 임차하여 홍보 광고를 냈다. 처음 6개월간, 그의 사무실에 온 학생은 단 한 사람밖에 없었다. 그나마 이 학생도 얼마 안 가 선생이 전혀 전망 없어 보인다고 판단해 결국 나오지 않았다. 이 젊은 선생 자신도 이런 방식으로는 정신과학의 지식을 전하는 데 적절치 않음이 분명하다고 느꼈다. 더욱이 그는 사회가 정신과학을 요구하지 않는다고 믿기 시작했다. 이때 그는 다른 직업을 가지게 된다.

어느 날, 그의 동료가 그의 책상에 놓인 바로 그 문제의 책을 우연히 보고 빌려 줄 수 있느냐고 물었다. 승낙을 받고 그의 동료는 이 책을 집에 가져갔다. 며칠 뒤 그가 다시 찾아와 친구들 몇몇을 모아 자기 집에서 모임을 갖고 '정신과학'을 배우지 않겠느냐고 제안했다. 그래서 모임 날짜 등이 결정되었다. 그 후 2년이 채 안 되어 그의 강연에 L.A. 일대에서만도 수천 명의 남녀 청중이 몰려와 듣게 되었다. 이 사람의 이름이 바로 '어니스트 홈즈

(Ernest Holmes)'다. 그는 자기가 무엇을 해야 할 것인지, 무엇을 바라는지 잘 자각하고 있어 그가 바라는 바의 실현을 굳게 믿었다. 그의 신념은 예상대로 실현되었다. 오늘날 어니스트 홈즈의 '마음의 과학'을 배우는 사람은 수십만 명에 달한다.

진실로 우리가 자기 꿈의 실현을 믿는다면 실제 그것을 실현해 보일 수 있다. 이처럼 우주의 심적 실질은 어떤 형태로써 표현됨을 요구하고 있는 것이고, 바로 이것이 심적 실질의 본래 성질이다. 그러나 그것이 어떤 형태를 갖추려면 심적 원형으로 어떤 모형이 필요하다. 이 정신적 모형은, 당신이 현세에서 경험하고 싶은 이미지를 마음속에 그리고 유지할 때 우주의 심적 실질에 그것을 제공하는 것이 된다.

다음으로 나는 현재의식과 잠재의식의 양층을 초월해 있는 의식층, 곧 초월의식의 작용에 대해 설명하고자 한다.

초월의식은 항상 푸른 하늘같이 방황에 의해 구름 끼는 일이 없다. 말하자면 진리 실현의 투명한 매체로 작용할 수 있다. 이 의식이 움직이기 시작할 때 우리는 직감적으로 행동할 수 있다. 우리는 인생의 여러 사실을 이 초월의식인 전지(全智)한 보고(寶庫)에서 직감적으로 끌어낼 수 있다.

이 의식층을 통로로 천재의 영감, 창조력의 번쩍임이 흐른다. 우리는, 만약 우리가 이 순수지(智)의 영역에 직면하게 되면 누구든 여기에 마음을 전부 열어 놓는다는 사실을 배우게 된다.

저작자들 가운데 창조하는 심층에 관해 잠재의식의 용어를 쓰는 사람이 많은데, 물론 그것은 용어 정의의 차이에 불과하지만 내가 생각하건대, 사실은 초월의식을 언급하는 것으로 보인다. 잠재의식은 외계 인상을 받아들이고 그대로 반응할 뿐이므로 사고하는 일은 없다. 여기 중대한 차이를 보이는 것은 초월의식에서 오는 깨달음이 현재의식과 잠재의식 양층을 관통해 나오는가 여부에 관계된다.

우리가 현세에서 참으로 중요한 일은 선(善)을 창조하는 우리 능력, 더욱이 그때 그 장면에 유효한 행동을 할 능력이 자기에게 있음을 직감적으로 아는 일이다. 그러므로 빨리 중요 훈련에 착수하도록 하자.

지금부터 수 주간 당신은 자기 목표에 직접 관계있는 사물을 위하는 일에만 시간을 쓰도록 한다. 이 훈련은 하느냐 안 하느냐가 평범으로 끝내는가, 비범한 성공을 거두는가의 차이를 가져온다. 정신을 차려 시간을 허비하지 않도록 한다. 또 타인에 의해 당신의 시간을 낭비하지 않도록 한다. 당신은 자기 훈련을 하지 않으면 안 되는데, 진지하게 맞붙으면 분명히 소기의 성과를 올릴 수 있다.

자, 그러면 다음 달 계획, 수개월의, 반년의 계획을 수립해 보자. 마음에 계획이 연상되면 지금 곧 이렇게 하면 좋다. 그 계획을 한 장 백지에 상세히 적는다. 처음과 끝을 깊이 잘 생각하여 떠올린 후, 당신이 보는 곳에 또렷하게 적어 놓는다. 그리고 다음 질문을 자기 자신에게 던져 본다.

"내가 이 인생에서 성취하고자 진실하게 바라고 있는 것이 무엇인가?" 이어 당신은 "언제 그 자신의 소망이 구체적인 형태를 갖추고 실현되기를 바라는가?" 그 시기를 감득(感得)하여 정하지 않으면 안 된다. 그리고 시간에 따라 움직이는 그 계획을 실행할 것을 결의한다.

자! 당신의 소망 실현 계획을 시작함에 즈음하여 지금 당신이 할 수 있는 일은 무엇인가?

여기서 당신은 잠깐 이 책 읽기를 멈추고 용지를 준비해 앞에서 설명한 미래 구도를 문장으로 적어 놓는다. 이때 당신은 자기 상상력을 두려움 없이 발휘할 일이다.

당신의 미래도(未來圖)를 명상할 때, 당신은 그 명상도가 완전하다는 실감을 키워 나간다. 당신은 마음의 눈으로 시간과 공간의 제약을 뛰어넘어 다만 소망부터 성취 달성의 실감까지 도약하는 것이 좋다. 당신은 자기 소망을 종이에 써 놓을 때 그것이 벌써 현실임을 실감하고, 그것이 지금 이미 여기 있다고 온 마음으로 느낀다.

당신은 소망 달성의 계획을 누구에게도 보이면 안 된다. 이는 당연한 말이다. 유난을 떠는 게 아니다. 물론 남에게 당신 꿈을 털어놓고 협력을 구하는 일이 좋을 때도 있다. 그러나 그것은 그 사람이 당신과 똑같은 일에 관심을 가지고 있고, 당신 소망에 공명, 그 실현 노력에 참가해 오는 경우일 때만이다. 만약 당신 혼자만 계획을 다듬는 경우라면 그것을 남에게 누설하면 안 된다. 누설할 필요가 없다.

당신이 자기 계획을 이에 관심 갖지 않는 제3자에게 보일 경우, 그는 당신 의기를 꺾고 정열을 식게 하는 일을 말할지 모른다. 성공하지 못하는 사람은 이따금 성공한 사람에 대해 그 누구 할 것 없이 감정을 돋운다. 나라면 나의 꿈 실현 계획에 관계없는 사람일지라도 제3자 입장에서 사물을 보고 건설적 시사를 줄 수 있는 사람, 관계되는 사람에게만 내 꿈을 털어 놓고 싶다.

소망은 소망 그 자체를 스스로 성취한다는 이 인생의 기본 법칙은 당신에게 있어서 이 세상 비밀을 여는 열쇠가 된다. 당신은 한번 마음을 훈련하고 자기 소망은 항상 실현할 수 있는 것이라고 실감하는 수준에 이르면, 시시각각 당신은 기회를 발견하고 자기 마음에 있는 강한 소망이 성취되는 것을 확신할 수 있게 된다. 여기서 당신은 확고하게 믿음을 얻고, 당신의 창조적 인생을 보내고자 하는 결의가 강화될 것이다.

기회는 모든 장소에 충만한데, 우리의 마음 갖기가 소극적이고 어둡기 때문에 '기회가 바로 저것임'을 볼 수 없다. 당신이 마음 갖기를 일변할 때 전혀 다른 세계를 발견하게 된다. 그때 외계의 사물은 일변하지 않을 수 있는데, 당신이 그것을 전혀 새로운 빛으로 비춰 보는 것이다.

당신은 자기가 하려는 일에 대해 번거롭게 떠들어 시간을 낭비하면 안 된다. 결의하고 오로지 그것을 행하면, 곧 당신은 성취의 기쁨을 맛보게 될 것이다.

내가 아직 저술가로서 참된 의미의 일을 하지 않고 있을 때의 일이다. 나는 그때 이미 40여 권의 책을 저술한 한 남자와 이야기를 나눈 적이 있다. 대화 도중에 내가 할 수 있는 일이 머리에 떠올라 "그런데 보세요. 나는 이런 일을 하려고 생각하고 있어요." 하고 그에게 말했다. 그러자 그는 내 말을 끊고는 "나에게 그런 일을 말하면 안 되지요. 말하지 마세요. 실행해 보이세요." 하고 말했다.

그의 말은 내 가슴에 와닿았다. 그래서 나는 그때 행동으로 옮기기로 결심했다. 그 이후 나는 크고 작은 책을 모두 6권 이상 저술해 내고, 잡지 원고도 수없이 써 냈다. 그런데 이것은 사실 시작에 불과했다.

"그렇군. 당신이 말하는 일은 모두 대단한 것 같은데, 대체 어떻게 해서 자기 소망 실현을 실감하나요?" 하고 묻는 말이 내 귀에 들리는 듯하다. 당신은 자기 꿈을 실현하는 방향으로 움직이길 바라지만 그 첫발을 내딛는 일은 모르고 있다. 당신은 동기가 필요하다.

그렇다면 당신 소망과 똑같은 일을 하고 있는 사람들에 대해 쓴 유익한 책을 읽으면 좋다. 이런 책은 당신 마음에 있는 꿈의 영상을 일층 명확히 함으로써 당신은 자기 소망과 하나가 될 수 있다. 도서관에 가면 당신에게 필요한 지식을 제공해 줄 책을 찾을 수 있다. 또 당신에게 영감을 주고, 행동의 동기를 고무하는 강연을 들어보는 것이 좋다. 그리고 각 출판사에 자기 훈련에 관한 출판물을 낼 때마다 소식지를 보내 줄 것을 부탁한다. 우리는 자기가 명상하는 대상물과 일치하려는 성질을 가지기 때문에 다른 성공자가 사는 방식을 명상할 때, 우리는 성공 그 자체와 자기를 동일시하는 경향이 있다.

사람은 자기가 하고 싶다고 생각하는 것, 또는 자기가 기꺼이 하고자 생각하는 것을 지금 실행 중인 사람에 대해 쓴 책을 읽을 때, 자기를 그 사람 위치에 세워 놓게 된다. 이렇게 함으로써 나는 그의 생각에 공감할 수 있다. 그러면 나 역시 그가 하고 있는 일을 할 수 있게 된다.

당신의 환경은 어디까지나 자기 마음 상태의 반영이다. 환경을 바꾸고자 한다면 자기 자신이 바뀌지 않으면 안 된다. 만약 당신이 문제를 중심으로 생각하는 관점에서 문제는 본래 없는 것이라는 인식으로 바뀌면, 당신은 어떤 문제도 해결할 수 있다.

이미 앞에서 말한 것처럼 당신은 어떤 일이든 자기가 그것을 할 수 있을 정도의 역량을 해낼 수 있다. 당신 자신이 당면한 문제보다 크게 되어야 한다. 그리고 문제를 당신이 역으로 지배하는 것이 좋다. 그래서 지금 곧, 그것을 실행하는 것이 좋다.

내가 이야기하는 내용을 머리로 이해할 뿐 아니라 가슴으로 느낄 수 있을 때까지, 지금 자기 마음이 이해하는 것에서 출발해 일을 시작하지 않으면 안 된다. 당신은 자기 마음을 그대로 반영하고 있으므로 자기 마음에 맞는 사물을 체험한다. 대개 체험은 당신이 진리를 이해하고 있는 레벨의 높이에 따라 나타난다.

당신은 자기가 속하는 환경에 살고 있다. 왜냐하면 당신이 자기 자신을 어떻게 생각하는가의 관념이 구체화되어 환경이 되기 때문이다. 당신은 지금 인생에서 어떤 입장에 있더라도 그런 현재 환경에 관계없이 조용히 앉아 앞의 사실을 생각하는 것이 좋다. 당신은 자기가 스스로 받은 상념의 구체화로 현 장소에 있으므로, 자기 인생에 지금의 운명을 받아들이는 데 어울린다.

당신이 대부호든 임금 노동자든, 또 가령 당신이 빈곤의 막다른 골목에 있든 그것은 당신이 자기 인생 지위에 대해 품어 온 관념으로 인해 그렇게 된 것이다. 그러므로 당신은 그 환경에 어울리는 것이다. 자! 자기가 지금 처하고 있는 상태가, 특히 그것이 그다지 바람직하지 않을 경우 그 책임을 다른 사람에게 돌리고 남을 비난하는 것은 전혀 어렵지 않은 일이다. 그러나 이것으로 사태는 조금도 바뀌지 않는다. 당신 인생에서 반드시 운명을 바꿀 힘이 있는 유일한 것은 당신이 스스로 가장 적당한 방향으로 향하는 새로운 마음가짐이다. 그 마음으로 자기가 참되게 실현하고자 절실하게 바라는 일을 정확히 결정, 그것을 마음속에 그려 놓는다.

인간은 자기 마음으로 결정한 대로 되고 만다. 지금 당신이 어떤 생활을 하고 있든 내가 본서에서 설명한 기본 원리를 받아들인다면, 당신은 반드시 자기 인생 모양을 자기가 생각한 모습대로 물들일 수 있다. 이 원리를 받아들이면, 당신은 인생 항로의 선장석에 앉게 된다. 외계 사물에 영향 받지 않고 당신은 자기 마음에 받아들일 수 있는 레벨의 세계에 있을 만큼 경험하게 되는 사실을 알게 된다. 그러므로 당신은 이 진리를 알기 전에도 실은 계속 자기 운명의 주인공이었던 것이다. 다만 당신은 불행이나 실패를 인정하고 자기 한정을 해 왔을 뿐이다.

당신은 후회나 죄의식에 빠져 자기의 참된 잠재 능력을 잃어버리면 안 된다. 또, 다른 사람을 비난하거나 그들을 미움의 대상으로 삼으면 안 된다. 당신에게 해를 입히는 자는 한 사람도 없다.

인간은 각각 '우주 마음'의 표현 도구다. 우리 인생 경험은 이들 표현 도구를 통해 자기 심경이 지금 어디 있는지 자기 마음이 진리를 이해하는 경지에 가장 적절한 모습으로 나타난다.

그러므로 당신은 자신감에 불타는 지금 이때 움직이기 시작하는 것이 좋다. 그리고 참에 산다는 일이 얼마나 기쁜 일인지 아는 것이 좋다. 당신의 생활환경을 어떻게 할 것인지 먼저 어떤 계획을 세우고 주문하는 것이 좋다. 이렇게 하면 당신이 하는 새로운 결의에 확신을 갖게 되고, 당신을 힘나게 한다. 그리고 하찮은 표면적인 일에 마음을 빼앗기는 일 없이 사물의 본질에 투철하게 된다. 다만 당신은 자기에 대해 공정하고 정직하지 않으면 안 된다. 참성공은 자기를 속이면 결코 얻을 수 없다. 만약 당신이 자기 자신을 속인다면 그 생활은 곧 시각 장애인이 걷는 생활이다.

당신이 어딘가에 도달하고자 한다면 당신은 목적지와 나아갈 방향을 정해야 한다. 목적과 방향을 결정하면 당신은 안정감을 가지고 자기의 창조력을 분출시킬 이유를 알게 된다. 뿐만 아니라 한 걸음 한 걸음 나아간 만큼 당신은 앞서 한 성과에 대해 실감이 심화되는 한편, 이번 목표 역시 달성할 수 있다는 자신이 용솟음친다. 그것은 목표 성취의 실감을 줌과 동시에 당신이 더욱 새로운 영감을 받고 일층 큰 노력을 요하는 영역을 향해 출발할 때 발판이 되는 든든한 도약대 작용을 하게 된다.

당신은 자기가 하는 일의 의의와 목적이 확실할 때라든가, 혹은 자기의 일로 많은 사람들이 이익을 보고 정신이 고양된다는 사실을 알 때, 더욱 행복감을 맛볼 것이다.

당신이 어떤 사업 계획을 세울 때, 그것은 당신을 포함해 그 계획에 관여하는 모든 사람들이 향상될 수 있도록 기획해야 한다. 다른 사람의 헌신이라는 제단 위에 자기를 희생해서는 안 된다. 자기희생은 그 사람에게 '순교자 콤플렉스'가 있음을 나타내는 것이다. 다른 사람에게 대하는 것 같이 자기 자신에 대해서도 봉사해야 한다.

이렇게 함으로써 당신은 인류 전체의 의식을 고양하게 된다. 우리는 자기만의 세계에 있는 것이 아니다. 우리가 진정 성공하겠다면 보다 큰 우주 계획에 조화해 작용하지 않으면 안 된다. 우리는 다른 사람을 희생해 성공하려 하면 안 된다. 우리는 인생에서 자기 지위를 확보하기 위해 어떤 사람을 이용, 희생물로 쓸 필요는 없다.

세일즈맨은 자기가 진정으로 좋다고 믿는 상품을 취급하면 반드시 전심전력을 다하게 된다. 그때 그는 벌써 상품을 파는 것이 아니고 서비스를 제공하고 있는 것이다. 당신이 서비스를 제공할 때 당신은 사회 전체의 계획에 공헌하는 셈이 된다.

판에 박힌 형식적인 세일즈 용어를 사용, 판매법을 고집하는 많은 세일즈맨을 나는 안다. 그들의 판매 의욕을 돋우는 유일한 것은 보다 유리한 수수료다. 그들 상행위에 불만족한 고객들은 이들의 뒤를 끌어내린다. 곧 고객들의 불만을 눈치채고, 그리하여 이 때문에 실망한 나머지 판매를 그만두게 된다. 당신은 의의와 목적을 갖지 못하는 생활에 속박되면 안 된다. 생활은 창조적이어야 한다.

나는 철학자이므로, 우리 생명은 살아가는 차원이 변해도 영구히 계속 살아간다고 믿는다. 이런 입장에서, 과연 당신은 현재의 생활 형태를 앞으로 몇 년 정도 계속할 작정인가? 1년인가, 5

년인가, 아니면 10년인가? 그렇다 치고, 언젠가 당신은 자기 생활방식을 바꿔야 한다면 왜 지금 바꾸면 안 된다는 것인가? 지금의 당신 생활 상태는 수년 후에 어느 정도나 차이가 있을까? 생활에 차이가 생기는 것은 당신 마음의 입장이 바뀔 때뿐이다.

시간은 우리 추측과 달라 우리 인생 사물을 바꿀 힘은 없다. 우리는 자기 마음의 입장을 바꾸는 데 어느 정도 시간을 보내야 할 이유는 없다. 하겠다는 의지만 있으면 우리는 자기가 생각하는 것보다 훨씬 빠르게 마음의 입장을 바꿀 수 있다.

우리는 결단하는 사람이 사는 땅에서 언제까지나 방황하고 있을 이유가 없다. 생명의 법칙은 증가, 확대, 그리고 일층 더 큰 표현을 한다. 우리는 이 법칙에 자기 자신을 순응시켜 이 법칙과 함께 살아갈 수 있다.

당신은 '성공을 얻는 기술'을 들어본 적 있을 것이다. 그것은 의지의 힘, 투쟁 정신, 긴장, 노력, 그리고 상대의 기선을 제압한다는 일을 강조할지 모른다. 혹은 다른 사람의 약점을 찾아 그것을 이용하는 생각을 포함할지도 모른다.

남을 자기 생각대로 움직이려면 어떻게 할까? 자, 그래서 나는 지금 모든 사람과 같이 다음처럼 인식하고 있다. 즉, 육체 인간은 '생명'이 현세에 출현해 형태를 취할 때, 생명 표현의 생명 모체가 되는 것이므로 인간 상호 간 의지의 교환이 중요하다. 그러나 개인적 이익을 얻기 위해 사람을 조종한다는 것에는 나는 동의할 수 없다. 어쨌든 그것은 생활 설계를 경영할 때 각자의 계획 의지를 존중하는 일이 아니기 때문이다.

만약 당신이 활달한 사람이면 어떤 사람에게도 대개의 상품을 팔 수 있을 것이다. 그렇지만 그것으로써 당신은 고객 서비스를 제공했다고 할 수는 없다. 실제로 만약 당신 고객들이 좀 사회적 영향력이 있는 사람들일 경우, 어떻게 그들이 당신에게 속아 물건을 사게 되었는지 친구들에게 말한다면 당신의 영업을 해칠 것이 틀림없다. 그러나 당신이 활짝 마음을 열어놓고 내부 인도에 귀를 기울이고, 또 당신 상품을 필요로 하고 상품 대가를 지불할 능력 있는 사람을 찾으려 노력, 진정 도움이 되는 상품을 가지고 이 방침이 작용한다면 모든 사람이 행복하게 된다. 이래서 당신은 사람들에게 축복을 가져다주게 된다.

당신은, 가족은 물론 교회 또는 그 밖에 당신이 관계하는 사회 구성원과의 교제에서 진정으로 그들과 의지를 교류, 자연적으로 생명 자체의 작용에 맡기면 반드시 큰 조화와 마음의 평화를 체험하게 될 것이다. 나는 많은 사람들의 생활이 누군가 다른 사람을 지배하려는 마음의 충동 때문에 교란 상태에 빠짐을 알고 있다. 다른 사람을 지배하려는 대신 그 사람과 잘 만나 대화하도록 노력하고, 이 의지 교환으로 문제가 해결되는가 여부를 실제 해볼 일이다.

당신은 자기 환경과 의지가 잘 통할 때 행복을 발견하게 된다.

그러나 기분이 나쁘고 세상이 당신에게 거스른다는 생각이 들 때는 다음을 실행하면 좋다. 그럴 때 기분을 풀고 당신 주위를 주의 깊게 살펴본다.

당신이 있는 주위를 매우 조심스럽게 생생하게 살핀다. 당신의 두 다리를 지탱해 주는 마룻바닥, 방의 온도와 분위기, 당신 주위에 있는 사람들 이 모두에 대해 마음을 쓴다. 마음의 긴장을 일체 풀고 주위 모두를 그대로 받아들여 자기가 있는 이 세계가 멋진 현실임을 깨닫는 것이 좋다. 이렇게 하면 당신은 자기의 기력이 되살아남을 깨닫는다. 왜 그럴까? 그것은 당신의 생명이 자기 환경의 생명과 교류하기 때문이다. 서로 간에 생명 교류가 완전하다면 모든 문제는 해결된다.

당신은 어느 영역의 책임을 회피하고 어느 정황, 어느 감정을 피하려고 한다면 그런 점에서 서로 간의 생명 접촉이 상실되고, 이 때문에 모든 면에 결핍이 생긴다.

인생을 올바르게 이해한다면 성공하는 일이 어려울 까닭이 없다. 당신이 누구든 간에, 당신이 어디 있든 간에 그런 일에 관계없이 당신이 인도되어 하고자 하는 일을 하고 있으면 그 성취를 보게 된다.

당신이 희망 달성 행위를 거듭할수록 그것은 호흡하는 것같이 극히 자연스러운 것이 된다. 그리고 자동적인 행위가 된다. 당신은 곤란을 당해 장애를 극복하지 않으면 안 된다고 번민할 필요가 없다. 당신은 훌륭한 큰 조화 속에 스스로 내부 질서에 따라 생명이 완전히 자기표현화해 가는 상황을 보고, 자기가 그 전체 조화의 일부분임을 깨닫는 경지에 이르러야 한다.

모든 것을 마음의 눈을 열고 본다. 당신은 육체의 자기를 '생명'이 모든 처지에서 뚜렷이 모습을 드러내기 위한 완전 매체임을 믿는다. 당신은 과거에 사태가 순조롭게 진전될 때 실감한 기쁨의 경험을 힘써 생각해 내는 것이 좋다. 혹은 또, 스스로 성전 속의 성구나 영감 어린 시의 모든 구절에 친숙할 필요가 있다.

무엇이든 좋다. 내부 생명과의 조화를 보장하는 것이면 선택할 필요가 있다. 그리고 다음과 같은 말을 힘껏 사념하고, 그 말의 의미를 마음속으로 실감한다.

"나는 큰 생명이 유입하는 완전한 채널이다. 지금 이 채널을 통해 큰 생명이 유입되고 있다. 큰 생명의 흐름 그 자체가 내 생명, 내 건강, 내 공급, 내 번영이다."

이런 '사념의 말'을 이용하는 생각은 자기 자신에게 최면을 걸어 믿게 하는 식이 아니라, 자기 마음의 눈을 뜨고 진리의 실상을 인식하는 경지에 이르게 하는 것이다. 그것은 자기최면이 아니라 참된 자기각성이다.

이 세상을 살아가는 데 상반되는 두 길이 있다. 하나는 한정적인 조건부의 길이고, 다른 하나는 내부 실상이 나타나는 길이다. 전자는 인간을 속박하고, 후자는 인간을 해방한다.

많은 사람들은 항상 얼떨결에 무턱대고 일하지 않으면 생존할 자격이 없는 것처럼 생각하고 지나치게 노동한 나머지, 항상 피로해 있지 않으면 죄를 짓는 것처럼 느끼는 사회 통념에 속박되어 있다. 육체를 혹사하지 않으면 성공할 수 없다는 생각은 큰 잘못이다. 나는 활동적이지 않으면 안 된다고 말하는 것이 아니라, 우리가 생계를 영위하기 위해 이마에 땀을 흘리지 않으면 안 된다는 사고방식을 버리지 않으면 안 된다고 말하고 싶은 것이다. 하지만 하루 종일 일해야 아무래도 생활할 수 있다는 사람들이 수없이 많다.

한편, 또 이런 사람들도 있다. 곧, 다른 차원에서 일하는 사람들이다. 이 사람들은 우선 마음가짐이 다르고, 그들은 자기가 쓰는 시간과 노력에 대해 막대한 보수를 실현하고 있다. 창조적 사업과 단지 평범한 중노동과의 사이에는 큰 차이가 있다. 당신은 자기 자신의 수용 조건을 재조정할 것을 배우고, 이 세상 사물을 일층 자유로이 지배할 수 있는 내재력(內在力)을 자각하기 시작해야 한다.

당신은 자기 마음의 시야를 확대하고 받아들일 능력을 늘릴 방법을 배우는 것이 좋다. 소위 역경의 한가운데서 놀라운 성공을 거둔 사람들이 남녀를 불문하고 세간에 많다. 그들은 마음의 방향을 전혀 소극적, 부정적 정신 상태 쪽으로 돌리지 않는다. 그들은 부정적인 것과 파장을 달리하는 밝은 마음을 갖고 성공과 번영을 실현한다. 당신이 이 원리를 이해할 때 세상 추세, 시대, 환경에 밀리고 흘러 당신 생명의 자유스러운 표현을 손상케 하는 일은 없다.

시간이 사물을 변화시키는 일은 없다. 어떻든 그것은 의지 결정의 힘을 가지고 있지 않기 때문이다. 우리 시간에 관한 관념은 심리적이다. 시간은 결코 실체가 아니다. 우리는 의식을 가지고 행동하는 것이지만 대개의 경우 그 행동의 실패는 시간 요소에 의해 일어난다.

우리는 시간관념에 묶여 있는 사람들과 관계를 갖고 그들의 시간에 관한 신념에 근거하여 역할을 수행하는 경향이 있다. 그래서 나는 대개의 기회에 이 이야기를 한다. 나의 생활을 뒤돌아보면, 만약 내가 그때 기회를 분별하는 능력이 있고 마음속 속삭임이 있을 때, 곧 움직이는 신경이 있었다면 좀 더 많은 일을 했을 텐데 한다든가, 또 같은 일이라도 다분히 좀 더 빠른 시기에 되었을 텐데 하고 뉘우치는 일이 있다.

재능은 충분하고 자기가 선택한 분야의 성공에 필요한 천부적 능력이 있으면서도 자신감이 부족한 사람이 있다. 셰익스피어(William Shakespeare, 1564~1616)가 한 말에 이런 것이 있다. "인생 제반에 조수의 간만이 있어 물때가 좋으면 그대로 성공한다."

나는 마이애미에서 강연을 했었는데, 청중 가운데 낯익은 청년이 있었다. 아무래도 어디선가 전에 만난 것이 틀림없었다. 이튿날, 나는 그와 여러 가지 즐거운 대화를 나누었다. 거리낌 없이 그에게 전에 어디서 내 강연을 들으러 온 적이 있는가 하고 물어볼 정도였다.

이것이 동기가 되어 그는 내게 음반을 취입해 히트시킨 경위를 말했다. 그는 뉴욕 시에 살았는데, 전부터 노래를 몇 곡인가 만들었다. 그 자작곡 가운데 음반을 취입한다면 꼭 히트칠 것으로 생각한 것이 한 곡 있었다. 주위에는 한 번쯤은 이런 꿈을 마음속에 중요하게 키워 "한번 해 보자." 하고 노력했지만 아무것도 안 된 연배의 사람들이 눈에 많이 들어왔다. 어느 날 그가 타임스 스퀘어 지구 브로드웨이 거리를 걷고 있을 때, '대실'이라고 쓴 광고판이 눈에 띄었다. 그는 그 광고업자에게 전화를 걸어 대실료가 어느 정도인지 알아보았다. 그리고 부동산업에 종사하는 그의 아버지에게 이 이야기를 했다. 그러자 "그것 참 무모한 일이군!" 하는 응답뿐이었다.

결국 그가 생각한 아이디어는 이랬다. 그는 타임스 스퀘어를 지나는 수많은 사람들이 분명히 볼 수 있는 광고판에 간단한 광고를 내보자는 것이다. 그의 광고문은 "페리 코모(Perry Como)에의 공개장~"이라고 시작되는 내용이다.

이 간단한 기획이 효력을 발휘하여 이윽고 이 청년은 자기 음반을 만들고, 전국 방송 TV쇼에 출연했다. 그것은 대 히트였다.

그 뒤 그는 뜻한 바 있어 그 일을 그만두었지만, 중요한 사실을 알게 되었다. 자기가 바라면 무엇이든 할 수 있고, 또 자기 스스로 하는 일이 가능하게 하는 데 시간이나 환경이 갖추어지기를 기다릴 필요가 없다는 사실이었다.

어떤 사람은 노동과 생활을 위한 싸움에 긴 세월 정성을 기울여 노력한 후 마침내 어느 정도 성공을 거두게 되지만, 그 가운데 빠른 성공을 거두는 사람도 있다. 누구든 간에 인생에 성공하는 사람은 당연 성공해야 하므로 성공하는 것이다. 왜냐하면 그 사람은 그 성공을 받아들일 수 있는 심경에 이르렀기에 성공한 것이다.

여기에 모든 사물을 열어 보이는 열쇠가 있다. 성공은 우리의 형식상 노력, 그것이 어떤 훌륭한 의도를 가졌든 간에 그런 노력에 대한 보수로 다가오는 것이 아니다. 성공은 우리가 그것을 받아들일 능력이 되었을 때 결과물로 다가온다.

◇◇◇◇◇
이 책을 최고도로 활용하기 위해

결과물을 얻기 위해 당신은 자기 훈련을 하지 않으면 안 된다. 앞에서 말한 여러 법칙을 당신은 실천하지 않으면 안 된다. 실천에서 생기는 체험은 법칙의 타당성에 확증을 주기 때문이다.

당신은 본 장절을 시작으로 다른 장절을 하나의 일과로서 끝까지 독파할 계획을 세워야 한다. 도중에 당신 마음을 자극하는 아이디어가, 또는 사물을 보는 방식과 맞아떨어질 경우 여기서 잠시 독서를 멈추고 생각하는 것이 좋다. 그리고 그 감동 준 부분은 마음을 차분히 가라앉히고 마음속에 새겨 기억해 보는 것이 좋다. 독서 중에 지성으로 싸우면 안 되는 것이다. 오히려 진리의 빛이 동틀 무렵까지 깊이 명상할 일이다.

그리고 본서 전체를 통독하고 요점을 잠재의식 속에 침잠시켜 그것을 당신의 한 부분으로 할 일이다. 당신은 이처럼 읽어가는 중에 전에 몰랐던 일을 이해할 수 있게 된다. 바로 그것은 당신의 마음이 생장하고 자각이 높아진 까닭이다.

⟩⟩⟩ 실천을 위한 마음가짐

1. 성공은 무엇을 의미하는지 잊지 말라.
2. 당신이 어떤 소망도 마음에 그릴 수 있다면 그것은 꼭 실현될 수 있는 것이라고 확신하라.
3. "당신 생각의 주류를 이루는 사상이 잠재의식 바탕을 형성한다."는 사실을 잊지 말라.
4. 당신 마음속에 현재의식, 잠재의식, 초월의식의 이해를 명확하게 하라.
5. 평소 효과적으로 행동하고, 또 "먼저 할 일은 먼저 한다."고 다짐하라.
6. 자기 목적과 계획을 상세하게 세부적으로 써 놓고 그것을 음미해 보

고, 미리 성취한 실감을 환기하라.

7. 모든 것에 대해 지배자가 되라.

8. 당신이 성공하는 능력은 그 성공을 받아들이는 데 어울리는 능력에
비례하므로 자기 수용량을 향상시켜라.

9. 자기 자신을 꼭 믿어라.

2장
창조적 상상력을 구사하는 방법

상상력, 그것은 인간의 마음속 깊은 소망이 달성되도록 해 주는 힘이다. 그것은 각 시대에 가장 위대한 사람들의 마음을 끄는 힘이었으며, 앞으로도 변함이 없을 것이다. 어떻든 그것이 인간의 운명을 여는 열쇠이기 때문이다.

창조적 상상력을 바르게 사용하고 이것이 내면의 직감적 인도와 연결될 때, 인간은 자기 환경을 완전히 지배하기에 이른다. 상상력을 구사하는 확실한 기법과 방법론에 따르면, 인간은 참된 창조적 내재력을 개발하는 일이 가능하다는 사실을 이제야 알게 된다.

이 같은 일은 대체 어떤 사실을 의미하는지 생각해 보자. 당신은 지금, 자기 내부에 가진 힘을 어느 정도 발휘한다고 생각하는가? 당신이 보통 사람일 경우, 당신은 자기 힘의 한 미세 부분밖에 쓰지 못하고 있을 것이다. 그리고 당신도 그 사실을 알고 있을 것이다. 그렇다면 당신 자신이 택한 활동 분야에서 높게 뛰어오를 수 있는 놀라운 키가 여기 있다. 인간이 인생에서 제한을 받는 것은 자기의 상상력 구사 능력이 빠져 있을 때뿐이다.

당신이 이 상상력 영역에서 실천을 거듭할 정도로 무수한 선배들이 발견한 것과 똑같이 놀라운 자기 발견의 세계가 확실히 당신에게 보일 것이라고 나는 확신한다. 당신은 과연 참으로 내부의 각성을 체험할 때가 올 것인가, 혹은 진정 창조적인 것과 일체인 것임을 알 수 있을 때가 올 것인가 하고 적이 불안을 느낄 때가 있을지 모른다. 그렇다. 심리학자는 기본적 능력이면 모두 교육에 의해 양성할 수 있고, 보통 잠재 능력조차 훈련에 의해 개발된다고 말하고 있다.

그러나 굳이 내가 말하고 싶은 것은, 당신이 이 장절을 읽어가는 가운데 자기 상상력을 평소 최상까지 가지는 않더라도 어떻든 바르게 쓸 수 있도록 되어 있는지는 알 수 있게 될 것이다.

◇◇◇◇◇

상상력의 정의

'상상력'이란 말을 한번 보도록 하자. 그것은 무엇을 의미하는가? 우리는 이 말을 지금 본서에서 다루고 있는 이외의 의미로 쓰는 경향이 이따금 있다. 가령, '상상'이라는 말을 '공상'이나 '백일몽' 같은 의미로 쓰고 있다. 어떤 사람이 공상으로 너무 기뻐

어찌할 바를 모르게 되었을 때 "아! 그는 상상에 취해 있군." 하는 식으로 말한다.

이처럼 우리는 자기가 참되게 의미하고 있는 사실을 꼭 정확히 표현하지 않고 있고, 또 말의 선택이 자유로울 수 있으므로 상상력이란 말은 모든 사람에게 똑같은 사실을 의미하지 않는다.

우리는 이 말에 관해 이해하는 일부터 시작하기로 하자. 웹스터 사전은 이렇게 정의한다.

상상력은 상상하는 행위 또는 힘. 정신적 이미지. 또 오감으로 느껴지지 않는 대상을 마음으로 그리는 것. 특히 전체로서 감지된 일 없는 대상물을 마음으로 그려 형성하는 일. 이 같은 일에서 또 개별적으로 경험한 여러 요소에서 새로운 아이디어를 마음으로 종합해 창출하는 일.

'공상'은 어떤 정신 상태에 떠오른 여러 요소를 모으는 작용과 관련해 쓰이는 말이지만, 보통은 훨씬 가벼운 기분에서 생긴다. 이따금 그것은 새 현실을 창조할 목적 때문이 아니라 현실 도피로 자기 잠재적 소망에 일층 접근하는 정신적 행위다.

우리가 지금까지 알 수 있던 사실에서 말한다면, 우리가 공상하는 능력, 즉 마음 세계에 있는 여러 요소를 집성하고 어떤 이미지를 형성하는 능력 행사는 편리하지만 자기 내부 세계를 외부로 실현하기 위해 상상력을 쓰지 않으면 안 된다. 공상은 마음에 있는 여러 요소를 집성할 뿐이지만, 상상은 창조하는 것이다.

자! 당신은 다음에 열거하는 부분에 따라 마음을 지배하는 기법을 실수(實修)하는 것이 좋다. 그것에 따라 당신은 아직 나타나지 않은 것을 '있음'이라 그리는 심리학적 기술을 획득할 수 있고, 미래에 일어날 경험을 자유롭게 지배할 수 있다.

◇◇◇◇◇
마음을 지배하는 기법

먼저 남에게 방해받지 않는 조용한 장소에 있는 것이 좋다. 조명을 낮추고 가능한 한 있기 편하게 한다. 심호흡이 안 되는, 또 마음을 긴장시키는 의복은 편하게 풀고, 있기 편한 대형 의자에 느긋한 마음으로 앉는다.

심호흡을 통해 마음을 이완시키고, 순간 자기를 잊은 상태로 들어간다. 마침내 각성과 수면의 양 상태의 중간, '반의식' 영역에 들어간다. 그때 당신 마음은 오히려 깨어나 활동하고 있으므로 사고 및 감정을 지배할 수 있다. 그러나 마음의 긴장은 일체 없어지고, 또 시간관념도 소멸한다. 당신이 하루의 정신적 피로를 온전히 풀어버린 이런 '반의식' 상태에 이르는 일은 매우 중요한 것이다.

자! 다음에, 머리 위에서 발끝까지 헐겁게 하여 기분을 풀고 심호흡을 2~3회 한다. 그리고 들숨을 한숨 쉬는 것처럼 내보낸다. 이런 가운데 마음의 긴장이 풀린다. 마음을 동요시키지 않고, 시간 및 공간에 떠 있는 중립 상태의 의식을 유지하며 가만히 멈추어 움직이지 않는다. 눈을 감고 마음을 평화스럽게 한다.

이는 보기보다 어렵지 않다. 우리는 누구나 한두 번은 경험하는 동작이기 때문이다. 아무렇지 않게 지금부터 잠자려고 해 본다. 그리고 그 잠에 드는 과정 중간에 자지 않고 반의식 상태로 멈추고 움직이지 않는다.

이렇게 하여 당신은 능히 도달할 수 있다. 이처럼 반의식 상태가 되는 이유는 당신이 창조적 상상력을 행사할 때, 그 창조적 비전이 현재의식에 존재하는 공포나 의심에 의해 방해받는 일이 없기 때문이다.

이 '반의식' 상태에 멈출 때, 당신은 내부의식 심층 자유자재의 세계에 접근하는 것이 된다.

◇◇◇◇◇
다음 4단계를 밟을 일

1. 마음의 긴장을 풀고 나를 잊은 상태로 마음을 가라앉히는 일
2. 당신 마음의 눈으로 자기 소망 성취를 의미하는 장면, 정황, 각본을 창작할 일
3. 이 마음속에 그려진 각본의 극중 인물이 되어 진정 다가가는

실감을 가지고 출연할 일(실제 이 마음의 극(劇)만이 당신이 외계에서 경험한 어떤 것보다 일층 진실할 것이다).

4. 다음에 정말 자고 말 것인가, 아니면 좀 더 깊이 자기를 잊는 망아(忘我) 상태에 들 것인가(이래서 당신 마음속 새로운 경험에 봉인을 찍는다).

당신은 마음의 긴장을 일체 풀고 망아의 상태에 있을 때, 보통 각성 상태에 있을 수 있는, 즉 사고 과정에서 수반되는 종종 제약받는 일 없이 일층 위대한 가능성 탐구에 마음이 열려 있다. 이 단계에서 당신은 상상의 광대한 세계, 어떤 한계도 제한 없이 그 세계를 돌아다닐 수 있다.

◇◇◇◇◇

마음속에서 실제 일어나는 일

당신이 자기 소망 또는 꿈이 성취된 장면을 마음속에 그리고 창조할 때, 당신은 그 소망을 미래에서 현재로 이동시킨다. 당신은 마음속의 그런 정황을 마치 그것이 지금의 현실인 것처럼 실감을 가지고 생활한다. '지금부터 현실이 되었으면 하는 것'과 같은 것은 아니다.

이렇게 할 때, 대체 어떤 일이 일어날까? 당신의 잠재의식은 '실제 경험'과 '상상 경험'을 구별하지 못하기 때문에 만약 양자가 똑같은 실감을 함께한다면 당신이 반의식 상태에서 어떤 정황을 선택, 그것을 뚜렷하게 실감으로 느낀다면 현실로 경험하는 것과 같은 사실을 체험하기 시작한다.

당신 꿈이 무엇이든, 당신이 지금까지 그 꿈을 실현할 수 없었던 이유는 그것을 이미 '나의 것'이라 소유하는 기쁜 감정과 함께 실감하는 일이 불가능했기 때문이다.

당신이 본 장절의 지시대로 실행하고 당신 소망을 진실이라 실제 느끼는 일을 실천할 때, 당신은 틀림없이 분명하게 자기 꿈을 이 세계에서 성취할 수 있다. 어떻든 간에 소망의 종류를 불문하고 그 성취를 심리적으로 현실이라 가정하는 일은 반드시 자동적으로 그 달성을 결정하는 일이 된다. 왜냐하면 마음에 "이미 현실화되었다."는 가정을 힘 있게 그리는 것은 여기 감정에 의한 실제 궤도를 부설하는 일이 되고, 당신은 그 궤도를 통해 꿈을 실감할 수 있게 된다.

우리는 지금 생명의 기본적 진리의 하나와 관계해 이 문제를 생각하고 있는데, 리처드 로버트(Richard Robert)는 다음과 같이 말한다.

이 세상에 보편적으로 작용하는 바, 창조적이라 일컫는 어떤 힘이 작용하고 있다. 그 힘은 인간에게 생명력을 강화하고, 천부의 능력을 향상시킨다. 이 일에 관해 뚜렷한 증거가 있다.

이상의 마음을 지배하는 기법을 실천할 때, 당신은 마음속에 그려진 각본의 극중 인물로서 그것이 이미 현실이라 자각할 정도의 강렬한 감정을 가지고 상념의 무대에 출연하지 않으면 안 된다. 그렇지 않으면 단지 백일몽을 그린 정도의 경험으로 끝나고 시간만 낭비하게 된다. '감정으로 실감한다는 사실'이 당신에게 그것을 실현시키는 일이 된다.

당신이 만약 반의식 상태에 점점 깊이 빠지지 않고 이 기법의 실수(實修)를 멈추면 그 효과를 해치게 된다. 아무래도 모처럼 키운 새로운 실감이 그와 상반되는 현재의식의 경험에 의해 사라져 버리기 때문이다.

당신은 이 기법의 실수를 마치고 현실 세계로 눈떴을 때, 당신의 현실 환경이 마음속에 그려진 비전과 비교해 훨씬 떨어진 사실에 직면하면 그 대조에 당혹할 것이다. 그렇기 때문에 자기가 새로 키운 실감을 현실로 마음 전체에 납득시키려면 소망 실현 상태인 마음에 그리는 명상을 정신 통일 기간을 설정하여 열심히 계속하는 것이 좋다.

자! 실제 어떤 일이 일어날 것인가? 새로운 이미지가 마음 전체로 납득해 가는 모양으로 확립되면, 이전에 몰랐지만 이르는 곳에 좋은 기회가 있음에 눈뜨기 시작한다. 당신의 마음 사정이 바뀌었기 때문에 주위 사람들, 정황, 아이디어 등 모두가 당신 쪽으로 몰려오게 된다.

소망 실현을 위한 마음 기법을 실수할 때와 그 꿈이 실제로 실현될 때의 양자 사이에 일어난 사실은 그 놀라운 실수의 결과다. 당신이 이런 명상을 실수할 때, 당신은 사람 행위의 기초가 되는 원인 세계에 작용하고 있는 것이다. 즉, 당신은 행위의 실마리를 창조하고 있다. 당신은 자기 마음에 그린 심상이 새로운 실제 체험이 되는 가능성에 길을 열고, 오감으로 느끼지 못하는 세계에서 소망 실현을 위한 어떤 큰 작용이 일어나고 있음이다. 아마 그것은 우리가 마음을 실질로 하는 대해(大海)에 살고 있기 때문이다.

◇◇◇◇◇
내 힘으로 실현시키는 일과
법칙으로 실현시키는 일의 차이

세상에는 열심히 일하고 남과 올바른 교제를 해 가며 훌륭한 삶을 살아감에도 불구하고 어떤 것 하나 중요한 일을 성취하지 못한 채 끝내고 마는 사람이 다수 있음은 주지의 사실이다. 무슨 이유 때문일까? 그것은 그들이 올바른 인생관을 가지고 있지 않기 때문이다. 그들은 사물을 법칙에 따라 실현하려고 하지 않고 오히려 자기가 실현시키고자 힘쓰고 있는 것이다. 그들은 변함없이 얻을 것만 생각하고 남에게 줄 일을 배우지 않는 것이다.

당신은 가는 곳마다 있는 기회를 찾는 데 방해되는 기성관념을 포기하는 곳에 비결이 있음을 배우지 않으면 안 된다. 그것은 일종의 정신적 마술도 아니고, 남을 자기 의지대로 움직이는 기법도 아니다. 그것은 당신이 인생에서 바람직한 사물을 받아들이기 위한 마음의 준비를 하는 방법에 지나지 않는다.

이래서 사물을 실현할 창조 과정 중 가장 어려운 것은 우리가 어느 때 행동을 일으키느냐 하는 개시점을 아는 데 있고, 그것을 알기까지 자신감을 가지고 기다린다는 사실이다. 우리는 남에게 압력을 가해 사물을 강제적으로 움직이려는 경향을 억제하지 않으면 안 된다.

당신이 자기의 사고, 감정, 행동을 통일 조화시켜 올바른 방향으로 행사하는 일은 가능하면 어떻든 소망대로 사물이 진행되는 경험을 하게 될 것이다. 당신이 인생에서 성공하지 않고 있다면 다음 질문을 자신에게 던져 보는 것이 좋다. "나는 내부의 인도에 따르고 있는 것일까?", "만약 꿈이 실현될 경우, 과연 나는 그때 부과되는 책임을 감당할 실력이 있는 것일까?" 하고.

◇◇◇◇◇
매일 수행할 일

헨리 카이저(Henry J. Kaiser)는 독특한 그의 '상상화' 철학 때문에 널리 그 사고방식이 인용되고 있는데, 그는 새로운 웅대한 계획을 상상하고 그것을 끝까지 완수하는 능력이 매우 뛰어나다. 그는 아침에 눈을 뜨면 늘 잠깐씩 방에 누운 채 그날의 계획을 정리하고, 마음속에 명확히 이미지를 그리며 그 계획을 확정한다고 인터뷰에서 말한 바 있다. 그렇게 하면 새로운 제작 과정이나 재미있는 디자인이 '반짝' 하고 떠오르고, 그러면 그는 바로 그날 행동으로 옮겨 실행해 그것을 한 가지 현실로 만들어 버린다. 그는 상상력의 가치를 알고 있고, 자기 꿈을 마음속에서 적절한 세트로 조립하는 일이 얼마나 중요한지를 알고 있는 것이다.

우리의 마음 작용은 추상적인 것을 구체적인 것으로 나타내는데, 그것은 모두 보통의 일상생활 과정을 통해 실현된다. 우리는 자기 소망을 어떤 신비적 방식으로 실현하지 않으면 안 된다고 이따금 잘못 추측하는데, 특히 만사는 법칙에 일치해 보통의 과정을 통해 실현되는 것이다. 그러므로 소망이 어떤 노력 없이 착착 실현된다면 그야말로 신비로운 일이라고 나는 생각한다. 그러나 결코 그런 달콤한 일은 없다.

<><><><><>

마음을 지배하는 기법은
소망의 종류에 관계되지 않는다

당신이 경험하고자 하는 일이 무엇이든 간에 그 소망의 종류에 관계없이 이 기법을 실천함으로써 그것은 실현될 수 있다. 가령, 당신은 가정을 이루고 싶다고 할 수 있다. 또 당신은 친구와의 교제를, 사회 활동을 하고 싶다는 소망을 갖는 일도 자유다.

그렇다면 여기서 당신은 앞서 말한 마음을 지배하는 똑같은 기법을 따르면 된다. 즉, 조용한 장소에서 마음의 긴장을 풀어놓고 당신 꿈이 실현될 때의 장면을 마음에 그린다. 그리고 그것을 마음의 눈으로 응시한다. 마음속에서 사람들을 만나고, 그들과 이야기를 나누고, 또 그때 당신이 있는 방이나 장소의 분위기를 느끼며 또렷하게 실감한다. 이처럼 놀라운 시간을 충분히 즐긴 뒤 잠든다.

당신이 자기 소망 달성을 마음속에 뚜렷이 실감할 때, 현상 세계에서도 그 꿈을 실현하기 위해 구체적으로 필요한 사항이 있으면 자연스럽게 그것을 시작하게 된다. 그러나 당신이 자기 소망 성취를 이처럼 생생하게 감정을 가지고 실감하더라도 마음에 어떤 방향도, 목적도 정하고 있지 않는다면 당신 행위의 대부분은 헛수고가 되고 만다. 그렇지만 지금은 당신이 자신감을 가지고 마음이 올바른 방향으로 작용하기 시작한다. 그러면 당신 소망은 마음속 새로운 자각에서 현실로 탄생해 온다.

당신은 자기를 깊이 반성하고 주위 사람들이 싫어할 습관과 악벽이 있지 않은지 살펴보는 것이 좋다. 그런 자기반성 뒤에는 자기 성질의 나쁜 습관을 바로잡자는 기분이 꼭 생기게 될 것이다.

다분히 당신은 책을 읽든, 강의를 듣든 더욱 더 자기 인격을 원만히 하고, 자신을 강하게, 유능하게 하기 위해 필요한 그 밖의 여러 가지 일을 하려는 기분이 든다. 당신은 의상, 걸음걸이, 대화법, 동작에 관해 자기가 이상으로 하는 사람처럼 되기 위해 배우는 것이다. 당신은 꼭 다시 태어나게 된다. 당신은 남이 좋아하는 일을 배우고, 이 세상 가운데서 이완을 감각하기 시작한다.

나는 이전에 어떤 젊은 부인과 대화한 적이 있다. 그녀는 최근 수년간 어느 교사의 지도하에 이 같은 소망 실현의 원리를 배웠다. 그녀는 훌륭한 가정에서 자라고 교육도 충분히 받았지만 그녀에게 맞는 남편감을 만나지 못했다. 그녀는 올바른 배우자를 만나려고 모든 방법을 다 써 보았다고 단언한다. 그녀는 마음에 명확한 심상을 그리고 창조하는 상상력을 구사했다. 우연히 어떤 훌륭한 청년을 만나 두세 번 데이트를 했지만, 만남은 더 이상 이어지지 않았다. 이유 중 하나는 그 남자와 균형이 맞지 않을 만큼 빼어난 그녀의 몸단장이었다. 그리고 또 하나는 그녀의 더듬는 말버릇 때문이었다.

그녀는 자기 소망을 마음에 명확히 그리고, 적당한 남성과의 만남을 바라고 있었지만 동시에 자기가 바라고 있다고 한 그 일 그 자체를 다른 마음으로 배척한 것이다. 즉, 앞에서 말한 자기의 사소한 두 가지 결점을 스스로 고치고자 하면 고치는데도 그런 노력에 절대로 마음 쓰지 않았던 것이다.

이 예에서 알 수 있는 것처럼 우리는 마음의 세계에서 바라는 일은 무엇이든 그 실현을 위해 심상을 그릴 수 있지만, 그 그려진 심상이 실현 과정에 있어서 방해되는 사물을 제거하지 않으면 차례대로 실패한 경험을 달게 받을 수밖에 없다.

당신은 위구심을 느끼는가? 어떻게 하면 좋을까 망설이고 있는가? 침착하지 못하고 불안한가? 그때야말로 당신은 이 창조적 상상력이라는, 돈으로 살 수 없는 열쇠를 사용할 일이다. 그리고 자신에 찬 마음의 균형이 잘 짜이고, 더욱 자기 확신에 찬 성격으로 당신은 생장해야 한다.

마음 훈련을 거듭해 정신이 안정되고 자신감이 생기면 당신은 일종의 생명 자기(磁氣)를 발하는 것처럼 된다. 당신은 다른 사람의 마음을 움직이는 힘 있는 매력을 방사하게 된다. 그들은 당신 주위에 자진해 모여 오고, 당신에게 협력할 것을 원하게 된다. 우리는 힘이 강하고 자신에 차 있는 사람에게 이끌리게 된다.

노먼 필(Norman Peale)은 약간 정신적 기법을 실천하고 효과를 거둔 체험을 말하고 있다. 그는 자기 강연을 무사히 끝내려면 청중의 차고 무관심한 마음을 따뜻하게 할 필요가 있었다. 그는 입을 열기에 앞서 연단에 선 채로 수 초간 청중을 바라보았다. 그리고 그렇게 서 있는 동안 그는 단지 청중에 대해 마음속으로 사랑의 뜻을 보냈다. 그런 다음 그는 비로소 말문을 열었다. 그러자 강연회장 분위기는 전기가 통하는 것 같았다. 청중은 그의 마음에 접촉한 듯한 느낌이었다. 그는 전심전력으로 말로 호소하고, 청중은 이에 예민한 반응을 보였다.

행복한 가정생활

주부는 자기 가정생활이 모든 면에서 행복하고 소망스러운 모습임을 마음에 그려야 한다. 아이들이 건강해 행복하고, 성질은 순수해 순종한다고 믿지 않으면 안 된다. 그녀는 또 자기 남편을 아이들의 좋은 아버지이고, 자기 이상의 반쪽인 동시에 유능한 생활 담당자라 믿지 않으면 안 된다.

주부는 자기 남편이 그에게 당연한 지위를 차지한 모습을 생생하게 마음에 그리고, 그 때문에 행복하고 종사하는 사업은 번영할 것이라 믿지 않으면 안 된다. 더욱이 자기 가정 경제에 필요한 돈의 공급이 원활하게 유입된다고 믿어야 한다.

가정주부 가운데 남편을 위압해 행복해야 할 기회를 놓치는 사람이 많다. 남편은 아내로부터 격려의 말을 듣고 싶은데 투덜대는 잔소리를 시끄럽게 들을 뿐이다. 이 때문에 그는 일에 쫓기는 기분이 생겨 하는 일이 고역으로 느껴지고, 인생에 대한 정열을 잃게 된다.

결혼한 부부가 행복한 가정생활을 위해 자기를 부정하고 희생하지 않으면 안 된다는 태도를 취하는 것은 올바르지만 공평한 일은 아니다. 우리는 21세기에 살고 있으므로 현재는 개척자 시대가 아닌 것이다. 오늘날 우리는 노력을 절약하는 여러 가지 기기를 이용할 수 있고, 현재 가진 것을 사용하여 최대 능률을 올릴 수 있는 지식도 있다. 가족은 자기들 가계 안전을 신경 쓰면 된다. 그러나 그들도 조금은 삶의 보람 있는 생활을 영위해야 좋다. 함께 인생의 기쁨을 느껴야 한다.

이렇게 생각하면 남편만이 자기의 유일한 수입원이라 생각하는 것은 잘못된 일이다. 왜 당신은 돈이나 그 밖의 공급 기회가 남편을 통해서만 오는 것이라 한정함으로써 그 유입 통로를 차단해야 하는 것인가?

나는 따로 가정 밖에서 주부들이 경제력을 올리도록 주장하는 것이 아니다. 마음가짐을 바꾸도록 제창하는 것이다. 마음을 크게 갖는 것이 좋다. 신의 축복이 당신 생활에 유입되는 상황을 마음의 눈으로 보는 것부터 시작하는 것이 좋다. 그리고 아이디어를 얻고, 생활에 정열을 가질 일이다.

이 새롭고 생생한 가정 분위기가 남편에게까지 연장되어 남편의 생활 의욕이 고무되고, 자기 일에 일층 창조 의욕을 불태울 수도 있을 것이다. 혹은 또, 당신은 직접 남편의 성공에 관계되는 아이디어를 얻을지도 모른다. 또한 지금까지 잠자고 있는 재능을 불러일으키는 연습이 시작될지도 모른다. 당신이 인생에 대한 사고방식을 일신할 때, 당신이 할 수 있는 일에 제한이 없어진다.

만약 당신이 무엇인가 바랄 때, 그것이 새 코트라 해도, 새 모자라 해도, 또 새 자동차라 해도 좋다. 혹은, 당신은 피서지 별장이나 휴가 여행을 바라고 있을 수도 있다. 당신은 남편을 설득해 그것을 실행하려 노력해 볼 것이다. 결국 소망을 실현하지 못하더라도 불쾌한 표정을 짓거나 투덜대며 잔소리를 늘어놓으면 안 된다. 상냥한 마음으로 남편과 협력할 일이다.

그리고 마음에 당신 꿈의 실현을 의미하는 심상을 명확히 그려 놓는 것이 좋다. 이때 당신 마음에 그린 소망은 다른 가족이 갖는 각각의 계획과 조화된 것이어야 한다. 즉, 지금 새집 살 돈이 없어 꿈을 실현할 수 없는 유일한 장애라고 생각할 경우, 마음에 당신 꿈이 실현되는 모양을 그리기에 앞서, 만약 돈이 있다면 집을 산다고 할 때 어디에 할 것인가에 관해 남편과 협의해 생각할 일이다.

만약 남편이 전부터 시골 쪽에 땅을 구매할 결심이면 당신은 남편 소망을 희생하고 자기 생각대로 하려고 하면 안 된다. 그때는 자신이 소망하는 도시 내의 주택을 마음에 그리는 일을 그만둬야 한다. 그리고 당신은 집을 살 장소 및 방 구조와 배치, 외관에 대해 남편의 마음과 하나가 되어 그것이 완성된 현실로 믿고 마음으로 그것을 보아야 한다. 당신이 이렇게 할 때, 당신 부부가 품은 꿈을 현실로 가져오기 위한 자기 창조력의 위력이 증가하고 있음은 명료하다. 다른 사람을 희생시키고 자기 인생 경험의 핸들을 잡는 일은 현명하지 않다. 그것은 불행을 낳는 데 도움될 뿐인 이기적 태도다.

인생 경험은 당신이 그것을 마음에 그리고, 마음에 받아들인 정도에 따라 당신의 것이 된다. 이 사실을 이해할 때 당신은 특별한 책략을 두루 살피고, 옳든 그르든 모든 수단을 써서 바라는 사물을 얻지 않으면 안 된다는 감정을 자극한다. 당신은 자기 꿈의 실현을 믿고, 마음으로 그것을 보고 실현하면 좋다.

종종 아이의 부모는 양육하기 힘든 아이도 돌보지 않으면 안 된다. 학교에서 거칠게 굴거나, 혹은 무조건 싸우는 등 문제아는 여러 형태가 있다. 부모가 자식의 이성에 호소해 좋은 이야기를 들려 줘도 아이가 말을 듣지 않을 때, 어떻게 하면 아이를 잘 타이를 수 있을지 곤경에 놓일 때가 있다.

간혹 그 해결은 아이를 잘 키우려 노력할 일이 아니라 부모가 정신적 태도를 바꿨을 때 좋은 아이가 되기도 한다. 이유는 아이들이 자기 가정의 정신적 분위기에 크게 영향을 받기 때문이다.

예를 들면, 아이가 자고 있을 경우 깨지 않을까 부모가 걱정하는 것만으로도 실제로 아이가 눈뜨고 깨어난다. 또, 내가 아는 몇몇 가정에서 아무리 엉뚱한 시간에 식사를 해도, 또 아무리 아이가 자고 있는 곳에서 주방까지 공간이 떨어져 있어도 식사 준비만 하면 부르지 않아도 아이들은 꼭 오게 되어 있다. 어른들이 무엇인가 먹으려 생각한 것뿐인데 아이는 눈을 뜨고 만다. 이런 현상을 특이 현상으로 생각하면 안 된다. 이는 매우 흔한 일이다. 사람은 대부분 현재 자기보다 일층 마음의 눈이 깨어 있어 직감이 예민해질 수 있는데, 그들은 이런 직감력을 억압해 버리고 만다.

아이는 부모가 믿는 바대로 행동하고 반응을 보인다. 아버지와 어머니는 이따금 이런 이야기를 한다.

"그러나 우리 집 애는 우리 부부가 조금 의견이 다르다는 것을 몰라요. 우리는 아이 앞에서 절대 이야기를 하지 않아요."

"나는 항상 아이들 옆에서 온건하고 침착하게 행동하지만 마음속은 아이들 일을 정말로 걱정하고 있어요."

이 같은 부모의 내부 감정은, 아무리 표면은 침착하게 균형 잡힌 행동을 한다 해도 자기들로부터 방사(放射)해 아이들을 감싸 버리고 만다.

부모는 자식이 학교에서 좋은 성적을 올리도록 강력하게 믿지 않으면 안 된다. 또 어린이들 인생의 전도는 심신이 건강하고 생활은 건전한 모습을 생생하게 마음에 그려야 한다. 다분히 당신은 일층 심각한 문제를 가지고 이에 직면하지 않으면 안 될지 모르지만, 그래도 투철하게 낙관적으로 처리하면 적어도 일은 그만큼 쉽게 된다.

만약 당신 가정에 성인으로서 협조력이 떨어지는 사람이 있다면, 물론 나는 연배자가 모두 완고해 조화되지 않는다는 의미를 말하는 것은 아니다. 당신은 그 사람이 이미 다른 사람들과 조화하고 그 가정생활의 틀에 딱 맞아 자기 처소를 얻었다는 사실을 상상하고 '믿는 것'이다. 또, 가족 가운데 누가 술 마시는 음주벽 때문에 고통 받고 있다면, 당신은 그 사람이 악벽을 극복하고 일층 강한 자제심에 눈뜰 수 있다고 '믿는 것'이다.

당신은 자기 부정적 사고방식이나 신념을 가지고 사람을 속박하고 고통을 주면 안 된다. 당신은 그들 마음을 해방하고, 그들이 악벽을 개선할 수 있다고 그의 모습을 마음의 눈으로 볼 수 있도록 한다.

인생을 이 같은 입장에서 바라볼 때, 당신이 사는 세상은 일변하고 생생한 빛을 발하게 될 것이다. 실상에서 우리는 팽배한 대생명의 바다 한가운데 살고 있다.

제임스 진스(James Jeans) 경은 그의 저서 『우주의 신비』에서 다음과 같이 말하고 있다.

지식의 흐름은 기계적이지 않은 실체를 구명하는 방향을 향해 나아가고 있다. 우주는 하나의 거대한 기계와 같은 것이라고 말하기보다 하나의 거대한 상념의 덩어리 같은 것으로 보기 시작하고 있다.

또, 아서 에딩턴(Arther Eddington) 경은 그의 저서 『물질계의 성질』에서 이렇게 말한다.

물리의 세계에서 우리는 일상생활의 드라마가 그림자 그림으로 전개되는 모양을 관찰한다. 나의 '팔꿈치 그림자'가 '식탁 그림자' 위에 놓이고, '잉크 그림자'가 '용지 그림자' 위를 달린다. 모든 것은 상징인 것이다. 물리학자는 물질을 상징으로 취급한다. 여기서 이 상징인 물질을 변질시킨다. '마음'이라는 연금술사가 등장한다. 대략적으로 결론을 말하면 이 세계를 구성하는 실질은 '마음'이라는 실질이다.

이 세계는 당신이 상상하는 것처럼 굳어 있고 좀처럼 휘어지지 않는 그런 실체가 아니다. 그것은 당신 마음이 바뀜에 따라 생각한 대로 굽혀지는 일도, 유동시키는 일도 가능하다. 자기 마음의 사고 방향을 명확히 정하고 인생에서 자기가 바라는 일을 선언하는 사람은 거의 없다. 그들은 자기의 소극적인 상념 결과로 나온 것을 수동적으로 수용할 뿐이다.

◇◇◇◇◇ 인생을 지배하는 두 개의 강한 감정

우리는 자기감정을 지배하는 두 개의 강한 감정을 갖는다. 그 두 개의 감정은 '신앙'과 '공포심'이다. 사실 공포심은 역방향으로 작용하는 신앙이다. 그것은 당신이 인생에서 바라지 않는 일이 온다는 사실을 믿고 있다. 공포심은 자기를 한정한다. 그리고 솔선해 행동 개시 의욕을 손상시킨다. 더욱이 공포심은 의지 작용을 정체시킨다. 우리는 공포심을 극복하지 않으면 안 된다.

공포의 심상을 소멸시키는 최상의 방법은 적극적인 심상을 일으키는 일이다. 실패를 회피하는 최상의 방법은 성공을 창조하는 일이다. 당신은 자기 신념대로의 것이다. 그러므로 당신은 자기감정, 상념, 행동의 3자를 일치시키고 신념을 활동시키는 것이 좋다. 그렇게 하면 당신은 신앙에 의해 인생을 꼭 지배할 수 있게 된다.

신앙은 결국에 가서 상상력의 놀라운 한 형식인데, 이 신앙에 의해 당신이 살기 시작할 때 당신은 암흑의 세계에서 나와 광명의 세계에 살게 된다. 어떻든 간에 신앙은 소망하는 사물의 실현 요소이기 때문이다. 그렇다면 당신은 어떤 종류의 심상을 자기 마음밭에 파종하려 하는가?

당신이 파종하고 있는 것은 공포의 심상인가, 아니면 신앙의 심상인가? 당신은 어떤 종류의 세계를 구축하려 하는가? 어떤 감정이 당신 생활을 지배하고 있는가? 신앙이냐, 아니면 공포냐? 이렇게 스스로 자문해 보는 것이 좋다.

◇◇◇◇◇
단호히 선언하라
"나는 할 수 있다. 그러므로 나는 한다."

나는 여기서 벤 스위트랜드(Ben Sweetland)라는, 특히 중년 연배에 있는 사람이 어떻게 해서 실제 자기 인생을 바꿨는지 소개하고자 한다.

그는 인생 상담을 담당하는 잘 알려진 심리학자다. 그의 저서 『나는 할 수 있다』는 100만 부가 팔렸다. 그는 인생을 지배하는 법칙을 알고 영감의 글을 읽고, 자기 생활방식을 고칠 수 있었다. 그러나 그가 소망하는 것은 그 이상의 것이었다. 그 뒤 그는 마술적 생활방식을 찾아냈다. 그는 보통의 평범한 인생과 활기 있는 생활과의 차이를 낳는 근본 원인이 무엇인지를 참으로 알기 시작한 것이다. 그러나 그는 자기의 습관적 생활의 틀을 곧바로 벗어날 수 없었다. 그래서 그는 먼저 의식세계에서 이동을 개시했다. 오로지 그것만이 가치 있는 일이었다.

의식세계에서 움직임이 일어나면 여기 응하는 바 물질세계에서 움직임이 생기고, 그것이 어느 때보다 행복한 가정으로, 또는 일층 창조적인 생활방식으로 나타난다. 또 어떤 때는 자기가 하는 일이 일층 인정받는 장소가 되어 나타난다.

벤 스위트랜드는 자기 한정의 숨 막히는 고삐를 끊어버리는 기술을 알게 된다. 그리고 "나는 할 수 있다. 그러므로 나는 한다."고 선언함으로써 그는 자기 자신을 이익 되게 하고, 그리고 그것을 남에게 가르침으로써 남녀를 가릴 것 없이 많은 사람들에게 이익 되게 할 수 있었다.

많은 사람들은 자기가 가진 위대한 능력을 빠듯하게 몰아치면서까지 실제로는 발휘하지 않는다. 그렇기 때문에 나는 "배수의 진치기"를 생활의 신조로 하고 있다. 나는 적어도 무엇을 하기 시작하면 끝까지 완수하는 주의다. 어중간한 태도로 생활하면 무엇이 되겠는가! 끝까지 밀어붙이고 강한 욕구를 고집하면 전부 얻을 것. 기회를 반쯤 잡고 약간의 부분적 성공을 하고, 그것으로 만족할 필요가 어디 있는가.

◇◇◇◇◇

당신은 오히려
생활을 기쁘게 변화시킬 일이다

당신은 자기 상념과 신념을 바꿨을 때 적어도 성공하겠다면 지금까지의 생활방식도 두려움 없이 바꾸려는 의지를 갖지 않으면 안 된다. 당신의 전진을 방해하는 감정 및 관념에서 벗어나야 한다.

자기 자신은 공포, 태만, 자기만족 등과는 관련이 없다고 여겨야 한다. 당신은 대담하게 인생에 대한 새로운 아이디어를 갖지 않으면 안 된다. 당신은 용기를 갖지 않으면 안 된다. 남들이 어떻게 생각할까, 무엇이라고 말할까 등 지나치게 평판에 신경 쓰면 남과 다르게 하는 것을 두려워하는 나머지 지금까지의 생활방식을 바꾸는 것에 공포를 느끼게 된다.

인생은 당신의 인생이고 당신의 체험인 것이다. 이 사실을 꼭 명심하고 자각하라.

이 세계는 맞춤 양복이다

"당신은 재화를 필요에 따라 자유롭게 지배할 수 있어야 한다." 이것은 내가 확신하는 이 세상의 재화(財貨, 재물)에 관한 마음가짐이다. 또, 재화에 대한 집착을 일체 끊어야 한다. 우리는 이 두 가지를 선택하지 않으면 안 된다.

보통 많은 사람들은 아무래도 마음에 확신이 서지 않기 때문에 그들이 지금 가지고 있는 것에 필사적으로 매달린다. 그들이 만약 재화를 잃고 세상의 거친 파도에 휩쓸리면 어떻게 할까? 가지고 있는 전 재산을 날리고 한 푼 없게 된다면 두려워할 것이다. 그것이 현재 가지고 있는 재산의 일부라 해도 마찬가지일 것이다.

당신은 주인공이 되지 않으면 안 된다. 단연코, 노예가 되면 안 된다. 주인공이 되기 위해 당신은 이 세상과 이 세상 경험을 지배할 수 있는 대자각에 들지 않으면 안 된다.

당신은 현세를 바른 진리의 조명으로 비춰 볼 일이다. 그리고 현세는 마침내 자기 몸에 딱 맞는 치수로 재봉하는 맞춤복으로 착용하게 된다.

꼭 기억해 두라. 세계는 당신 신념대로 되는 것이다. 그러므로 당신이 사는 세계의 모든 사물은 당신으로부터 시작하고 있음이다.

세일즈맨들이 여름에는 매출 부진이 꼭 있다고 믿을 때, 어떤 지역은 수요가 전무하여 시간 낭비라고 믿을 때, 그들은 자기들 신념대로 되는 것을 경험하게 된다. 그들은 보통 자기들이 믿고 기대하는 것을 발견하게 된다. 그렇다면 '이 세상은 마음의 그림 자임'을 항상 기억해 두라.

내가 강연가로 잘 알려지기 훨씬 전, 크게 홍보하던 도시로 강연을 갔는데도 아주 적은 청중밖에 모이지 않았던 일도 이따금 있었다. 또 다른 때에 거의 홍보를 해 주지 않은 도시에 갔지만 대단히 많은 청중이 모여 든 때도 있었다. 이런 경험으로 나는 자기 자신 및 인생에서 자기 지위에 대한 부동의 신념을 파악할 수 있을 정도에 이르렀다. 즉, 나는 강연회 정황은 내가 예기한 대로 된다는 사실을 알았다. 하지만 처음에 강연회가 자기 예상을 뒤집고 순조롭지 않을 때는 마음의 공허감을 극복하는 일이 힘들었다. 그 무렵에 이 강연 비즈니스에 많은 경험이 있는 어떤 사람이 나에게 이렇게 말해 주었다.

"만약에 당신이 자기 힘껏 일하고 있고, 이 일에 사명감이 주어졌다는 사실을 실감할 수 있다면, 결국 문은 꼭 열리게 되어 있소. 그리고 모든 것이 순조롭게 되는 것이오."

나는 이 사람의 말을 듣고 내 일을 지속할 수 있었기에 그의 말은 진실임을 알게 되었다.

우리는 성공의 심상을 확실하게 마음에 새기기 위해 실패에 직면해도 끝까지 낙관적으로 관철시키지 않으면 안 된다. 도중에 꺾이고 말면 우리는 아무것도 달성할 수 없게 된다. 자기가 옳다고 느꼈다면 끝까지 올바름을 관철시켜야 한다.

당신이 인생과 조화하고자 노력할 때 당신이 어떤 마음의 웅얼거림을 경험하는지 어떤 누구도 제3자는 모르지 않는가? 그렇기 때문에 당신은 주저할 것 없이 자기 직감에 따라 노력을 굽히지 말고 언제까지 계속하는 것이 좋다. 끝까지 초심을 관철시키면 설사 역경에 직면해도 당신은 승리할 것이다.

예를 들면 로렌스 웰크(Lawrence Welk)가 이룬 성공에 대해 널리 주지된바 대로다. 그는 연주 음악 양식 때문에 여러 해 동안 소문거리가 되었다. 그는 신인 시절에 자기 말투나 연주 방식을 비난하는 사람들 때문에 자주 마음이 상하고 실망이 컸다. 그러나 그는 도중에 멈추지 않았다. 그는 끝까지 해냈다. 그리하여 그의 독특한 오락 프로그램은 매주 수백만 시청자들에게 즐거움과 기쁨을 주었다.

남녀 성별을 가릴 것 없이 어떤 일을 해낼 결의를 갖지 않고 도중에 좌절하는 사람이 상당히 많다. 자기 행위가 정당하다고 느낀다면 어디까지나 해내야 한다. 어차피 물때는 바뀌는 것이다. 어떻든 그것은 법칙이기 때문이다.

신앙이 살아 있다는 정의

당신이 신앙심을 가질 때 당신 마음에 생기는 소망은 심상으로 그 윤곽이 명확하게 마음에 그려지고, 그 마음가짐이 계속된다. 그리고 그 소망이 현실로 당신 환경에 투영되기까지 그것이 이어진다. 당신은 오직 그 명확한 심상을 마음에 계속 가지고 반대 관념은 모두 거절하며, 그 실현을 보기까지 지속하면 좋다. 신앙은 기적을 낳는다.

나는 고속도로에서 남의 차를 세워 승차한 경험 있는 청년들과 대화를 나눈 적이 있다. 그들은 차를 세워 태워 달라 부탁하고 꼭 믿는 것만으로도 실제 그대로 되는 일이 이따금 있었다고 말한다.

한번은 내가 고등학교를 졸업하고 서해안에 가려고 했을 때 어리석게도 차표를 사기 전에 돈을 모두 써 버린 적이 있었다. 그때 나는 버스나 기차 여행을 할 정도의 여비를 모아 두지 않아 무전여행을 하리라 결정했다.

나는 오하이오 주에서 성장했지만 그때는 플로리다 세인트피터즈버그에 있었다. 무전여행 첫 날은 플로리다 주 내 펜사콜라까지 차를 타는 데 성공했다. 이튿날 아침은 춥고 가랑비가 내렸다. 나는 특유의 개성 있는 자세로 고속도로 변에 서 있었는데, 나의 밝은 표정에도 불구하고 차는 마치 도로 변에 서 있는 내가 전혀 보이지 않는 것처럼 멈추지 않고 그대로 달려가 버렸다. 점점 시간은 지나 대낮이 되니 자동차 통행도 뜸해졌다. 바로 그때 한 대의 차가 오고 있었다. 나는 내 마음의 태도를 '분명히 정하자'고 결심했다. 이 무렵 나는 동양사상과 적극적 상념에 대한 책을 몇 권 읽은 덕에 "마음으로 확신한 일은 실현된다."는 진리에 관해 조금은 알고 있었다. 그래서 내가 실제로 차를 세워 동승하는 장면을 확신하고 마음에 생생하게 그렸다. 수분 후, 차 한 대가 제법 빠른 속도로 달려오더니 그대로 멀리 사라져 갔다. 주위는 가랑비 소리밖에 들리지 않았다. 나는 무심결에 차가 달려간 방향으로 길을 따라 바라보았다. 바로 그때, 그 차가 내 쪽으로 후진해 오는 것이 아닌가! 그리고 내가 서 있는 곳에 멈춰 섰다. 차 문이 열리고, 안을 보니 부부가 타고 있었다. 차 안에는 이미 짐으로 가득 찬 상태였다. 부부는 내게 갑갑하지만 타지 않겠느냐고 권했다. 나는 그 차에 동승했고, 차는 다시 달리기 시작했다. 잠시 후 아내가 입을 열었다.

"우리가 왜 후진까지 해 갔는지 몰라요. 그저 당신이 서 있던 곳을 지나치고 나서 우리 두 사람은 그냥 후진해 당신을 태운 거예요. 참 알 수 없네요. 우리는 지금까지 무전여행자를 한 번도 태운 적이 없거든요."

그 차는 나를 멀리 뉴올리언스까지 태워다 주었다. 그것이 '지금까지 무전여행자를 한 번도 태워 준 일이 없는' 사람들이 태워 줘 종일토록 자동차 여행을 한 이유다.

자! 매상을 올리고 비즈니스를 확장하려는 사업가에 대해 생각해 보자. 자기가 놀랍게 성공한 모습을 마음에 그리는 것이 좋다. 그렇게 하면 그는 바로 비즈니스에 관한 여러 가지 생각, 더욱이 어떻게 그것을 발전시켜 나갈 것인가에 대한 아이디어가 차례로 머리에 떠오르기 시작할 것이다. 그는 또 신계약을 체결하도록 내부에서 인도되고, 그의 비즈니스에 활력이 넘치며, 어쩌면 내부 인도에 의해 기계약건이 파기되고 다시 계약하는 일도 있을 수 있다. 그리고 그는 어떻게 하면 생산성을 높일 수 있을까? 원가를 낮추려면 어떻게 할까? 더욱 많은 고객을 만나려면, 상품을 좀 더 고객 눈높이에 맞추려면 상품 포장은 어떻게 하는 것이 좋을까? 취급 상품의 종류를 크게 늘려 시장을 개척하려면 어떻게 할까? 등 여러 가지 아이디어를 얻을 수 있게 된다.

어떻든 자기 본질에 관한 새로운 자각과 자기 비즈니스에 관한 새로운 자각, 이 양자를 마음에 분명히 확립해야 모든 것이 시작되는 것이다.

먼저 자기 마음속에서 행동을 일으키지 않으면 안 된다. 즉, 의식세계에서 먼저 길을 여는 것으로써 현실세계에 실제 경험으로 사물이 나타나는 길을 준비하지 않으면 안 된다.

◇◇◇◇◇
남의 행운을 기뻐하라

당신은 인생에서 출세하려 노력하는 사람들과 아는 사이가 되면 그들의 행운을 위해 빌어 줄 일이다. 그들의 전진을 도와주

라. 그들을 위해 오직 성공만을 마음에 그려라. 그들이 실패하면 그만큼 그들에게 플러스가 된다고 생각, 그들 불행을 바라는 미망(迷妄)의 덫에 빠지면 안 된다.

누구에게도 일은 풍부하게 있다. 더구나 왜 당신이 타인의 행복을 빌지 않으면 안 되는가에 대해 따로 중요한 이유가 있다. 인생에는 인생의 법칙이 있고, 그것은 다음과 같이 말하면 가장 적절하게 표현되는 셈이다. "내가 남에 대해 이랬으면 하고 생각하는 바대로 자기 자신도 경험하는 것이다." 이를 기억하라.

우리가 경험하는 바의 사물은 자기 신념의 문을 통해 모습을 드러낸다. 우리 신념에 없는 것은 우리가 경험할 일이 없다. 만약 우리가 다른 사람은 병이 들기도 하고 잘못도, 실패도 하는 것이라고 믿으면 우리 잠재의식에 이런 신념이 있기 때문에 이런 병증, 실패 등은 우리에게도 일어난다.

우리가 남에 대해 품고 있는 소극적 상념은 자기에게로 돌아와 우리 마음이 그것과 반대의 밝은 적극적 상념이 되지 않는 한, 우리 마음을 떠남 없이 우리 인생 경험에 악영향을 주어 생활의 진로를 제한하게 된다. 그러므로 인생에 성공하기 위해 남의 행복을 빌어 주는 것이다.

남의 행복, 성공을 기뻐하라. 그렇게 하면 성공의 생각 및 적절한 행위의 아이디어가 당신 생명과 불가분의 일체가 되어 멀지 않아 당신의 존재는 '성공' 그것이 되어 제반 행위 모두 중요한 곳에 적중하게 된다.

당신이 남에게 도움을 줄 여유가 있을 때 자진해서 그렇게 할 일이다. 남을 밀어 올릴 수 있다면 밀어 올려 주는 것이 좋다. 구원의 길은 무한하기 때문에 그중에서 적당한 조력을 하라. 중요한 사실은 당신이 실제 남을 구원하기 전에 상대가 어떻게 하면 구원받을까에 대해 잘 생각할 일이다. 때로는 혼자 있게 내버려 두면 자기 힘으로 길을 열어 가는 것이 그 사람한테는 구원되는 경우가 있다. 이런 일은 당신이 각각의 경우에 따라 구원 방식을 결정하지 않으면 안 될 문제다.

사람의 구원 방법을 하나로 정해 놓고 그 한 가지 방식으로 가기보다는 각각의 경우 당신 직감에 따라 행동하는 것이 좋다. 어떤 사람들은 분명하고 구체적인 형식, 가령 경제적 원조라든가 신원 보증의 승낙, 충고 등 형식의 조력을 바라기도 한다. 그러나 또 다른 사람들은 단지 당신의 격려만으로 충분할 수 있다.

당신이 똑같은 일을 고생 끝에 해냈다고 해서 다른 사람도 똑같이 고생하지 않으면 안 된다고 생각하지 않을 일이다. 사람들이 스스로 자립할 수 있게 원조할 일이다.

◇◇◇◇◇
당신은 좀 더 희망을 크게 갖는다

우리가 종종 자기가 세운 계획을 아무것도 실현하지 못하고 마치는 것은 우리 생각이 크지 않기 때문이다. 우리는 작게 사물을 생각한다. 작은 생각에는 마술적인 힘이 없다. 상상력을 불태울 힘도, 심중을 흔들 힘도 없다. 사물을 성취하려면 당신은 희망을 크게 갖지 않으면 안 된다. 하늘의 별에까지 이르는 큰 희망 말이다.

설령 그렇게 그린 큰 꿈이 실현되지 않더라도 작은 꿈을 그리고 나아가는 경우보다 당신은 훨씬 크게 전진한다. 당신이 자기 소망을 완전히 실현하고자 한다면 당신 자신이 크게 되지 않으면 안 된다. 당신은 혼의 바닥에서 나오는 작은 속삭임을 충실히 따라 높고 크게 목표를 가지면 꿈에도 생각지 못한 일을 할 수 있다.

다시 말하면, 목표를 높게 갖는 사람들이 적기 때문에 성공의 산꼭대기에 여지가 많은 것이다. 사회 밑에 사는 사람들 생활은 구원될 기미도 없이 마구 섞여 있다. 진지하게 노력하는 사람들은 많아도 목적을 달성하는 사람은 그저 조금뿐이다. 그것은 무엇 때문일까? 그것은 사물을 크게 생각하기를 두려워하기 때문이다. 목표를 높이 세우는 일을 두려워하기 때문이다. 당신은 크게 사물을 생각해 목표를 높이 놓는 몇 안 되는 사람이 되고, 그리고 이에 따라 성공의 산정에 오를 수 있다.

나는 이 방면에서 최고의 영감서(靈感書) 저자가 아닐지 모른다. 그러나 나는 사물의 소극적이고 부정적인 면을 쓰지 않는다. 나는 세계에서 최고 강연자가 아닐지 모르지만 청중은 내 이야기를 반드시 이해하고 들어줄 것이란 신념은 절대로 놓지 않고 있다. 인생은 자기가 생각한 대로의 것이란 사실을 나는 알고 있다.

그러므로 나는 자기 목표를 높게 갖는 것이다. 나는 일이 순조롭게 나갈 때도 끊임없이 대청중을 상대로 강연하는 자기 자신을 마음에 그린다. 나는 자기 저서가 수백만 독자의 정신을 끌고 있는 모양을 실감으로 마음에 그린다. 나는 오래도록 자기 일의 웅대한 상상을 이어 가고 있다.

나는 이런 방식을 나의 생각이라 생각하지 않는다. 나는 만약 내가 세상에 제공할 어떤 것을 가지고 있다고 생각하면 그런 개인에 속하는 재능 등을 충분히 세상을 위해 제공할 의무를 자기 자신에 대해, 또 세간에 대해 가지고 있다고 생각한다.

여기서 중요한 것은 개인이 세간에서 인정받는다는 사실이 아니다. 한 개인이 인정받아도 크게 뜻있는 일은 아니다. 중대한 일은 인생에서 전락의 길에 이르는가 여부의 갈림길에 있는 사람들, 신앙의 방아쇠를 당기는 동기가 무엇인지 탐구하는 사람들이 그 방아쇠를 당길 의욕을 불태우고 크게 전진해 나갈 수 있다는 사실이다.

그렇다면 당신 분야에서 최고의 사람이 되려고 결심하라. 당신이 저술에 뜻을 두었다면 저술가로 대성할 일이다. 가수가 되고자 하면 노래하는 천사와 같은 가수가 되라. 교사를 희망하면 명교사가 되도록 뜻을 세워라.

당신이 자기 자신은 사회에 공헌하며 천분에 맞는 일을 하고 있다고 실감하는 한, 당신이 인생에서 어떤 분야를 맡든 그런 일은 전혀 문제가 되지 않는다.

◇◇◇◇◇
믿고 받는 일

당신은 이 장의 첫머리에서 개략을 설명한 '마음에 소망 그리는 기법'을 실천할 때, 매우 자연스럽게 실제로 해 보는 것이 좋다. 마침내 당신은 심상을 그리는 형식적 방법에 따라 실제 해 볼 필요는 없어질 것이다. 당신은 단지 자기 소망의 심상을 퍼뜩 마음에 가져오는 것만으로도 실현하게 된다.

당신의 소망 실현을 기대하는 마음의 강도가 그 새 경험을 수용하는 자기 능력과 균등하게 될 때, 당신은 현실로 소망 실현 결과를 얻을 수 있다.

내 친구 중 '리처드 길러(Richard Giller)'가 있는데, 그를 처음에 플로리다 마이애미에서 알게 되었다. 그는 나에게 다음과 같은 이야기를 들려 줬다.

그는 한때 전 미국의 역도 미들급 중량 추상 선수권 보유자였기에 동급에서 몇 개의 신기록을 가지고 있었다. 내가 그를 만났을 때 그는 투자상담 일을 하고 있었고, 그때 이미 마음의 힘을 창조적으로 쓰는 데 대한 내 강연을 몇 차례 들은 상태였다. 따라서 물론 그는 나를 만나기 전부터 '마음의 힘' 원리를 실천하고 있었지만, 우리가 실제 만나 대화를 나누는 일은 서로 격려가 되어 더욱 좋았다.

우리가 알고 지낸 지 1년쯤 지날 무렵, 그는 이번 한 번만 중량 추상 시합에 나가 전과 같은 수완이 있는지 여부를 시험해 보자는 강한 충동이 생겨 출전하게 되었다. 그는 그 시합에서 좋은 기록을 내자 인상형 중량 들기로 자기 과거 기록을 깨기로 결심했다. 이 인상은 중량을 마룻바닥에서 한 번 동작으로 머리 위까지 들어 올리는 것이다.

그는 첫 회 도전에 실패했다. 그리고 두 번째 기회가 왔을 때, 그는 중량을 들어 올리기 전에 잠깐 눈을 감고 마음속으로 자기가 그 중량 들어 올리기에 성공해 친구들로부터 갈채 받는 장면을 분명하게 그렸다. 그리고 그는 눈을 뜨고 허리를 굽혀 철봉을 잡고 자세를 조절, 순간 번쩍 들어 올렸다. 그가 말한 바에 따르면, 그것은 중량급 선수로서 가장 쉬운 경험이었다고 했다. 그는 그때 신기록을 기록했다.

운동선수 가운데 똑같은 경험을 가진 사람이 과연 몇이나 될까? 역도에 한정하지 않고 다른 어떤 종류의 경기, 또는 시합에서도 마찬가지겠지만 그 선수의 체력을 최대한까지 끌어올려 육체를 단련한 후에는 마음의 태도가 승패를 가르는 가장 중요한 요소가 되는 것이다.

골프나 볼링 등의 경우도 지금 하는 플레이에 쉽게 숙달되는 자기를 마음에 그리고 확신하면 실제로 향상됨을 알고 놀라는 사람이 많다. 육체는 마음에 그린 심상을 구체화하고 그대로 이루는 것이다.

당신은 우리의 삶 인생극에서 자기를 명배우임을 확신하고 마음으로 본다. 당신은 남편으로, 아내로, 연인으로, 선생으로, 또 그 밖에 어떤 역할을 하더라도 그 처지에서 최고의 인물이 될 수 있다. 그 어떤 사람이라도 자기 자신을 이 우주에 가득 찬 힘을 수용하는 용기(用器)가 되어 그 힘과의 접촉을 확실히 하고, 또 우주의 힘이 당연히 유입될 수 있도록 심신 조건을 조절만 하면 누구나 우주의 어떤 힘도 자기에게 끌어 붙일 수 있다.

››› 실천을 위한 마음가짐

1. 소망을 마음에 그리고 실현 기법을 복습하라.
2. 심상 그리는 기술을 이해하라. 그것은 단지 당신이 마음 조정을 가능케 하는 기법이다.
3. 이 기법을 끝까지 실제 닦아 필요할 경우 자기 성격 개선에 조금이라도 도움되게 하라.
4. 당신 기대의 상념을 지배하라.
5. 항상 바른 소망, 마음에 그리기를 계속하라.

6. 자기 자신이 행복을 바라는 것같이 다른 사람의 최선의 행복을 염원
   하라.
7. 목표를 높게 가져라.

3장
상상력의 자각

　인간은 지금 새 미개지의 입구에 서 있다. 그는 지금 마음의 불가사의한 영역에서 새 길을 열고 있다. 상상력은 인간만 가지고 있는 능력이다. 다른 어떤 생물도 행사할 수 없는 능력이다.

　인간은 새로운 일을 할 때 그것을 어떤 것으로 할까 하고 상상력을 작용시킬 수 있다. 그리고 그것을 그대로 실행하고 완성하는 일이 가능하다. 동물은 동물대로의 기본 형태에 따라 살 수 있게 처음부터 섭리에 의해 '결정된 것'이지만, 인간은 자유 상념의 세계에서 움직일 수 있다. 그 자기 상념으로 그린 아이디어를 현실 세계로 가져오는 일이 가능하다.

　우리는 자기 상상력을 쓰면 쓸수록 점점 그 능력을 자각한다. 그만큼 우리는 상상력 행사가 능숙해지고, 따라서 그만큼 많이 자유를 체험할 수 있게 된다. 여기서 내가 강조하고 싶은 것은 창조적 상상력을 행사하는 기법은 자각을 확대하는 기법으로, 마음을 조건부로 한정하는 것은 아니란 사실이다.

독자 가운데 "이 방법은 자기암시 또는 자기최면처럼 생각된다."고 하는 사람도 있을 것이다. 정말 어떤 점은 유사한 부분이 있다. 즉, 양자가 모두 '반의식' 상태를 경험한다는 부분은 유사한 점이다. 그러나 여기서 소망 실현의 방법이 달라진다.

자기암시 또는 자기최면 등과 같이 자기에게 조건을 설정하는 방법에서 우리는 잠재의식층에 조건 설정이 되는 확고한 암시를 준다. 그 뒤, 우리 언동을 그 조건 설정에 의해 구속하는 것이다. 이와 반대로 창조적 상상력을 행사하는 기법을 바르게 사용할 경우, 우리는 마음을 자각하고 지금 생각하고 있는 우리 인생 소망은 벌써 실재하고 있다는 자각에 이를 수 있도록 노력한다. 전자는 마음을 조건으로 묶는 것이고, 후자는 마음으로 자각하는 것이다. 그리고 후자에 의해 당신 마음이 자각되면 자유는 당신의 것이다.

자기 마음을 조건으로 구속하는 암시법은 암시에 의해 잠재의식층에 형성된 여러 가지 틀을 언제까지 계속한다는 경향을 취한다. 어떤 종류 신념의 틀을 암시에 의해 심어 나가면 사람은 장기간 그 신념의 틀에 지배받게 된다. 그는 암시 감응 상태에서 행동하지만 참되게 자각의식으로 자각하는 것은 아니다. 그는 사실 완전한 자각의식을 가지고 인생 제반 사항에 대처하는 것은 아니다. 암시로써 마음을 조건 붙이는 기법은 이와 같이 사람의 생활을 일층 자유가 없는 기계적인 것으로 만드는 것이다.

나는 이전에 일생을 통해 진지하게 일해 온 남자를 만난 일이 있다. 그는 약간의 돈을 모아 유리한 투자를 했다. 그리고 그는 지금까지 오랜 세월에 걸쳐 일해 왔지만 이제 매일 일할 필요가 없었다. 그가 내게 말했다.

"나는 낮에는 왠지 모르게 안정되지 않고 저녁 다섯 시가 되어야 비로소 느긋하게 평화스러운 기분을 가지게 되지요."

다섯 시는 평소 그의 일이 끝나 퇴근하는 시각이다. 그의 잠재의식은 매일 여덟 시간 꼬박 일하는 관념으로 조건이 붙여져 있던 것이다. 그가 자기 생활의 틀을 바꾸었을 때, 그는 편한 느낌이 아니었다. 그래서 그는 자기 주의력을 다른 더 중요한 일에 돌릴 수 있게 정신적 생활을 했다. 이렇게 해서 편치 않은 기분에서 벗어날 수 있었다.

많은 어린이들은 혜택을 주든 안 주든 신을 믿도록 하는 가르침을 받고 있다. 그들이 성장해 어른이 되면 인생 행복은 법칙에 따라 나타난다는 사실, 올바른 행위의 법칙에 마음의 파장을 맞추는 능력에 따라 행복이 온다는 사실을 자각하기 시작한다.

그러나 그들은 어른이 되어도 이들 인간처럼 한쪽만 편드는 신의 신앙이 잠재의식에 꼬리를 당기는 것 같이 남아 있는 것으로 믿는다. 이 때문에 마음속에 큰 갈등이 생긴다. 암시에 의해 어떤 종류의 신념의 틀로 그 사람 마음을 조건 붙이는 일은 무지

(無智)로, 순수한 사람을 곧장 외곬으로 걷게 하는 데 도움될지 모르지만, 사실 진리에 눈뜨기 시작한 사람에게는 장애가 된다.

4차원의 세계

모든 사물은, 지금부터 인간이 경험하는 일의 실질은 '지금'이라는 시간 가운데 이미 '구원의 실재'로 존재하는 것이다. 그러므로 당신이 자기 자신의 소망으로 바라는 부분은 어디서 누군가가 이미 체험하고 있는 것이다. 모든 인간의 마음속 소망은 '지금 여기'에 있다고 하는 진리를 알아둘 일이다.

그리고 당신은 지금 이미 모든 것이 갖추어진 세계를 움직이고 자유로이 바라는 것을 마음에 받는 실현이 가능하다. 그것은 마치 큰 방에 수없이 많은 의자가 준비되어 있고, 의자는 각각 다른 각도로 놓여 있지만, 어떤 의자도 당신이 다가가 앉을 수 있는 것과 같다. 이 비유처럼 인생에는 수많은 사물이 있다. 그리고 이것들은 모두 여러 위치에 자리를 잡고 놓여 있는데, 아무튼 당신은 소망하는 사물에 가까이 접근할 수 있다. 다시 말해 사물 측에서 본다면 당신이 선택하여 권리, 주장하기를 기다리고 있다.

당신이 이 사실을 자각할 때, 당신은 사물의 진성(眞性)을 깨닫기 시작한다. 당신은 사물 원인이 당신 마음에만 있는 것이고, 그 이외의 것은 마음이 결정한 일의 결과에 불과한 것이라 이해하는 것이다. 그러므로 최초에 마음이 어떤 결정을 내렸는가가 가장 중요한 요소가 된다. 어떤 사람은 인과법칙의 예증으로 "공은 벽을 향해 던지면 튀어오게 된다."고 말한다. 그러나 사실은 공이 튕겨 오는 원인은 공을 벽에 던진 사람 마음에 있다. 투구와 튕김은 결과다.

너무나 우리는 인생에 대해 표면 사상을 근거로 이해하려 해 참된 원인이 인간 마음에 있다는 사실을 참으로 알지 못하고 있다. 모든 인생 경험은 마음에 그 원인이 있다. 만사는 마음에서 출발한다.

따라서 당신 소망이 실현되기 위해 이 세상에서 일어나는 모든 사물은 당신이 창조적 상상력을 암묵 속에서 행사해 획득한 바, 당신 의식상태, 즉 자기 자신 상념의 결과다. 그러므로 당신이 사는 세계는 당신 마음의 반영이다. 이 진리를 확실히 해 두지 않으면 안 된다.

자신도 영구히 그런 심경이 되고 싶다는 뛰어난 의식 상태를 자각할 수 있고, 또 그런 자각 가운데 절실하게 살아갈 때, 그 뒤는 마음의 법칙이 자동적으로 소망을 성취시켜 준다.

인간의 마음은 이따금 생활의 거친 파도에 마음을 맡긴 나머지 곤혹스러워지고, 사실은 원인이 전혀 없는 곳에서 원인을 읽어 내려고 고생한다. 우리는 모든 인생 경험 배후에 있는 원인을 알고 여기서 움직이기 시작해야 한다.

당신은 어떤 일을 인생 경험으로 실현코자 결의하고 마음속에 명확히 이미 일 성취의 자각을 가진다면, 그 후는 단지 기다려 사물 전개를 정관(靜觀)하면 좋을 것이다. 그 경우 당신은 마음을 조용히 유지하고, 자기에게 속하는 것은 무엇이든 무리 없이 남에게 폐 끼치는 일 없게 실현되는 것이라 굳게 믿으면 되는 것이다.

나는 캘리포니아에서 '실천 심리학'을 가르치는 남자 이야기를 들은 적이 있다. 그는 캘리포니아 주 해안 먼 바다에 떨어져 있는 섬에서 얼마 동안 생활의 번잡에서 완전히 떠나 있어 보고 싶다는 사람들을 위한 별장지를 구했으면 하고 항상 동경해 왔다. 그는 자금이 턱없이 부족했지만 그런 일로 자기의 꿈을 포기할 남자가 아니었다.

그런데 어느 날, 그가 어떤 사람을 만나게 되었다. 그 사람은 한 섬을 매입해 건물을 세우고, 그것을 그대로 그에게 기부한다는 결과가 전개된 것이다. 그 별장지 건설에 꽤 큰돈이 들었지만 그 백만장자는 마치 보통 사람이 커피 한잔 사듯 가볍게 기증한 것이다.

나의 지인 중 이전에 강연 여행을 한 남자가 있다. 그 당시 그는 도서관에 자기 저서를 몇 권 가져다 놓았으면 하고 소망하고 있었다. 그래서 그는 가장 마음에 드는 책 이름을 셋 정도 생각하고 인쇄소에 가서 견적을 내 보니 비용이 만만치 않았다. 그는 그때 더 이상 일을 진행시킬 수 없었지만 마음속으로는 단단히 본래의 소망을 꼭 잡고 놓지 않았다. 그 후 어느 날 밤, 강연이 끝났을 때 한 남자가 그에게 와 강연이 너무 좋았다며 인사를 하러 왔다. 그리고 남자는 고마운 뜻을 표하기 위해 자기가 할 수 있는 일이 없느냐고 물었다.

"고맙습니다. 그런데 지금 필요한 것이 따로 없기 때문에……." 하고 강연가는 말했다.

"그래도……." 하고 그 남자는 집요하게 물어봤다.

"당신이 하고 싶은 일, 마음속에 중요하게 간직하고 있는 일, 그런 것이 뭐 없습니까?"

"글쎄요. 나는 책을 몇 권 출판해 가지고 도서관에 소장했으면 하고 생각하고 있지요."

이렇게 대답을 하자 그 남자는 윗저고리 주머니에서 수표책을 꺼내더니 경비가 얼마쯤 드느냐고 물었다. 그리고 출판비 전액을 수표로 끊어 주었다. 그 남자는 재산가로, 그렇게 하는 일이 그의 기쁨이었던 것이다.

◇◇◇◇◇
실패를 예상하면 안 된다

당신은 어떤 계획을 세울 때, 먼저 처음부터 결코 실패는 있을 수 없다는 자신을 가지고 행동해야 한다. 한번 세운 계획은 완전히 끝까지 수행해 완성한다는 신념으로 온 심신을 채우고 확실하게 행동한다. 마음에서 실패의 공포를 털어 버린다. 자기 자신을 공포심과는 거리가 먼 것으로 하라. 성공을 확신하고, 때에 맞는 행동이 꼭 이루어질 것이라 확신함으로써 공포심을 일소한다.

당신은 모름지기 자기 계획에 몰두하는 것이 좋다. 당분간 그 일에 관계하는 사람들 외에 자기 계획에 대한 이야기를 하지 않는 것이 좋다. 당신 계획에 진정 흥미를 갖지 않는 사람에게 지나치게 일 이야기를 하면 당신 일이 생각대로 빠른 진전을 보이지 않았을 때 그들은 당신을 조롱할 것이 분명하다. 당신은 자기 에너지를 저장하고 주의력을 한 곳에 집중해 사물을 성취하지 않으면 안 된다.

◇◇◇◇◇
인생에서 많은 일을 할 때
주의력을 산란케 하면 안 된다

당신은 자기 주의력을 생각한 대로 목적물에 집중시킬 때 보다 짧은 기간에 더 많은 인생 경험을 쌓을 수 있다. 그리고 주의력을 집중하는 정도가 진전될수록 당신은 그만큼 누구보다 많이 살아간 것처럼 되고, 그만큼 많은 사물을 성취할 수 있다. 주의력 강화는 그만큼 일의 능률을 향상시킨다. 주의력이 발달하지 않은 사람은 약간의 생각으로 존재를 위한 생계를 이어가는 일이 가능할 뿐이다.

인생은 단지 되어가는 대로 살면 좋은 것이 아니다. 당신은 사물을 해내는 데 필요한 일을 하는 습관을 배워야 한다. 그렇게 하면 당신에게 몇 가지 가치 있는 계획으로 마음 돌리는 여력을 기르게 된다. 많은 창조적인 사람들은 매우 숙련된 활동 분야를 몇 가지쯤 가지고 있다. 나 역시 그렇고, 당신도 아마 공감할 것이다. 그들은 보통 사람 이상의 생활이 가능한 사람들이다.

가령, 시카고 클레멘트 스톤(Clement Stone)의 경우를 보자. 그는 보험회사를 4개나 가졌고 각 사장을 지냈으며, 월간지 《무한의 성공(Success Unlimited)》을 출간했다. 또 〈나폴레온 힐〉 연구소 책임자다. 그 밖에 그는 미국 내에서 전국 순회강연에 나서며 어떤 영감적 저서의 공동 저자이기도 하다. 그리고 기독교 일반 신도 최고의 명예상을 받았다. 한 신문에 게재된 사진 설명에 따르면, 그는 미국 소년 클럽에도 관심을 가졌다고 소개되어 있었다.

또, 노스캐롤라이나 주 사산파인에 사는 톰 오닐(Tom O'Neil)은 24시간 영업 골프장과 고급 레스토랑 두 기업을 경영하는 기업주이며, 이따금 자기 하모니카를 연주하고, 평판 있는 음반회사를 운영하는 한편, 또 《심령계》라는 신문 발행자이기도 하다. 그는 마음의 창조력에 흥미를 가진 넓은 독자층을 확보하고 있다.

또, 잡지 《운명》 게재의 한 기사에 사업 경영자의 활동 분야를 다룬 것이 있어 보니, 경영자 대부분은 보통 여러 가지 일에 손을 대려는 강한 욕구를 가지고 있다고 지적했다. 사실 그들은 자기 행복을 유지하기 위해 많은 일을 하고 있다.

시카고 피플스 교회 프레스톤 브래들리(Preston Bradley) 목사는 참으로 능력 있는 사람이다. 그것은 목사의 주간 예정 시간표를 보면 알 수 있다. 격주 출연 TV프로그램 녹화, 매주 방송 15개 프로그램 녹음, 아홉 번째 저서 자서전에 대해 출판사와의 협의, 월간 기관지를 위한 사설 및 설교 원고 작성, 오찬 및 만찬 출석, 6회에 걸친 연설, 시정 자문회의 참석, 관혼상제 진행, 교회 출석 신도 가운데 환자 문병. 근 50년간 목사는 자유 신교교회의 지도자다.

인간은 이 세상에서 어느 정도까지 성장하면 자신이 인생에서 어떤 일이라도 자유롭게 지배할 수 있다고 느끼게 된다. 이렇게 되면 재산을 단지 축적하기 위해 그러모으려는 강렬한 충동을 넘어 대신 자기 재산을 올바르게 활용할 길을 생각하기 시작한다. 휴 로이 컬렌(H.R.Cullen)의 이야기는 이를 보여 주는 좋은 예가 된다.

컬렌은 유전을 개발하는 데 일생을 보냈는데, 유전을 발견하자 그는 자기의 부를 건설적으로 사용할 길을 찾기 시작했다. 한 번은 그가 48시간 안에 4개의 각 병원에 도합 450만 달러 이상을 무조건 기부했다. 또 그는 변호사에게 재단 설립 서류를 만들게 하여 3000~4000배럴, 돈으로 따져 800만 달러 이상 산출의 유전 이익을 텍사스 의료 센터와 하우스톤 대학에 헌금했다.

유복한 사람들이 과거 무자비한 재산 축적 방법을 벌충하기 위해 꼭 기부하고 있는 것은 아니다. 그들은 힘을 갖는 일, 즉 권력이 인간을 겸허하게 한다는 사실을 알고 권력과 동시에 그것을 행사할 책임이 커지는 것을 깨달아 자주 기부 행위를 하는 것이다.

애리조나 피닉스에 있는 데이빗 머독(David Murdock)은 빌딩 건축 산업계에서 발군의 발전을 보이는 회사를 만들어 크게 성공했다. 그는 자기가 바라는 일을 명확히 마음에 그리는 놀라울 정도의 능력을 가지고 있었다. 그가 그리는 목표는 큰데, 앞으로 10년 사이에 1억 달러의 재산가가 꼭 될 것이라 생각해 인생을 올바른 마음의 태도로 바라보고 있다. 그는 이렇게 말했다.

"나는 사물 창조에 흥미가 있다. 창조성은 이 세상의 생명이기 때문이다. 나의 빌딩 건축 사업은 나를 유복하게 해 주지만 동시에 도시를 크게 강화시켜 풍요롭게 하고 있다."

이 책을 읽는 독자 대부분은 이상의 이야기, 현세 이익을 얻으려는 생각은 결국 인생을 불행하게 만든다는 것이라 경멸하며 읽었을지 모른다. 그러나 유복한 인생은 불행하고 정신적 자질이 부족하다고 생각하는 사람들은 자기들 결핍 상태를 위로하는 필요성에서 그렇게 말한다. 창조적으로 성공한 사람들의 인생을 잘 조사해 보면 그렇게 생각하는 사람들의 미망은 영구히 타파될 것이다.

물질만으로 안심을 얻지 못한다

참된 안심은 소유물에 있지 않고 각자가 안고 있는 인생에 대한 관념에 있다는 사실은 누구든 곱씹으면 곧 알 수 있는 결론이다.

부의 관념을 갖는 자는 부를 실현하는 것이다. 건강의 관념을 갖는 자는 자연스럽게 절제가 되고 올바른 음식을 섭취할 뿐 아니라, 충분한 휴식과 마음의 안정을 얻고 마침내 건강을 실현한다.

어떤 사람들은 거액의 부를 쌓지만 재산 다루는 기술을 알지 못해 그 거액의 부를 잃고 만다. 만약 당신이 이 세상에서 사물을 지배하고자 한다면, 현재 당신을 에워싼 사정과 환경에 관계없이 당신은 먼저 마음속에 부동의 안심을 얻었다는 자각을 확립하지 않으면 안 된다. 그리고 당신은 자기가 주인공이 되어 행동을 개시, 사물을 일으키는 제2 원인자가 되지 않으면 안 된다.

당신은 외부의 어떤 힘에 휘둘려 주도권 없는 결과적 존재로 떨어질 것인가, 아니면 당신이 주인공이 되어 남에게 움직이는 동기를 줄 것인가? 둘 가운데 하나가 될 수밖에 없다. 당신은 어느 쪽을 선택할 것인가?

『사람을 다루는 재능과 숙련』의 저자 폴 파커(Paul Parker) 박사는 그의 저서에서 이렇게 말한다.

우리가 성공한 사람들을 볼 때 그들은 운이 좋았을 뿐이라든가, 그들은 기회를 잡은 것이다 등으로 미루어 짐작하는 것은 잘 못이다. 그들은 마음을 올바른 상태로 유지함으로써 상상력을 창조적으로 구사, 그에 대해 노력한 결과 자기 자신의 기회를 만든 것이다.

그렇다면 당신도 행위자가 되라. 사물을 일으키는 주도자가 되라.

내가 아는 가장 안정적인 생활을 하는 사람 중에는 이런 인물이 있다. 그들은 세간적 의미로 거의 무소유(無所有)라 해도 좋다. 그러나 이 사회에서 자유로이 활동할 수 있고, 자기가 바라는 시기에 원하는 것을 자유롭게 얻을 수 있다. 그것은 결국, 누구도 거의 모두 자기가 바라는 것을 마음속에 소유하고 있기 때문이다. 이들 성공자들은 필요한 것을 채울 때 '볼 수 없는, 그러나 느껴지는 어떤 힘'에 의해 이루어짐을 알고 있다. 그들은 모든 것이 지금 여기 있음을 분명히 자각하고 있다. 뜻대로 자금과 인재를 모아 기회와 필요한 정황을 얻을 수 있다. 더욱이 때로는 전혀 생각지 못한 근거에서도 모을 수 있다. 그리고 그들은 이렇게 생각한다.

이 세상에는 근본적으로 단지 하나의 실질이 있을 뿐이다. 만물은 그 기초가 되는 일정한 원형에 따라 에너지가 구체적 형태로 나타난다. 그러므로 만약 내가 진정 실현해 체험하려는 것의 심상을 명확히 마음에 그려 놓을 수 있다면, 그것을 내가 이 세상 실질인 에너지를 작동, 자기 소망대로의 형태로 구체화시키게 된다.

과거 수백 년에 걸쳐 수많은 초물질 철학연구 그룹의 노력에 의해 일반에게 보급되기에 이른 진리가 벌써 수많은 사람들에 의해 생활로 실천돼 오고 있다. 물질은 사물을 존재케 하는 큰 근본에서 떨어져 별개로 존재하는 일은 절대 없다는 진리의 중요성은, 우리 자각이 좀 더 깊어지면 곧바로 이해할 수 있다.

영(靈)과 물질은 따로 존재한다는 사고방식은 잘못이다. 올바른 사물 관찰법은, 우리가 사는 이 세계의 우리가 보는 모든 사물이 영(靈)이란 사실이다. 이런 올바른 관점은 '영(靈)' 일원의 인생관을 낳고, 또 이 사고방식에 의해 본 장에서 상세히 설명되고 있는 내용을 독자가 이해하게 된다.

이 세계에 '영(靈)'이라는 단 하나의 실질이 있을 뿐이고, 그것이 많은 구체적 형태로 나타나 있는 것이라는 사실을 이해할 때, 우리는 자기 소망에 적합한 형태로 영(靈)의 실질을 구체화할 수 있다. 다만 그 경우, 자기 소망은 내부 인도에 따라 우리가 품기에 이른다. 단, 그것이 관계 당사자 모두와 올바르게 조화한 관계가 아니면 안 된다.

벌써 우리는 물질이 인간을 지배한다는 관념에 속박될 필요가 없어진다. 반대로, 우리는 물질도 그 실질은 영(靈)이라고 이

해함으로써 그것을 지배할 수 있다. 이 진리를 이해하려면 어느 정도의 명상을 필요로 하지만, 일단 이것을 자각하고 나면 우리는 심신이 함께 해방되고 자유롭게 된다.

영(靈)인 마음을 실질로 하는 우리가 사는 큰 바다는 일정불변이 아니라 끊임없이 변화를 계속한다. 우리는 자기가 품은 소망을 이미 실현했다고 받아들이고 확신하면, 자동적으로 영(靈)인 실질에게 그 소망의 구체화를 명령하게 된다.

당신은 이 진리를 잘 심사숙고하고 이해하라. 성취의 문은 열리고, 사람들이 모여 온다. 당신은 말하게 되고, 필요에 따라 기회는 저절로 오게 된다.

재산은 반드시 사물을 성취하는 결정적 요인은 아니다. 확실히 재산은 일단 당신이 행동을 개시한 뒤 크게 도움될지 모르지만 당신을 대신해 꿈을 그려 주지 못하고, 새롭게 한층 더 놀라운 체험을 상상의 세계로 가져다주지 못한다.

당신은 무엇이든 자금을 갖지 않아도 자기가 그린 그림을 실현할 수 있다. 가령, 당신은 지금 전국 TV시청자에게 홍보하고자 하는 어떤 상품을 가지고 있다고 하자. 그리고 그것을 텔레비전 상품 안내 스팟 광고에 낼 필요한 자금이 없다고 하자. 더욱이 한 번뿐인 스팟 광고로 그다지 효과가 없기 때문에 전국의 일반 고객인 시청자 마음에 그 상품 이미지를 강하게 각인시키려면 연속적으로 홍보할 필요가 있을 것이다. 그런 경우에 당신은 유망

한 광고 대리업자를 선택, 여기에 온당한 수수료를 지불하면 그들은 몇 번이라도 당신을 텔레비전 인터뷰 프로그램에 출연시키고, 마침 상품이 이런 홍보와 맞아떨어져 적중하면 광고 효과가 크게 오르게 된다.

이렇게 해서 당신은 보통의 스폰서로 더 많은 홍보 시간을 살 수 있다. 더욱이 인터뷰 프로그램이므로 홍보에 인간미까지 가미되어 오히려 매상을 크게 올리는 광고가 되고, 뿐만 아니라 당신은 자기가 출연한 그 광고 대리업자의 인터뷰 프로그램에 서비스를 제공한 결과가 된다. 어떻든 그들은 시청자에게 홍보하는 일을 계속하기 위해 항상 당신 같은 출연자를 필요로 한다.

다음에, 당신은 좀 더 넓은 큰 집에 살고 싶지만 그런 집을 살 자금도, 또 유지비도 없다고 하자. 그럴 때 당신은 이미 소망대로 넓고 큰 집에 살고 있는 상황을 생생하게 마음속에 그리고 실감한다. 그러면 당신은 자기 소망에 꼭 맞는 집을 당신이 지불할 수 있는 가격으로 제공 받든가, 혹은 그 같은 집을 기증 받든가, 또 그 같은 집에 살도록 초대를 받든가, 아니면 자기 사업이 의외로 번창해 적정 시가로 그런 집을 살 수 있게 된다.

모든 소망은 반대 관념의 장애가 없는 한 저절로 성취될 수 있다. 그것이 인생의 법칙이다. 이 진리를 알면 우리는 목표를 크게 갖고 사물을 생각할 일이다.

생활 영역의 확대

당신은 자기 생활 영역을 확대할 수 있다. 당신은 더욱 크고 넓은 분야에 진출해 자기표현을 할 수 있다. 어떤 선교사는 자기 교회 영역을 점점 확대해 가는데, 어떤 선교사는 눈에 안 차는 작은 교회에 항상 머물러 남의 주목을 받지 못하고 생을 마치게 된다. 왜 이런 차이가 생기는 걸까?

그것은 마음먹기에 달린 것이다. 나는 은행에 한 푼 자금도 없이, 원조해 주는 유복한 신도도 없이 교회 신축을 기획한 목사들을 알고 있다. 그들은 그것만으로도 만사를 지체함 없이 진전시킨다.

또, 나는 어떤 철리(哲理)치료를 행하는 교회의 일을 알고 있다. 그들은 교회에 인접한 공지를 매입, 주차장을 만들고자 소망했다. 토지 대금이 10만 달러나 되었다. 교회 이사회는 용지 매수 계획을 신도들에게 발표하지 않고 그들 모두가 단결해 조용한 방에 머물러 명상하였다. 그러는 가운데 문제의 용지에 대해 이미 있는 실상을 확인했다. 즉, 그들은 그 용지를 이미 입수한 상황을 마음으로 분명히 보았다. 주말이 지나고 새 주일의 월요일 아침이 되었다. 이 용지를 매수하고 싶은 소망이 있다는 사실을 모르는, 전혀 교회에 나오지 않던 어떤 한 신도로부터 은행 어음 한 장이 우송되어 왔다. 그것은 정확하게 10만 달러의 액수였다. 여기 철리교회는 철리치료를 행하는 교회를 말하는 것인데,

치료자가 있어 '병은 없다'는 철리를 내세우고 병을 낫게 한다. 이 교회를 '메타 피지컬 처치(Meta Physical Church)'라 부른다.

우리는 내부 인도에 따라 마음의 문을 열지 않으면 안 된다. 그리고 또, 시간에 보조를 맞추지 않으면 안 된다. 이 사실을 나는 굳게 믿는다.

올해 성공한 아이디어도 내년에는 정세가 변해 실패할지 모른다. 그러므로 당신은 되도록 많은 사람들과 공고한 교우 관계를 유지할 수 있도록 예측할 수 없는 사태에 대응할 여지를 남겨 놓을 일이다. 당신은 꿈을 그리고, 그것이 이미 실현되었다고 마음으로 굳게 믿고 그 꿈의 방향으로 움직이기 시작할 때, 문이 열리고 세상은 당신에게 협력하게 될 것이다. 기회는 항상 눈앞에 있다.

나는 수년 전 동해안으로 강연을 갔다. 한 번도 이곳에 온 적이 없기 때문에 내 이름은 잘 알려져 있지 않았다. 나는 동부에서 상당히 강연 경험이 있는 사람에게 편지를 보냈다. 나의 자격 등에 대한 자기소개를 보내 그를 대신해 내가 강연할 수 있게 해 달라는 요청을 했다.

나의 요청이 수락되어 6주간의 강연 계약을 맺고 로스앤젤레스에서 마이애미까지 강연 여행을 했다. 이때 나는 매우 비상할 정도로 좋은 성적을 거두었다. 이 강연가는 또 대서양 연안에 있는 주요 도시의 신앙 모임에 나를 소개해 주었다. 나에게 호의적인 사람들은 하절기에는 대서양 연안 도시에서 강연하지 않는 것이 좋을 것이라고 충고해 주었다. 마침 7월 초순이었다. 7월에 수도 워싱턴에 간 적이 있는 사람이라면 아마 그곳의 혹독한 더위를 몸으로 느낄 수 있음을 알기 때문이다. 나는 그런 무더위 경험이 없어 그런 충고에 귀 기울이지 않았다. 더욱이 나는 자기 행위가 바르다고 확신하였다. 나는 강연 계획을 짜고 워싱턴, 필라델피아, 뉴욕, 콜럼버스, 그리고 클리블랜드에서 강연을 하기로 했다.

내가 방문한 여러 도시는 각각 아름다운 풍광이 펼쳐져 있었고, 강연회장은 만석으로 대성황이었다. 뿐만 아니라, 나는 방문지 곳곳에서 대부분 라디오, 텔레비전의 인터뷰 프로그램에 출연하였다. 이런 강연 여행 중에도 나는 놀랍게 성공한 자기 자신을 마음속으로 계속 그려 나갔다. "나는 전혀 실패할 이유가 없다." 나는 그 사실을 알고 있었다.

나는 동부 주요 도시에서 수년간 강연을 하고, 또 매우 판매 실적이 좋은 저서를 네 권이나 출판한 뒤, 가까운 시일 안에 실시할 예정인 강연 여행 일정에 로스앤젤레스를 포함시키기로 했다.

나는 로스앤젤레스에 한 번도 갔다 온 적이 없기 때문에 그곳에서의 강연 성공을 위해 훌륭한 일로 활약하는 많은 사람들에게 연락을 해 두지 않으면 안 되겠다고 생각했다. 그리고 강연 실행을 결심한 뒤, 나의 상념을 로스앤젤레스 사람들에게 파급시킬 목적으로 몇몇 친구에게 편지를 보내 강연 여행 계획을 알려 주었다. 나는 그때 10개월 후의 강연 예정을 주일까지 선정했는데, 이후 그곳에 갔을 때 예정대로 실행되었다.

로스앤젤레스 친구에게 편지를 써 보내고 한 달이 되었을 때, 할리우드의 G.J. 출판사 잭 그리피스(Jack Griffis)로부터 한 통의 편지를 받았다. 그리피스 부부는 할리우드 큰 거리에 있는 아름다운 그로우맨 중화극장 로비에서 서적 신간 안내판을 담당했다. 그리피스 씨는 10월 안내판에 나의 저서 『시간 공간 환경』을 인기 신간서로 홍보하고 싶다며 나에게 허락을 구해 왔다. 나는 허락했고, 잘 진행되었다.

잠시 후, 이 극장을 회장(會場)으로 하는 모임 주재자 〈마음의 과학〉 이사 해리 더글러스 스미스(Harry Douglas Smith) 박사와 교신하던 중 여름이 오면 그들을 위해 강연할 생각은 없느냐고 물어 왔다. 나는 나의 일정표를 찾아보고 전부터 미리 예정해 둔 내 강연 일정 중 마침 일요일이 비어 있음을 알게 되었다. 나는 즉시 머무는 동안 두 번에 걸쳐 일요일에 강연할 것을 동의했다. 그리고 결과는 두 번 다 많은 청중들이 모였고, 매우 열광했다.

이 밖에도 나는 스미스 박사를 대신해 2주간 라디오에서 강연을 하고 파멜라 메이슨(Pamela Mason)과 함께 텔레비전에 출연했다. 그리고 또 할리우드에서 일반 대중을 대상으로 야간에 몇 차례 강연회를 가졌다. 게다가 내 책의 판매 실적도 매우 좋았다.

나는 이 로스앤젤레스 강연 여행의 성과를 특히 기뻐했다. 그것은 내가 몇백 명이라는 새로운 사람들과 접촉할 수 있게 되었고, 또 기성 신앙 모임과 협력해 일할 수 있게 되었기 때문이다.

이 일은 향후 나의 발전에 도움이 되었다. 내 강연은 그만큼 지방 지지층을 얻게 되었고, 동시에 나도 내가 강연한 단체의 발전을 도운 결과가 되어 관계자 모두의 행복이 되었다. 나에게 이 강연 여행은 마음의 긴장도, 무리한 노력도 없이 당초 계획의 완전한 실행이었던 것이다.

✧✧✧✧✧ 당신의 소망을 마음으로 받아들여라

당신은 자기가 그리고 있거나 바라는 이상을 마음으로 절실하게 실감하는 것이 좋다. 이런 이상 실현의 실감이 당신의 확신이 되고, 당신 인격에서 강력한 영기(靈氣)를 발산하게 되어 당신에게 접근하는 사람들을 그 영기로 감싸게 된다.

당신이 자기 존재 중심의 조짐에 따라 살아가는 정도가 나아지면 나아질수록 그만큼 완전하게 당신은 이 새로운 영기의 진동에 자기 자신을 몰입시키는 결과가 된다. 내가 말하는 영기의 진동은 어떤 이유를 알 수 없는 기묘한 것을 가리키는 것이 아니다. 우리는 사람에 따라 오감으로 감지할 수 있는 영적 분위기를 가진 사람이 있다는 사실을 누구나 알고 있다.

스티브 앨리슨(Steve Allison)이란 사람이 있다. 이 사람은 수도 워싱턴 방송의 심야 라디오 프로그램에 전속 출연하는 '한밤중을 소유하는 남자'로 알려져 있는데, 이 영적 분위기를 '매직'이라 부른다. 나는 이 '스티브 쇼'를 몇 번 들은 적이 있고, 그가 이 오러(Aura, 기)를 화제로 남과 의견을 나누는 것을 들은 적도 있다. 예능계 사람들 가운데 이 영기의 발산을 자유로이 제어할 수 있는 사람이 있다. 이 '매직'은 재미없고 생기를 뺀 프로그램과 불꽃 튀는 위대한 쇼의 차이를 잡는 열쇠가 된다.

의외로 매우 많은 사람들은 "살아 있어 미안합니다." 하는 태도로 인생의 길에서 간신히 곤경을 벗어나고 있다. 그들은 자기가 이 세상에 태어나 공간을 점하고 있는 사실에 죄의식을 느끼고 있다. 대부분의 사람은, 가령 사회적 지위가 높은 사람일지라도 자기는 이 세상 사람의 자격이 없다고 느끼는 때가 있다.

당신은 호화 호텔 로비에 들어가 주위 분위기에 압도되어 왠지 모르게 작아지는 느낌을 받은 경험은 없는가? 그때 당신은 그 호텔이 갖는 큰 분위기에 몰려 안정감을 잃게 된다. 만약 실제로 그렇다면 당신은 이따금 호화로운 호텔에 가서 그런 환경에서도 평소처럼 안정된 기분으로 있도록 해야 한다. 당신은 어떤 분위기 속에서 평소와 같이 정상적인 기분으로 있을 수 있다면 그 속에서 정상 활동이 가능하다.

거대하든, 약소하든 그것을 느끼고 인정하는 것은 마음이다.

성공도, 실패도 어떤 마음 상태의 반영인 것이다. 행복도, 불행도 결코 예외가 아니다. 모든 것은 당신 마음의 투영인 것이다.

본서 후장에서 당신이 어떻게 해 마음의 반영인 환경을 개선하는가에 대해 상술할 것이다. 실제로 당신이 '마음을 바꾼다.'는 것에 당신 인생 체험을 바꿔 버리는 방법을 설명하게 될 것이다. 그러나 거기까지 가기에 앞서 설명하지 않으면 안 될 것이 많다. 만약 당신이 자기가 선택한 활동 영역에서 생활상 체험을 쌓을 필요가 있다면, 미련 없이 깨끗하게 맞서 나가 그 환경에 접촉하고, 잠재의식이 그 환경에 직접 부딪쳐 깊은 인상을 받도록 하라.

나는 어쨌든 성공은 더욱 큰 훌륭한 집에 사는 것이라든가, 지위나 그 밖의 장식물이 이러니저러니 하는 문제라는 식으로 설명할 심산은 아니다. 성공은, 또 자기 재력 이상의 생활을 하는 것도 아니다. 그러나 이 세상에서 성공하기 위해 당신은 인생의 모든 부분을 처리할 능력이 없으면 안 된다. 그리고 당신은 자기 자신을 인생 전체와 조화한 올바른 관계에 놓지 않으면 안 된다고 나는 굳게 믿는다.

◇◇◇◇◇
기회를 이용하라,
그러나 남의 기회를 빼앗으면 안 된다

아이오와 주립대학 종교학과 마커스 바크(Marcus Bach) 교수는 거의 알려지지 않은 미국 내 종교단체를 조사하기 위해 록펠러 장학금을 받은 일이 있다. 교수의 조사 대상이 된 종교단체의 하나인 프랭크 로빈슨(Frank Robinson)이 주재하는 당시 활동하던 사이키아나 통신 조직이 있다. 바크 박사는 로빈슨 씨와 장시간 이야기를 나누었다. 수십만의 신자를 둔 이 통신 연락 조직은 비정통파적인 관행을 깬 설교 때문에 독자층이 넓은 신문의 혹평을 받고 곤경에 빠져 있었다. 바크 박사와의 회견 중에 로빈슨 씨는 다음과 같이 말했다.

"나를 기회주의자라고 사람들은 말한다. 그렇다고 나도 인정한다. 다른 사람과 내가 다른 유일한 점은 내가 그 기회에 대해 성실하다는 점이다."

만약 우리가 그 기회를 성실한 기분으로 맞는다면 우리는 그 기회를 자기 것으로 하려는 마음이 들어도 좋다고 나는 생각한다. 그러나 기회를 이용하는 것은 좋지만 인간의 약점을 이용해서는 안 된다. 먼저, 자기 자신에게 준비 교육을 해 두고 기회가 오면 놓치지 않고 잡는 것이다. 예부터 행운은 기회와 주도면밀한 준비의 만남에 지나지 않는다고 했다. 그러므로 당신은 기회에 대해 성실하지 않으면 안 된다. 그리고 자기가 바라는 일에 대해 분명히 알고 그것을 잡아야 한다.

매우 많은 사람들은 자기표현이 좋지 않다고 생각해 죄의식을 느끼기 때문에 인생의 여러 가지 기쁜 일을 스스로 거부하고 있다.

나는 자기 결혼생활에 만족하지 못하는 부인들과 이야기를 나눈 적이 있는데, 그들은 자기 남편과의 부부관계 생활을 즐기는 일이 올바른 것이 아니라는 미망에 매달려 있었다. 또, 아이들을 누군가에게 맡기고 휴가여행을 떠나는 것은 나쁘다고 생각, 실제 몇 년씩이나 밖에 나가지 않아 기분 전환을 전혀 하지 못하는 부부를 나는 알고 있다. 또한, 많은 사업 경영자들은 자기의 사업 발전을 억누르고 있다. 그것은 자기 일을 컨베이어 시스템으로 전환, 생산성을 올리는 일은 안 된다고 주저하고 있는 것이다. 생산성을 올리는 대신 그들은 유행에 뒤지는 업무 절차에 시간과 노력을 낭비하고 있다.

당신은 자신이 자유를 바라는 것처럼 남에게도 자유를 주도록 마음 쓸 일이다. 그리고 당신의 행복한 생활을 남의 희생에서 얻는 일이 있어서는 안 된다.

자기 자신을 대우주의 마음에 둘러싸여 있다고 상상하라. 그 '대우주'의 마음은 예민하게 당신의 상념에 반응을 보이기 때문에 당신이 마음에 그리고 실현되리라 믿는 바가 무엇이든, 그 우주의 마음이 당신 상념대로 형태를 갖추고 구체화함에 따라 서서히 현실이 되어 나타난다.

만약 우리가 자기는 가난하고 병약해 마음이 혼란 상태라는 생각을 초월하고 극복하지 않으면, 우리는 자기 신념대로 가난하고 병약하고 마음이 혼란한 상태로 있게 된다. 우리는 자기 자신을 유복하고 건강하며 분명한 마음의 주인으로 믿고 마음에 그대로 그리면, 그때부터 곧 자기 말대로 그것이 우리에게 실현된다.

가령, 당신의 신변에 어떤 일이 나타나라고 당신은 계속 일층 더 많은 것, 일층 더 좋은 것을 마음에 그리고, 그 실현을 믿는 것이 좋다. 당신은 자기 목표에 이르렀다고 생각할 때, 또 당신이 모든 희망을 성취했다고 생각되는 그때도 그것을 발판으로 한층 더 위대한 목표를 향해 출발하지 않으면 안 된다.

당신이 마음에 그리는 꿈이 얼마나 큰 것이든 간에 그 이상의 큰 꿈을 그려 놓는다. 만약 당신이 어떤 소망을 실현하고 체험하려고 한다면 당신은 그런 체험을 자기 생명 내부에 창조하는 일이 가능할 때까지 크게 성장하지 않으면 안 된다. 그것은 시간이 걸릴지는 모르지만 당신은 가능한 것이다.

>>> 실천을 위한 마음가짐

1. 당신이 사는 세계를 당신이 바라는 대로의 이상적 형태로 지금 여기 있다고 믿고 보는 것을 배워라.
2. 성공을 위한 준비만을 하라. 실패를 마음으로 예상, 그 준비는 결코 하지 말라.

3. 당신은 자기 주의력을 지배함으로써 인생에서 훨씬 많은 수확을 얻을
   수 있다.

4. 눈에 보이지 않는 무한자에게 모든 것을 맡겨라.

5. 기회를 이용하라. 그러나 남의 약점을 이용하면 안 된다.

6. 인생의 기쁨을 거절하는 미망을 파쇄하라.

7. 항상 의식을 확대하라.

4장

마음의 긴장을 푸는 방법

　당신은 자기감정을 울적하게 하는 일 없이 항상 생생하게 순환, 유통시킬 방법을 안다는 사실이 매우 중요하다. 내부에서 일어난 감정을 외부로 표출하는 일은 조금도 나쁜 것이 아니다. 오히려 감정이 꽉 막혀 끝내 잘못된 방향으로 폭발할 때가 문제다.

　생명력은 항상 우리 몸을 관통해 작동하고 있다. 이 생명력이 지성에 의해 바른 방향으로 나아가고, 그리고 느긋하게 여유 있는 기분으로 살아갈 수 있을 때, 우리는 큰 기쁨과 놀라운 만족감을 경험한다. 우리는 생명력이 몸의 어떤 부위에 막혀 작동하지 않든가, 그 작동의 균형이 깨져 어떤 부위에 쏠리든가 하면 반드시 흥분하고 초조하게 되어 남과 조화하며 생활해 갈 수 없다.

　이따금 우리는 자기 노여움을 극적으로 한번에 폭발시키거나 혹은 어떤 똑같은 감정의 흥분을 급격히 발산시킨 뒤 기분이 상쾌해지는 경험을 갖는다. 그러나 이런 방식은 참는 것으로 엉긴 감정의 막힘을 해소하는 최상의 방법은 아니다. 감정은 자기나 남을 해치지 않고 이를 건설적인 방향으로 발산시키는 것이 훨씬 좋다. 본 장은 이 사실에 대해 자세히 설명하고자 한다.

어두운 상념과 감정을 돌파, 마음의 긴장을 푼다

우리 감정은 우리가 무엇을 생각하고 어떤 마음의 자세인지 밀접하게 연결되어 있다. 따라서 우리 마음은 근심 걱정·불행·원한·곤혹에 빠져 있을 때, 우리가 품은 그때의 감정은 그런 어두운 상념과 깊게 연결되어 있음을 알게 된다.

당신은 자기 상념 내용과 그때 감정의 연결을 이해하고 있으므로 어두운 상념에 빠진 당신 마음의 관점을 즉시 전환해 마음 자세를 명석하게 함이 좋다. 그렇게 하면 당신은 자동적으로 자기감정이 진정됨을 틀림없이 경험한다.

당신은 자기가 진정 바란다면 인생을 지배할 수 있게 된다. 결심이 섰다면 당신은 표면에 불과한 상념 감정 등은 반드시 극복할 수 있다.

감정 표현의 억압은 뒤틀린 마음이 원인

어떤 이유로 자기가 참이라 생각한 대로 자기를 표현할 수 없을 때, 당신은 마음에 저항 감정을 축적하게 되고, 이것이 끝내 마음에 긴장을 가져와 감정의 가슴 막힘이 생긴다. 지금 이 일에 대해 일어날 수 있는 예를 상정해 보고 생각하자.

당신이 자기 일에 만족한 결과를 얻지 못하고 있다 하자. 자신은 극복할 수 없는 장애에 직면해 있다고 생각하고, 그 역경에서 벗어날 길을 알지 못한다. 당신은 앞을 내다보는 힘도, 행동 동기도 결여되어 있다. 친구나 가족들로부터 원조의 손길도 없다. 자기 미래는 황량하기만 하다. 확실히 그대로다. 당신이 자기 상념의 틀을 바꾸지 않는 한 당신 미래는 절망적이다.

당신은 자기 상념의 틀을 한번 바꿔 무엇을 할 수 있는가, 할 수 있는 일은 무엇일까를 깊이 생각하고 자기 미래도를 명확히 포착해야 한다. 그렇게 되면 당신은 현상에서 움직이기 시작하게 된다.

그때 당신의 상념 틀을 변화시키는 기본은 마음의 긴장을 모두 풀고 조용히 안정을 유지하며, 정신을 명확히 하는 일이다. 그리고 이로부터 예의 상상력을 구사하는 기법을 사용, 미래의 놀라운 세계를 탐험한다. 이런 상상력의 구사에 따라 당신은 과거 습관적 행위에서 벗어날 수 있고, 마음의 긴장은 풀리며, 탁 막힌 마음도 해소하게 된다.

만약 당신이 덩굴풀 위에서 말라버릴 불안한 직장의 일로 매달려 있다면, 혹은 당신이 또 자기 능력에 관심 갖는 사람이 아무도 없는 직장 일로 매여 있다고 한다면 직업을 바꿀 일이다.

당신에게 맞는 직장을 찾아 이 세상에서 가장 행복한 사람이 되는 것이 좋다.

◇◇◇◇◇ 신체 이상은 또 마음의 삐뚤어짐을 낳는다

만약 당신 신체가 정상 생리작용을 하지 않는다면 그것을 정상으로 돌릴 필요가 있고, 적절히 조처해야 한다. 처치를 뒷날로 미뤄서는 안 된다.

우리는 의사가 어떤 진단을 내릴까 우려한 나머지 병원에 가는 일을 꺼리게 된다. 따라서 자기는 큰 병이 아닐까 생각하며 남모르게 이를 마음에 껴안는다. 조기에 진단을 받으면 마음속 구름이 걷히고 자기 건강에 대한 분명한 전망을 가지고 일에 복귀할 수 있다. 만약 어딘가 안 좋은 곳이 있으면 반드시 가능한 대로 빨리 치료를 받는 것이 좋다.

이전에 나는 지금 말한 것과 똑같은 경험을 한 일이 있다. 당시에 나는 이른 아침부터 저녁 늦게까지 계속 부탁받은 원고 작업에 매달렸다. 그러던 중 나는 가슴 부위의 통증을 느꼈다. 그 증세는 갑자기 짧게 왔지만 호흡을 깊이 하면 한층 강렬했다. 나는 또 맥박이 때 없이 흔들리는 것을 느꼈다. 그래서 나는, 신체는 정신 상태가 바뀔 뿐인데도 크게 그 생리 기능을 조정할 수 있다고 믿고 있다. 또 나는 어느 일정 기간 어떤 신체 부조(不調)가 회복될 기미를 보이지 않으면 용태를 분명히 하기 위해 좀 더 실제적 처치가 있어야 한다고 믿고 있다.

흉부 이상, 거친 맥박 등이 정상으로 돌아오지 않자 수주일 후에 나는 진료를 받으러 병원에 갔다. 그런데 모든 점에서 아무 이상이 없었다. 다만 내가 주의할 일은 좀 더 휴식을 취하고, 기분을 즐겁게 하며, 책상 앞에 앉아 일할 때 자세를 바르게 하는 일이었다. 나의 흉부 고통의 원인은 글을 쓰기 위해 내가 계속 등을 구부린 채 일한 자세 때문이었다.

한번은 내가 뉴욕에 사는 어떤 부인과 말한 적이 있는데, 그녀는 치과 병원을 다니지 않고도 치아를 젊게 유지하려면 어떻게 하면 좋을지 내게 말해 달라는 것이었다. 그녀가 이렇게 말하는 이유는 자기가 마음의 힘으로 신체 생리 기능을 지배할 수 있게 해 달라는 것이 아니라 치과의사가 치료 중에 멈추지 않도록 자기에게 주는 고통을 벗어날 수 있게 해 달라는 데 있었다. 그녀는 자기의 쾌적한 건강을 확보하기 위해 꼭 해야 할 일을 할 용기가 없던 것이다.

나는 신체 장기, 그 밖의 부위 어떤 이상도 건강 명상법이나 과학적 기도에 의해 정상으로 돌려달라는 사람들을 자주 만날 때가 있다. 나는 인간의 신체는 올바른 상념과 적절한 명상 관념에 반응을 보이는 것이라 굳게 믿고 있지만, 그렇다 해도 그런 치료를 행할 경우 기한을 설정하는 일이 현명하다고 생각한다.

가령, 당신의 육체가 나쁜 증상을 보일 경우 정신과 감정의 영역에서 작용하기 시작, 그런 나쁜 증상을 해소하려고 결심하면 당신은 할 수 있다. 그것은 인간의 건강 문제 대부분이 상념, 감정, 부조화에 근거하기 때문이다. 그 경우 당신은 그 정신 치료 종료일을 가까운 미래로 명확히 결정해야 한다. 그리고 만약 당신이 이 기일이 지나도 나쁜 증상을 해소할 수 없을 경우 전문가의 조력을 받아야 할 것이다.

당신은 심리학자·식이요법 전문가·물리치료사 등에게 건강 회복을 위해 가게 되지만, 어떻든 당신은 자기 신체의 기능을 정상으로 돌려놓기 위해서는 실제적인 일을 해야 한다. 이것이 유일한 상식적 태도다.

◇◇◇◇◇
수입이 충분치 않을 때

만약 당신의 수입이 기대에 못 미칠 경우, 당신은 마음의 노심초사로 번민하게 된다. 그리고 청구서를 지불할 수 없게 되고, 또 당신에게 생계를 의지하고 있는 가족의 희망을 이루지 못해 당신의 고민은 점점 더해진다.

이때 유일한 해결책은 정당한 방법으로, 윤리(倫理)도 어쩔 수 없이 더 많은 견실한 수입을 확보할 일이다. 그러려면 당신은 일층 무거운 책임을 갖는 직위에 있는 모습을 마음에 그리고 똑똑히 보는 것이 좋다. 당신은 이 세계를 구성하고 있는 영적 실질을 상념에 의해 자유롭게 지배하는 자기 자신을 마음에 그리고 똑똑히 보는 것이 좋다.

이 점에 대해 금전에 관한 제8장을 읽으면 그 해결에 도움이 될 것이다.

◇◇◇◇◇ 성공의 길이 막혀 실망할 때

당신이 어느 사업에 종사, 만사가 창조적으로 형편이 잘 진행되고 있을 때 돌연 그 사업의 진전을 방해하는 일이 일어날 수 있다. 그 장애는 경쟁자의 출현, 신 정세의 발생, 자금의 결핍, 수요의 결핍일지도 모른다.

한편, 그럴 때 당신은 자기가 창조 능력은 있지만 진로가 차단되고 희망이 좌절되었다고 생각할 수 있다. 그러나 이런 좌절의 유일한 치료 방법은 장애의 한가운데를 잘라버리고, 창조는 주기가 있어 늦추었다 죄었다 하는 가운데 목적이 성취됨을 경험하며 해결된다는 것이다.

당신은 몇 차례나 진로가 차단되면 결국 마음을 닫고 포기해 버릴 것이다. 그럴 때 당신은 "인생이란 도리가 없다. 노력해 보았자 아무 득도 없다." 하고 투덜댄다. 그러나 이것은 겉보기에 어떻든 간에 장애에 지나지 않는 것을 돌파하려고도 하지 않는 자기변명에 불과하다.

당신이 영업자일 경우, 당신은 이 정도에서 바로 영업을 중단하려 할 때 적당한 말이 떠오르지 않든가, 또는 여기서 과연 영업을 중단할지 여부를 결정할 자신이 없을 때 결국 실패로 끝내는 경우가 있을지 모른다. 또 당신은 적당한 고객을 만나지 못했을지 모른다. 즉, 처음 당신은 자기 상품 또는 서비스를 필요로 하지 않는 사람들이 있는 곳에 이끌려 갔을 수도 있다. 이상과 같은 경우 당신은 자기 자신을 잘 음미해 볼 필요가 있다. 그리고 영업자가 성공하는 데 필요 불가결한 자신 있는 태도를 몸에 배도록 익히지 않으면 안 된다. 당신은 자기 영업 방식에 결함은 없었는지 찾아보고, 당신 상품 또는 서비스를 바로 필요로 하고 그것을 구입할 재력 있는 고객은 더 오랜 시간을 두고 접근하도록 해야 한다. 이렇게 하면 반드시 문제는 해결된다. 또, 이왕이면 당신이 그 판매에 종사하는 것이 결국 인생에 공헌한다는 실감을 할 수 있는 상품, 혹은 서비스라면 더욱 좋을 것이다.

당신이 저술가라면, 머릿속에서는 놀라운 대저술을 그리게 되지만 실제 용지 위에 글자로 구체화할 수 없을 경우가 있을지 모른다. 그리고 당신은 세부적인 사항이 본 줄기 구상에 정리되지 않고, 이로 인해 원고를 마무리할 수 없을지도 모른다. 이럴 때야말로 당신은 자기 훈련이 필요하다. 좋은 일을 했다고 하는 만족한 경험을 갖기 위해 시간의 경제를 생각지 않으면 안 된다. 또 당신은 자기 작품을 시장에 매출하는 기술도 배우지 않으면 안 된다. 원고가 거부되고 반려되는 일은 정말 없도록 하고, 대부분 출판되도록 한다. 우리는 다소 원고 반려는 참을 수 있지만 그것을 보충하는 정도요, 자기 원고를 출판사가 인수해 주고, 또 크게 평판이 좋아야 할 것이다.

당신이 가정주부라면, 자기는 노력해 보지만 남편과 가족이 집안을 잘 정돈해 주지 않을 경우가 있을 것이다. 그때 당신은 어떤 식으로 말해야 그들이 협력해 줄 것인가 그 방법을 체득하지 않으면 안 된다. 그것은 기지와 숙련을 요하지만 반드시 가능한 것이고, 또 하지 않으면 안 될 일이다. 혹은 또, 당신은 다른 많은 주부들과 똑같이 일상사로 다망하고 일만 아는 경영자인 당신 남편이 집에 부재중이기 일쑤며, 사무실이나 서재에 머무는 동안 당신은 어떻게 자기를 위로할 것인지 하는 문제에 직면할지 모른다. 결혼생활은 항상 둘이 함께 있는 인생 경험이어야 한다고 하는 관념을 마음에 가진 젊은 아내는 남편과 떨어져 자기 혼자 있는 일이 매우 괴로운 시간임에 틀림없다. 이 경우 남편이 일에 열심인 나머지 필요 이상 당신과 떨어져 생활하는 경우도 있을 수 있다. 그러나 당신이 잔소리를 하든, 볼멘 얼굴을 해도 문제 해결이 되지 않는다. 그럴 때 당신은 한층 더 남편을 이해하고 신경을 써서 더욱 협력적이며 관심을 갖는 것이 좋다. 그러나 남편이 생각하는 일까지 시시콜콜 일일이 설명해 줄 것을 바라면 안 된다. 당신은 남편을 많이 이해해 주는 것이 좋다. 당신은 아내로서 남편의 성공을 나누어 갖는 것이다. 때문에 남편의 성공에 조력하는 것이 좋다. 물론 아내가 하는 일에 이와 마찬가지로 남편은 조력자가 되어야 한다는 것은 두말할 필요가 없다.

◇◇◇◇◇

고독감을 극복하려면

우리는 생활을 다른 사람과 나누어 갖지 않으면 인생의 큰 의미를 갖지 못하게 된다. 그렇기 때문에 우리는 알맞게 적당한 사람들과 아는 사이가 되고, 그들과 지기(知己)가 되어 나쁠 이유는 전혀 없다. 이때 우리는 그들에게 매달릴 필요 없고, 그들 역시도 우리에게 매달릴 필요는 없다. 우리는 적당한 인간관계를 여기서 찾게 된다.

이렇게 사람 많은 세상에서 고독으로 고민하는 사람들이 아주 많다는 사실은 놀랄 수밖에 없다. 고독해하는 많은 사람들은 무턱대고 우정의 강매를 하고자 하든가, 혹은 새로운 우정관계를 맺는 경우 만남이 서툰 사람들이다.

친구를 자기 주변에 끌어 모아 그들과 친구로서의 만남을 계속하는 데 가장 좋은 방법은 우정을 보임과 동시에 자립심을 갖는 것이다. 우정이 깊고 자기 신뢰가 돈독한 사람은 매력적이다. 당신은 남의 친구가 되는 일을 기뻐해야 한다. 그러나 어떻든 간에 친구가 되기를 바라면서 남의 짐이 된다면 곤란한 일이다.

노인들 사이에 매우 두려워하는 사실 중 하나는 여생을 혼자서 지내지 않으면 안 된다는 사실이다. 그러나 노인들이 언제까지나 세간사에 흥미를 잃지 않고 사람들에게 매력이 있어 남의 호감을 사는 인품을 유지한다면 노후생활이 고독할 이유는 실제로 전혀 없다.

가족관계에 있어서 가장 하지 말아야 할 것은, 일가 중에서 젊은이는 노인을 존경하라는 주장을 내세우면서 자기 생활은 존경할 만한 일을 아무것도 하지 않는 경우다. 물론 여기에 상호 이해가 있어야 하지만, 또 가족 간으로 국한하지 않고 모든 사회 구성원 사이에 먼저 마음속에서 서로 화해하고 있어야 할 일이 필요하다. 그 조화의 결과로, 저절로 바람직한 인간관계가 생긴다면 얼마나 놀라운 일일까?

여기서 고독한 사람들을 위한 마음가짐을 말해 본다. 인생을 적대시하지 않고 진정 같은 편으로 생각, 자기가 만나는 모든 사람과 접촉하는 일이다. 이렇게 자각을 바꾸면 당신은 어떤 개개인에 대한 집착이 없어지고, 놀랍게도 새롭고 많은 사람들과 모든 기회에 만날 수 있게 된다.

당신이 남과의 친밀한 관계를 가지고자 한다면 고독한 사람들을 위해 만든 클럽이나 단체에 절대 참가하지 않을 일이다. 이런 모임에서 만나는 사람은 모두 고독하여 쓸쓸한 사람들뿐이므로 여기 있으면 상태는 상당히 절망적일 수밖에 없다.

고독의 모옥(茅屋)에서 빠져 나오려면 당신은 고독하지 않은 사람들과 교제를 시작해야 한다. 인생에 만족하고 각각 집이 있는 사람들과 사귀면 그와 같은 풍부한 정신적 분위기 속에서 당신은 인도를 받게 될 것이다.

◇◇◇◇◇ 원숙한 성생활의 필요성

성에 관한한 그 사고방식과 행위에 원숙한 사람은 매우 적다. 이는 매우 놀라운 사실이다. 소설, 영화, 신문의 성문제 취급 방법도 반드시 건전하지만은 않다. 그런데 때로는 우리가 남 앞에서 성문제를 생각하는 것만으로도 곤혹스러울 때가 있다. 최근에는 성문제를 해결하고자 노력하는 조짐이 있고, 또 극히 자연스러운 방법으로 성욕을 취급하는 방법이 학습되고 있어 나는 반갑다.

남녀를 불문하고 성문제에 대해 이중인격적인 사람들이 참 많다. 그들은 친구들에게 그럴싸하게 받아들이는 화법을 쓰지만, 그렇게 말한 뒤 침도 채 마르기 전에 그들은 세밀한 주의를 가지고 자기 욕정을 충족시킨다. 성에 관한 이 같은 이중생활이 가능한 사람들이 심리적으로 건전할 경우 이런 생활방식이 그들의 생활에 악영향을 주는 사례는 보이지 않는다. 여기서 문제가 되는 것은 정상적 성생활의 여러 관계에 죄의식이나 성행위를 더럽혔다는 퓨리턴(청교모)적 악의식이 동반할 때뿐이다.

훌륭하게 성숙한 두 남녀가 상호관계에서, 가령 어떤 행위를 하자고 결정해도 그들이 완전한 이해와 협력관계에 들어간 이상, 또 자기들 행위에 의해 해를 입는 사람이 주위에 아무도 없는 한 그런 남녀 행위는 정상이다.

때때로 우리는 거리의 신문, 잡지 매대에서 성을 다룬 잡지를 배제하는 법률을 제정하자고 열심히 운동하는 사람들을 볼 수 있는데, 대체 이들은 어떤 가정생활을 하고 있는지 나는 이따금 의아해진다. 그런 실화적 출판물이 청소년들에게 유해하다는 증거가 있어 그들이 그런 운동을 하고 있다고 한다면, 아마도 그들의 집에 그런 실례가 있을 것이다. 그러나 그들이 성(性)을 제재로 하는 서적이나 기사를 남의 눈에 잘 띄지 않는 곳에 감춰 놓는다는 충동에 얽매여 행동하면, 그것은 그들 자신의 정신 과정에 어떤 어두운 변태적 부분이 있음을 의미한다.

따뜻한 인간관계를 갖고 싶다는 바람은 정상이다. 또 그런 인간관계의 기쁨을 느끼는 일도 정상이다. 원만한 그런 관계에서 그것은 단지 성 쾌락의 주고받기가 아니다. 그것은 나누어진 반쪽 혼이 서로 합쳐 한몸 되는 기쁨을 나누는 일이다.

이것이 부부관계에 있어야 할 이상적 모습이다. 두 사람이 자유 의사를 가지고 서로 마음을 하나로 하면 충분히 실현될 수 있는 일이고, 정상적인 성생활은 마음의 긴장 완화에 크게 도움되는 일이다.

어떻든 성의 올바른 생활은 인간이 자기 반려와 일체감을 일으키게 되고, 또 우리가 자기 반려와 일체가 되어 조화할 수 있다면 그것만으로 우리는 심신 모두 건강하게 된다. 그러나 성생활은 형식만 취하고 보면 마음이 함께하지 않으니 아무래도 충분하지 않은 것이다. 육체의 욕망이 원인이 되어 축적된 긴장을 단지 이완시키는 것만으로 두 사람이 한몸 된다는 깊은 감정은 동반되지 않는다.

부부가 성생활에서 원만한 관계와 완전한 일체감을 맛볼 수 있을 때, 두 사람 사이에 이상적인 부부관계가 성립될 수 있다. 이때 비로소 부부는 평화를 갖는다. 두 사람의 혼은 서로 조화를 가지고 완전한 균형을 이루게 된다.

우리는 자기 정서 방면의 생활을 올바르게 할 때 일의 능률이 오른다. 우리는 훈련에 의해 주의력을 규제하고, 애정 만족을 얻고자 하는 요구를 건설적인 방향으로 전환할 수 있다.

성생활이 원만한 사람은 일을 비롯해 다른 여러 활동에서 일층 조화롭게 활동할 가능성이 많다. 그렇지 못한 사람은 마음속에서 성 충동이 정리되지 않은 채 오래 남아 창조적인 일에 전념할 수 없다.

성적 충동을 방향 전환시킬 것

인간은 한 사람 이성과의 사이에서 정상적인 애정관계를 갖는 것이 훨씬 건강한 생활 상태라는 것은 이미 알려진 사실이다. 만약 어떤 이유로 정상적인 애정관계가 불가능할 경우, 그 대신 성적 행동의 방향 전환이 필요하게 된다. 그러나 성욕을 제거하려는 것은 헛된 일이다. 사실 그런 노력은 매우 어리석다. 어떻게 보면 성욕의 강렬한 충동이 새 채널로 유입되기 때문이다. 성적 충동을 다른 방향으로 전환시키지 않고 억압하는 것은 그 욕구를 단지 어떤 다른 영역에 밀어 넣는 것뿐이다.

가령, 성 욕망과 연결된 여러 가지 변태 심리를 발생시키고, 꿈 성애(性愛)나 이상한 망상에 사로잡히든가, 그래서 성의 병적 결벽증을 야기하게 된다. 성욕을 억제하는 많은 사람들은 감정 생활에 온기가 부족하게 되고, 다른 사람과 협조해 원만한 교제를 하는 일이 어렵게 된다.

그들은 자기의 애정 없는 생활을 자기변호의 수단으로 '독신 생활이 미덕'이라는 가르침을 받아들이는 일이 이따금 있다. 그러나 한편, 이 성욕의 창조적 에너지를 멋지게 승화시키는 것을 배워 자기 일이나 창조 예술 분야에서 더욱 자기 환경에 조화와 미를 가져오게 해 뚜렷한 성과를 올리는 사람도 있다.

남녀를 불문하고 참으로 성공하는 사람들은 대개 사람을 끌어들이는 큰 자력(磁力)을 지니고 있다. 이것은 그들이 성적 충동을 내부적 힘으로 내장한 결과다. 이 종류의 자력은 그가 악수할 때 생동하는 감촉, 음성 상태, 훌륭한 자세와 몸단장, 사상 감정의 좋은 성분, 그리고 자기 풍채에 한 개 티도 없는 매너로 나타난다.

세상의 지도자란 사람을 임의로 선택하여 그 사람들이 지금 우리가 주제로 말하고 있는 강력한 성적 충동의 매력, 인간의 자석적 힘을 어떤 식으로 갖고 있는가를 관찰해 보는 것이 좋다. 당신이 이 종류의 매력을 말살하려고 자기는 피가 통하는 인간이란 사실을 부정하면, 당신은 반 정도밖에 자기 생명을 살고 있지 않은 것이다.

당신은 자기가 소망하는 대상과 창조적인 실감 가운데 하나가 될 것을 배우고, 성적 표현에 대한 충동을 이 세상 고귀한 창조활동으로 전환, 승화시키지 않으면 안 된다. 이 성적 충동을 다른 뜻있는 행위로 전환시키는 것을 배우면, 당신은 자기 최대의 꿈 이상 실현을 반드시 성취할 수 있다.

◇◇◇◇◇
원만한 성행위

여성들은 물론 남성들 가운데도 만족한 성생활을 하고 있지 않은 사람이 있다. 그들은 심리적으로 균형을 상실한 사람들이든가, 그렇지 않으면 그들은 자기 반쪽 몸에 온몸을 바치고 기다림에 지친 성관계 애정의 균형을 상실한 사람들이다.

이 문제를 해결할 때, 바꿔 말하면 남녀가 성의 기쁨을 원만히 나눌 수 있음을 배울 때 온몸의 욕구가 균형을 갖춘 모습으로 방출되고, 참된 만족감을 체험하면 마음의 긴장도 해소된다. 정상적인 성행위를 사악한 것이고 유해하며, 정력 낭비라는 생각은 전혀 근거가 없다. 그런 생각은 원만한 성생활을 체험하지 못한 사람들이 유포시킨 말이다.

마음의 긴장을 푸는 마음가짐

다분히 당신은 마음의 긴장을 풀려고 초조해하면 할수록 어렵게 되는 경험을 해 봤을 것이다. 지나치게, 진지하게 긴장을 풀려고 마음으로 결심해도 자기가 바라는 안정된 해방감을 끌어내는 데 충분치 않을 경우가 있다. 마음이 여러 가지 잡일에 쫓기어 쉴 없이 신체 에너지가 전신으로 흐르지 않고 어디엔가 한 곳에 정체해 있는 한, 심신은 모두 긴장이 풀릴 리가 없다.

다음 몇 가지의 긴장 푸는 방법을 보고, 자기에게 가장 적합하다고 생각하는 방법을 선택하면 좋을 것이다.

심신의 긴장을 풀기 위해 우리가 실행할 일은 잠깐 자기 생활양식에서 이탈하여 압박과 긴장에서 풀려나는 것만으로도 좋을 경우가 이따금 있다. 생활 보조(步調)를 바꾼다는 것만으로도 기분을 푸는 것이다. 그것은 우리에게 활력과 생명력을 재생할 여유를 준다.

첫째, 신체의 존재를 힘써 의식하도록 한다. 신체를 그대로 마음으로 받아들인다. 신체는 당신이 자기를 표현하는 매체다. 당신은 자기 신체를 거절, 그것을 필요악 등으로 생각하면 안 된다. 또 신체를 수치로 생각하면 안 된다. 당신은 신체에 가벼운 힘을 넣어 전신의 모든 부위를 실감하면 좋다. 즉, 피부 마사지를 하여 손과 발, 그리고 온몸을 충분히 신장시킨다. 온몸을 좌우로 비트는 운동을 하고, 각 부위 관절을 충분히 회전운동 시키는 것이 좋다. 그러는 동안 시종 당신은 온몸의 세포가 눈을 떠 부활하는 느낌을 갖게 된다.

보통 많은 사람들은 자기 신체와 말 거는 일을 잊어버리고 있다. 그들은 신체를 수치스럽게 느끼고, 생애를 통해 귀찮은 짐처럼 몸을 끌고 걷는다. 문명이 진보한 이 시대에 이 같은 소극적인 정신 태도를 지속할 필요는 없다. 육체를 배척하는 마음은 오늘날 많은 사고의 원인이 되고 있다. 또, 그것은 많은 정신 신체의학적인 병증(病症)의 원인이 되고 있다. 자기 육체를 혐오하기 때문에 육체의 섭생에 마음 쓰지 않고, 적당한 영양을 섭취하지 않으며, 적당한 운동을 하려 하지 않게 된다. 나는 당신이 지나치게 육체를 의식하는 콤플렉스를 발달시키라는 말을 하고 있는 것이 아니다. 신체에 대한 건강한 태도를 시사하고 있음이다.

둘째, 당신은 자기 신체는 생명력에 의해 살고 있다는 사실을 알아야 한다. 이 생명력은 당신이 호흡하는 공기 속에도, 당신이 섭취하는 음식물 속에도 있다. 말하자면 당신 주위에 충만해 있음이다.

당신은 그 편만(遍滿)한 생명력을 의지의 힘으로 자기가 섭취할 수 있게 된다. 당신은 자기 일이 좋아 견딜 수 없을 때, 또 당신이 어떤 창조적인 사업 계획을 가지고 있을 때, 또 그 성과 여하와 기대로 가슴이 뛰고 있을 때, 당신은 항상 어떻게 활력이 넘치는지 이 사실을 주목할 필요가 있다. 균형 잡힌 활동을 하고, 또 올바른 정신 상태를 유지할 때 당신은 강력한 생명력의 유입을 체험한다. 육체는 피로할 일도, 피곤할 일도 없어진다. 무엇을 한다 해도 하는 이상 당신은 기쁘게 적극적으로 할 일이다.

셋째, 매일 느릿하게 걷지 않고 씩씩한 보조로 걷는 것이 좋다. 이에 따라 혈액 순환이 좋아지고 심신은 민감하게 작용할 것이다. 당신은 길을 걸을 때도 비틀대며 걷지 않고 건강을 위해 목표를 정해 활발히 걷는 것이 좋다. 보행은 정확하게, 마음은 침착하게, 태도는 활달하게 갖는다. 그리고 자세는 힘차게 똑바로 하고, 호흡은 폐 가득 숨을 들이쉬고 온전하게 내뿜는다. 이렇게 함으로써 살아가는 힘과 조화한다.

넷째, 당신은 육체를 어떻게 조정하는지 잘 알고 있다. '생명의 지혜'가 속마음에 있음을 아는 것이 좋다. 나는 어떤 신비적인 것을 말하는 것이 아니다. 나는 최초 아무것도 없는 데서 이 육체를 창조한 예지(叡智)에 관한 일을 말하는 것이다. 이 육체란 것이 일정 이념에 근거해 창조된 것이고, 만약 우리가 마음의 비뚤어짐이나 마찰을 없애면 육체는 그 완전한 이념 형태대로 유지되지 않을 이유는 전혀 없다.

병을 낫게 하는 비결은 생명력이 조금도 방해받지 않고 작용할 수 있도록 마음을 조정할 일이다. 매우 많은 병증은 감정생활의 비뚤어짐이나 의식의 심층에 있는 긴장에서 기인한다는 사실은 오늘의 의학이 인정하는 부분이다. 긴장은 감정 본래의 건전한 모습을 정상이 아닌 비뚤어지게 해 감정생활에 갈등을 일으키게 된다. 생명력은 이들 긴장의 장벽을 뚫고 흘러 들어와 작용할 수 없게 된다. 활기차게 생활할 수 있는 가장 좋은 방법은 모든 마음의 긴장을 풀고, 생명 치유력의 흐름이 온몸을 관통해 골고루 자유롭게 유통하게 하는 일이다.

◇◇◇◇◇

온전한 긴장 완화를 얻는 비결

적어도 하루 한 번은 조용한 곳을 찾는다. 의복에 조금이라도 신경 쓰이는 거북한 곳이 있다면 이를 늦추도록 한다. 이어 신발을 벗고 가급적이면 옷은 얇게 입는다. 그런 연후에 바닥에 길게 누워 온몸의 힘을 가능한 대로 뺀다. 몸의 무게를 차분하게 늘어뜨리면서 바닥에 가라앉는 기분을 느낀다. 심신의 긴장을 푼다,

푼다, 푼다.

여기까지 오면 당신은 흥미 있는 실수 과정에 들어간다. 이렇게 해 당신은 긴장 푸는 기법을 지금부터 또다시 25분 내지 30분 간 실수한다. 그러는 가운데 오로지 모든 것을 던져 버린다. 이런 실수를 한다는 의식적 노력조차도 모두 마음에서 내던져 버린다. 즉, 자기 심신의 응어리를 풀고자 어떤 궁리도 하면 안 된다. 더욱이 몸이 스스로 움직이기 시작해 온몸을 뻗는다든지, 몸을 뒤틀거나 회전시키려는 등 저절로 움직여질 때, 그것을 의식적으로 멈추게 하면 안 된다. 그저 당신은 몸이 스스로 하는 대로 놓아두면 좋다. 처음은 이런 실수가 기묘하게 생각되지만, 당신은 일념으로 실수해 어떻게 되는가 확인해 볼 일이다.

그리고 당신 몸의 살아 있는 힘에 모두를 의탁한다. 나는 육체가 내부 지성을 갖는다는 사실을 앞에서 말했는데, 그 사실을 기억해 주기 바란다. 그 내부 지성에 주도권을 내어 주는 것이다. 만약 온몸을 뻗는 운동이 일어나든가 하품이 하고 싶으면 그대로 한다. 만약 몸이 굴러 위치를 바꿀 때도 그대로 한다. 몸이 자고 싶다면 그것도 좋다. 그러나 절대로 이런 동작에 의식적으로 조금이나마 무엇이건 가미하면 안 됨을 명확히 해 두지 않으면 안 된다.

심신의 힘을 이완시키고 당신의 심층에 충만한 생명력이 있음을 자각하며, 그것이 온몸 속을 팽배하게 굽이쳐 흐름을 느끼는 것이 좋다. 생명력이 온몸을 순환하고 당신 온 존재에 생명의 온기를 주고 있음을 여실히 느끼도록 하라. 생명력이 이처럼 활발하게 작동할 때, 다소 온몸에 가벼운 떨림이 있을 수 있다. 또 한숨과 같은 소리가 나올지 모른다. 혹은 또 깊고 아주 맑은 평화의 심경이 조용히 계속될 경우도 있다.

어떻든 수일간 충실히 실수할 때의 최종 결과는 부정할 수 없는 마음의 평화와 힘의 충실감, 즉 신체적 및 정신적으로, 또 영적(靈的)으로도 축복받고 있다는 실감, 즉 고양(高揚)과 희열의 느낌을 향수할 수 있다.

이 실제 수행 방법으로 창조력의 본원인 '고요'의 세계로 들어가는 일은 없지만, 그래도 당신을 올바른 방향으로 인도하는 것은 확실하다. 어떻든 당신의 심신 긴장이 풀리고 모든 집착을 던지는 심경이 되어갈수록 그만큼 창조력의 본 원인 '고요' 속에 들어가려는 당신의 노력이 효과가 있음이다.

이상 설명한 긴장 완화 방법은 무의식 이용의 완화법이다. 시도해 보는 것이 좋다. 이는 창조적 생활을 일층 굳세게 살아가는 데 공헌하는 바 크다고 생각한다.

◇◇◇◇◇

다시 심신 긴장 이완과 마음 왜곡의 해소

오늘날 많은 사람들이 '요가'라는 고대 과학의 가치를 알아가고 있는데, 요가의 참목적은 마음 진정법을 가르치고, 이렇게 해 창조력의 본 원인 '고요'의 세계로 들어가는 것을 가르치는 데 있다. 이것을 실현하기 위한 첫걸음으로 요가 실천자는 이따금 독특한 여러 가지 체위(體位) 잡는 연습을 한다. 이것은 신체의 신장과 비틀고 꺾는 것을 중심으로 하는 운동으로, 이에 따라 신체 조직에서 독소 배출을 촉진하고, 신체 모든 기관의 근육 긴장을 풀어 마음의 안정을 회복한다.

요가 수행 시 마음에 간직할 것은 당신이 실제 요가 자세를 취하기 전에 그런 자세를 취한 자기 자신의 모습을 명확히 마음에 그리는 일이다. 이렇게 하면 실제 수행에 있어서 곤란은 전혀 없다. 이런 요가 자세는 일반 도수 체조로 자극되지 않는 심층 근육에도 작용하므로 특히 유용하다.

◇◇◇◇◇

정신면만의 긴장 이완

다분히 알아야 할 것 가운데 가장 중요한 것은 정신면의 긴장 완화가 있어야 비로소 육체면의 긴장이 풀린다는 사실이다. 당신이 적극적 생활방식의 여러 원칙과 하나되어 살아가는 사실을 안다면 마음엔 꼭 평화가 온다. 이 마음의 평화가 당신 육체에 반영되는 것이다.

공포와 근심 걱정을 던져 버려라. 그리고 신앙과 신념을 당신 생활에 심어 놓는 것이 좋다. 그것은 꼭 기적을 가져온다.

››› 실천을 위한 마음가짐

1. 소극적인 관념과 태도를 버려라.

2. 감정의 응어리를 해소하라.

3. 성관계 감정에 성숙하라.

4. 성 충동을 창조적 의욕으로 승화시켜라.

5. 매일 철저하게 심신의 긴장 완화를 실제 수행하라.

6. 긴장감의 해소는 정신면에서 시작된다. 이 사실을 명확히 기억하라.

5장
괴로운 과거 체험을 기억에서 지우려면

앞에서 감정의 응어리를 해소하는 것의 중요성을 설명했다. 우리 감정이 마음속에 응어리가 되는 원인 중 하나는 '부정(不正)'이라 믿는 것에 대해 자기 마음이 반응을 일으키는 데 있다는 사실을 알게 된다.

자기보다 잘난 어떤 이가 어떤 형태로 자기를 이용한다든가, 나쁘게 대우한다든가 할 때, 우리는 이따금 지울 수 없는 상처를 입게 된다. 그런 경우, 우리는 앙갚음이 불가능하므로 그 사람에게 앙심을 품게 된다. 그리고 우리는 당했다고 느끼는 나머지 기분이 언짢아진다. 그러나 우리는 나쁜 감정을 오래도록 품고 있다 해도 사태 해결에 아무 도움이 되지 않음을 또 알 수 있다.

우리가 충분한 신념을 갖는다면 우리는 현상적인 부정행위를 극복, 마음을 헷갈리게 하지 않고 소기의 계획을 추진할 수 있다. 만약 우리가 박해를 받았다고 느끼면, 그런 피해 감정에서 벗어나지 않으면 안 된다. 그럴 경우, 우리의 상식적인 견해 등은 그런 피해 감정을 단절시킬 수 있는 충분한 힘이 없다.

우리는 자기 마음을 깨끗이 정화하려면 상식 이상의 일을 하지 않으면 안 된다. 이 상식 이상의 일은 쓰라린 기억을 수정하고 정화하는 일이다. 우리 기억은 에너지를 갖는 심상으로 잠재의식에 기록되어 있다. 특히 격렬한 감정으로 흥분할 때 경험의 기억이 그렇다.

우리가 자기 체험 기억을 모두 마음에서 지워 버리는 일이 참으로 필요한가? 그럴 필요는 전혀 없다. 그러나 우리는 자기 기억에 휘감긴 마음의 상처를 지워 버릴 수 있다. 이래서 우리는 과거 자기 경험을 객관적으로 바로 보고, 그것을 현재 및 미래 계획과 관련지을 수 있다.

마음의 상처를 지워 버리는 가장 쉬운 방법은 온 심신의 긴장을 풀고 과거를 바로 보며, 마음에서 그것을 놓아버리는 일이다. 당신이 이를 할 수 없다면 다음에 말하는 기억 수정의 기법을 실제 수행하면 좋다.

◇◇◇◇◇
기억의 수정

당신이 어떤 일에 수정을 가할 때는 그 대상물을 바꾸든가, 고치든가 한다. 이 같은 수정을 당신의 가혹한 과거 기억에 대해 가

한다. 즉, 과거로써 과거를 달랜다. 당신은 과거의 쓰라린 경험의 상처에 매달려 그것을 현재 생활에 가져올 이유가 없다.

먼저 당신은 자기가 벗어나고 싶은 과거 고통을 의식하고 이에 당면할 일이다. 그 경우 당신에게 순교자적 역할을 다할 끈기는 조금도 필요 없다. 또 당신의 생존을 정상화하기 위해 쓰라림을 경험하지 않으면 안 될 이유도 없다.

이제 조용한 장소로 물러나 당신이 창조적 상상력을 구사하는 기법을 실제 수행할 때처럼 생각대로 심신의 긴장을 풀어버리고 편한 마음의 경지로 들어간다. 그리고 마음속에서 당신이 경험한 정신적 충격이나 당신이 남에게 거절당했든가, 남의 부정행위를 보았을 때의 경험을 찬찬히 마음의 눈으로 상기한다. 이어서 그런 쓰라린 경험을 한때 고통으로 실감한다. 당신은 그 괴로움에서 벗어나려 하면 안 된다. 당신이 자기 과거 고통에서 정말 벗어나려면 당신은 도피하지 말고 맞닥뜨려야 한다.

여기까지 마음 준비가 되었다면 당신은 기억 수정을 위한 두 가지 기법 가운데 하나를 실제 수행할 수 있다. 즉, 당신은 실제 과거에서 사물이 일어난 대로가 아니라 당신이 바라는 대로 사물이 이미 전개된 장면을 온 감정을 작용, 마음속에서 재연(再演)하는 것이다. 이렇게 하면 당신은 과거 그 자체를 변화시키는 것이 아니라 과거 기억에 연결된 마음의 상처를 지워 버릴 수 있다.

당신이 이렇게 여러 번에 걸쳐 과거에 일어난 일을 이상적인 모습으로 마음속에 실감을 가지고 재연하면, 명상을 위한 '반의식' 상태에서 깨어나 새롭게 자기 과거를 되짚어 봤을 때 전에 있던 감정의 반응이 지워져 있다. 이래서 당신은 마음의 해방을 얻는다.

이 기억 수정법을 실제 수행하면 당신은 남에 대한 적대적 감정을 마음에서 버릴 수 있어 자기가 가진 모든 힘을 구사해 전진할 수 있게 된다. 이와 반대로 당신이 과거 고통의 기억을 잠재의식에 붙이면 당신은 과거의 무거운 짐을 지고 기가 꺾인다. 그리고 이 과중한 스트레스는 마음의 자유스러운 표현을 방해하게 된다.

당신이 기억 수정법으로 마음의 큰 짐을 모두 없애면 당신의 막대한 정력 비축은 풀려 생각한 대로 이 에너지를 사용할 수 있음을 알게 될 것이다.

자, 지금 한 개 기억 수정법은 앞에 말한 것보다 당신은 쉽다고 생각할지 모르지만, 이것을 다음 순서로 실제 수행해 본다.

당신은 조용한 공간에 물러나 앉아 자기가 받은 충격의 괴로운 기억을 모두 생각해 내고, 이에 당면할 마음의 준비가 되면 일념으로 마음의 상처를 바로 보면서 유연하게 심호흡을 한다. 깊게 깊게, 수차례 호흡한다.

그 사이 과거 기억을 마음에 재현, 그 고통을 실감한다. 이렇게 하면 감정의 억압이 기억 자리에서 방출되기 때문에 당신이 과거에 일어난 일을 바로 볼 때, 단 그것을 체험으로 마음에 기록하고 당신은 마음에서 놓이게 된다.

그것은 어째서 그럴까? 그것은 인간이 생존에 직접 관계있는 기능을 다하는 일을 좋아하는 것과 관계된다. 우리가 음식물을 섭취할 때, 연애할 때, 생활환경이 안전할 때, 호흡을 할 때 등 우리 육체가 기쁨을 맛보는 것은 육체가 갖는 앞의 성질 때문이다. 특히 호흡은 육체에 있어 매우 중요하므로 육체 생존을 위한 첫 번째 가치가 된다. 그러므로 당신은 육체를 시험대에 놓고 중요한 생리작용을 하는 것과 고통을 경험하는 것, 둘 중의 하나를 택할 수밖에 없는 정황에 놓이면 육체는 반드시 중요한 생리작용을 실시할 방법을 선택한다. 그러므로 당신은 그대로 규칙 바르게 수분 간 심호흡을 한다. 그렇게 하면 당신은 반드시 고통스러운 감정적 응어리가 방출되기 시작하는 것을 알게 된다.

이전에 나는 계부 유언에 자기만 재산 상속이 빠져 있던 한 부인을 만난 적이 있다. 그녀는 이 때문에 마음이 상하고, 계부는 자기에게 애정이 없다고 생각했다. 그녀는 여러 해 동안 이 거부된 고통을 마음에 품고 있었다. 입만 열면 시종 재미있고 즐거웠던 일 등은 생각해 낼 여지가 없었다. 그러는 동안 어떤 친구가 그녀에게 충고하기를 자신이 받은 십자가라고 생각하고 그대로 받아들이라 하더라는 것이다.

나는 그녀가 마음의 고통이 높아져 압도되는 느낌일 때 심호흡에 의한 이 기억 수정을 수행하도록 권했다. 그렇게 하자 마음의 고통이 거의 없어져 그녀는 이 심경에서 풀려나기 시작, 인생에 흥미를 가지게 되었다.

나는 사업에 실패한 많은 기업가들을 알고 있다. 그들은 업계에서 거절당하고 배척되든가, 또는 업계 규칙에 따를 수 없어 업체가 폐쇄되었다는 식이다. 그래서 그들은 고액의 자금을 잃고 고배를 마시게 되었다. 그들은 고뇌에 빠져 아무리 골몰해도 한번 상실한 자본과 지위를 되돌릴 수 없었다.

그런 그들에게 필요한 것은 성공한 사람들을 마음에 그려 놓고 그 이미지와 자기를 동일시하는 것이다. 또, 상급 임원의 지위를 비전으로 그리고, 그 지위에 오른 자기를 상정하는 것이다. 또한 그들은 미래의 큰 계획을 세우고 마음속에 그 꿈의 실현을 그려 넣어야 한다.

이때, 당시 거절당한 괴로운 경험이나 실패의 고통을 마음에 가지고 있으면 안 된다. 뒤로 미뤄진 고통에 계속 매달리면 모처럼 마음에 그려진 계획을 바꾸어 그 실현을 방해하는 일이 되고 말기 때문이다.

그러므로 앞에서 말한 대로 '기억 수정' 기법을 수행하여 마음의 상처를 없애 과거의 성공을 생각해 내고, 또 그들에게 성공을 가져다줄 것이 틀림없는 상념 및 아이디어, 그리고 감정을 갖는 것이 가장 좋다.

현재에 살고 과거를 지워라

당신은 자기 자신을 과거 회상 속에 살려둔 채로 방치하면 '시간 제약에 매어 두는 것'이 된다. 이는 곧 인생의 크나큰 낭비다.

당신은 주위를 살펴보고 인생에 흥미를 가져야 한다. 그리고 어떤 가치 있는 활동에 적극적으로 관여하는 것이 좋다. 당신의 감정·상념·행동을 통솔, 자기 이상과 일치시키는 것이 좋다. 당신이 이런 노력을 할 때 당신의 존재는 올바른 방향을 향해 움직이게 된다. 그리고 당신은 놀라운 미래를 믿고 '지금'에 살게 된다. 이런 상태가 건강하고 건전한 것이다.

당신은 현재의 자기 자신을 깊이 살펴보고 어떤 재능을 가지고 있는가, 어떤 일을 할 수 있는가, 대체 무엇을 하고자 하는가 등에 대해 잘 음미해 보면 좋다. 그리고 자기 자신의 소망이 명확하게 되면 그 실현을 위해 마음의 준비를 해 둔다. 그리고 실제 희망을 실현하고 있는 사람들의 전기를 읽고 일층 큰 꿈을 마음에 그리고, 그 꿈의 실현을 확신할 때 당신 것이 되는 감정을 당신 것으로 한다.

당신이 전진하는 유일한 방법은 인생에 새롭고 큰 꿈을 실현하는 데 있다. 그러기 위해 당신은 가만있지 않고 행동을 일으킨다.

소망을 실현하기 위해 당신은 바람직하지 않은 생활 습관을 바꾸지 않으면 안 된다. 당신은 자기 독서 내용, 의복, 취미, 일과 등을 바꿔야 한다. 그리고 틈나는 시간을 한층 더 가치 있는 용도에 쓰도록 하고, 경우에 따라 이름을 바꿔도 좋다. 이름을 바꾼다고 하면 다소 충격적으로 생각하는 사람이 있을지 모르지만, 이는 개명하는 당사자의 자각을 쇄신하는 점에서 분명 도움이 된다는 것을 잊어서는 안 된다. 하지만 이름을 새롭게 바꾼다고 자동적으로 좋은 결과가 있는 것이 아니다. 개명함으로써 인생에서 새로운 역할을 맡게 되었다는 자각을 할 수 있는 것이다.

누구나 드높은 자기 발견에 앞서 항상 인생에서 어떤 역할을 수행한다. 그렇다면 당신은 자기에게 적합한 역할을 수행하면 좋지 않겠는가?

많은 기업가들은 이름을 쓸 때, 자기 이름은 처음 두문자만 쓰고, 이어 세례명과 종족 이름을 모두 적는다. 혹은 또 자기 이름과 세례명은 두문자로 적고, 이어 종족 이름만 모두 적는다. 저작자와 그 밖에 대중의 눈을 자주 끄는 저명인사들은 자기 이미지를 적절하게 전할 수 있는 방법을 찾기 전까지 이따금 여러 가지로 써 보며 시험해 본다.

우리는 자기 걸음걸이, 남과의 대화 방식, 강연의 이야기 방식 등에서 곧 자기의 평소 행실을 나타내 보인다. 글씨 쓰는 방식도 그 사람의 성격을 나타낸다. 당신은 지금의 필적과 과거에 사용한 필적을 비교해 보면 좋다. 당신의 성격이 밝고 낙관적인 경우, 당신은 구김살 없이 대담하게 글씨를 쓰는 경향이 있을 것이고, 반대로 당신의 성격이 막혀 소극적일 경우 필적은 안정감을 잃고 글씨 전체가 아래로 처지는 경향이 있을 것이다.

나폴레옹은 초년 시절, '나폴레옹 보나파르트'로 서명했는데, 나중에 좀 더 훌륭해지면서 서명 방식이 바뀌어 '나폴레옹'이라 서명하였다. 그리고 그의 세력이 절정에 이르렀을 때, 서명은 더 간단해져 'Nap'라고만 썼다. 그러나 세력이 훨씬 쇠퇴했을 무렵, 나폴레옹은 다시 '나폴레옹'이라 생략 없이 적게 되었다는 이야기다.

성공해서 승승장구하는 사람들이 문서에 서명한 것이라든가, 편지에 서명한 것을 주의해 보라. 그들은 남의 눈을 끌 만큼 화려하게 서명하고 있다. 그것은 그들의 마음 상태가 서명으로 표출되기 때문이다.

그렇다면 당신도 마음의 껍질을 깨고 자기를 크게 만들어 인생과 조화되는 관계로 들어가기 시작할 일이다. 당신이 사용하는 효과적인 것은 어떤 하찮은 일이라도 반드시 당신에게 도움이 될 것이다.

◇◇◇◇◇

전진을 가로막는 기성관념을 깨라

본서에 상세히 설명된 마음의 간단한 기법을 수행함으로써 당신은 인생의 창조를 지배하는 법칙을 이해할 수 있다. 그러나 그 법칙을 머리로 이해하는 것과 실제 그것을 생활에 적용하는 일은 별개다.

⫸⫸ 실천을 위한 마음가짐

1. 과거에 있던 일을 마음속에서 이상적 모습으로 고쳐 재연함으로써 기억을 수정하라.

2. 심호흡으로 감정의 응어리를 해소하라.

3. 현재를 살림으로써 과거를 지워 버려라.

4. 감정, 사고, 행동이 올바른 방향으로 작용할 수 있게 통솔하라.

6장
정좌한 채 창조의 근본 세계로 들어가라

　당신은 창조의 근본 세계로 들어가는 것을 배우지 않으면 사실 창조적으로 될 수 없다. 그리고 이 창조의 근원 세계로 들어가려면 정밀, 태평한 상태에 있을 때 가장 적절하다.

　이 창조적 정밀(靜謐) 세계에 들어가는 방법을 모르면 당신은 육체적 자아 역량이 전개하는 단계 이상에 이르는 일은 불가능하다. 그러나 그 방법을 알면 당신은 꿈에도 생각지 못한 가능성이 안전하게 전개되는 것을 알게 된다. 우리는 정밀 세계에 들어가는 것을 소극적 체험이라는 식으로 생각하기 쉬우므로 나는 창조적 정밀 세계를 여기서 강조한다.

　나는 본 장에서 창조적 정밀 세계에 들어가는 과정을 설명해 당신도 그 세계에 들어가는 것을 가능하게 하며, 또 그 결과 당신은 매우 좋은 체험을 하여 이후 수행을 중도에 포기하는 일이 결코 없게 하고 싶다.

창조적 정밀 세계에 들어가는 것을
왜 우리는 희망해야 할 것인가

우리는 창조적 정밀 세계에 들어가는 것을 배울 때, 자기 자신이 뜻대로 현상 세계를 떠나는 것이 가능하게 된다.

오늘날 매우 많은 사람들이 마음에 뒤틀림을 가지고 정신적 고통을 축적, 생활하고 있기 때문에 사업은 실패하고 건강을 해치게 된다. 그들이 이런 무거운 짐을 마음에서 내려놓고 생명의 어떤 것에 부딪쳐 새로운 자각에 들 때, 그들은 이 새로운 깨달음을 가지고 매일의 생활 정황에 대처할 수 있게 되고, 또 그들은 새롭고 혁명적인 아이디어 세계의 문을 두드릴 수 있게 된다.

그러면 당신도 지금까지 마음의 문 속에 갇힌 에너지의 봇물을 풀어놓아 그것을 올바른 생산적 용도로 돌려라. 우리는 좁은 마음의 관점에서 벗어나면 내부 인도를 받을 수 있게 된다. 심신의 긴장을 풀고, 또 환경과의 조화도 배울 수 있게 된다.

정밀 세계로 들어가는 방법

당신이 지금까지 정밀 세계로 들어간 경험이 없을 경우, 이 방법은 처음 시작할 때 다소 교묘하게 생각될지 모른다. 그러나 실제 이것이 그렇게 곤란한 것은 아니다. 실제 수행하는 가운데 당신은 그것이 매우 유익하다는 사실을 절실히 알게 될 것이다.

당신은 적어도 하루 30분은 온전히 혼자 있을 수 있는 장소를 선택하는 것이 좋다. 그때 그 시간을 한 시간으로 연장할 수 있는 장소여야 한다. 서재, 사무실, 혹은 침실을 사용해도 상관없다. 수행 장소를 어디로 정한다 해도 그곳은 조용하고 환기가 잘 되는 곳이어야 한다.

수행 장소가 선정되면 여기서 당신은 수 분간 이리 갔다 저리 갔다 하면서 걷기를 시도하고, 손발을 충분히 뻗어 심신의 긴장을 푼다. 그리고 허리띠와 넥타이 등 그 밖에 거북한 의복을 느슨하게 푼다. 또 신발을 벗을 수 있으면 벗는 것도 좋다. 그리고 기분 좋은 의자에 등을 수직으로 세우고 앉아 30분 정도 그대로 자세를 바꾸지 않고 앉아 있도록 한다. 그때 등이 의자에 붙지 않게 하고 두 발은 발바닥을 바닥에 붙이든가, 또는 무리하지 않게 그대로 바닥을 딛는다.

어쨌든 당신은 심신이 함께 균형을 잡아 일체의 긴장을 풀어놓는 것이 좋다. 머리 부분은 수직으로 해 등과 일치시키고, 두 손은 마주 잡아 무릎 위 가랑이 사이에 놓고 쉰다. 1, 2분 심호흡을 반복해 깊게 숨을 들이마신 뒤 그대로 뿜어내지 않고 멈춘다. 그리고 천천히 숨을 밖으로 내쉬어 몸의 힘을 유연하게 만든다. 이렇게 하면 어떤 긴장도 풀어버리는 데 도움이 되고, 또 연이어 일어나는 잡념의 고리도 끊어버리는 데 도움이 된다.

당신은 오로지 심신의 힘을 없애고 의식은 명확히 가져온 주의력을 바로 앞이마 안쪽으로 집중시킨다. 그리고 자기 자신은 지금 어떤 일에도 끄떡 않는 자유로운 태도로 앉아 있다고 자각한다. 동시에 죄의 관념을 비롯해 비탄, 실패, 혐오, 공포, 우려 등의 감정을 낱낱이 마음에서 털어버린다. 또 당신은 자기 계획 혹은 목표에 둘러싸여 일어나는 긴장감에서 자기 자신을 풀어 놓는 일이 중요하다.

조용히 앉아 있는 가운데 안식을 맛보는 것이 좋다. 당신이 정밀 중에 묵좌하는 경험을 쌓으면 그것은 인생의 여러 문제에 당면했을 때 보다 좋은 도움이 된다. 따라서 당신은 이 수행을 몇차례 반복하는 것이 좋다.

그리고 당신은 자기 심신 활동을 제3자적 입장에서 바라본다. 그러면 당신은 마음이 잡념을 일으켜 헤매기 시작하는 것을 느끼고 신체 어느 부위에 응어리가 진 것을 느끼게 된다. 이때 느긋하고 길게 심호흡을 하여 천천히 숨을 내쉬고 심신의 힘을 풀어버린다. 이어 앞이마 안쪽으로 주의력을 다시 집중, 정신 집중의 쾌감이 지속되는 한 수행을 계속한다.

◇◇◇◇◇

마음을 지배하려면

잡념은 생기든 없어지든 그대로 방치하라. 잠깐 동안 잡념을 신경 쓰지 말고 생기는 대로 놓아두고, 단지 그것을 주시하면 된다. 억지로 잡념을 없애려 힘쓰지 않는 것이 좋다. 그리고 몸이 자유롭게 숨 쉬게 하고, 자연스럽게 작용하게 놔둔다. 다만 당신은 앞이마에 주의력을 집중하며 자연스러운 과정을 조용히 마음으로 보면 좋다.

이 방법 자체가 유익한 수행이다. 당신을 좀 더 깊이 정밀 속으로 이끌어 간다. 이것은 단지 심신의 자동 조정 과정이 아니고 자기최면도 아니다. 또 당신은 이 방법으로 자고자 하는 것도 아니다. 오히려 당신은 수행 중 계속 의식을 분명히 가지고 있는 것이다.

대체 무엇이 일어나고 있는가? 첫째, 당신은 정밀 속에서 묵좌하고 심신의 긴장을 모두 털어버리고 있는 것이다. 그리고 이렇게 해 주의력을 앞이마 중앙에 집중하며 조용히 앉아 있으면 당신은 자기 몸의 생명력이 해방됨에 따라, 또 그것이 척추 또는 뇌수로 환류해 오는 사실을 느끼기 시작한다.

이 단계까지 오면 당신은 현상계를 초월한 처지에 있는 자기가 된 것을 알게 되고, 당신 마음은 자유롭게 창조적 작업에 관계하게 된다. 생명력의 흐름이 자기에게 환류해 오는 현상은 처음 천천히 일어나지만, 잠깐 수행하면 그것은 마치 스위치를 넣어 전류가 통하는 것과 같은 힘이 된다.

근육 긴장이 풀리고 해방된 생명력이 또다시 척추 및 뇌수로 유입해 돌아옴에 따라 심장과 폐장에 걸리는 부담이 경감되어

고동은 가라앉고 호흡 횟수도 줄어든다. 이 때문에 몸이 필요로 하지 않는 생명력이 일층 다량으로 해방되는 까닭에, 그것이 또 자유롭게 뇌수로 환류해 오는 것이다. 이렇게 해 번뇌를 끊고 불생불멸의 열반묘심(涅槃妙心)을 체득할 수 있게 된다.

◇◇◇◇◇

심령 물리학적 기법

미간 또는 앞이마 안쪽에 주의력을 집중하는 일이 어째서 필요한 것인가? 그것은 우리 주의력을 미간에 집중하면 생명력의 흐름을 여기 집중하게 된다.

신체 생명력은 주의력이 향하는 곳으로 흐른다. 우리가 평소대로 육체를 의식할 때, 또 동시에 육체 및 환경에 연관되는 밀접한 주위 상황 및 문제를 의식하는 것이지만, 당신이 본서 지시대로 주의력을 집중시킬 때 마음의 흔들림이 없어지고 마음을 깨끗이 해 놓게 된다.

눈동자 위치와 그 사람 인생의 견해와 상호 관계가 있음을 주의할 필요가 있다. 당신이 의기소침할 때, 우울할 때 등은 보통 당신 눈동자가 아래로 깔린다. 그것은 당신이 잠재의식 내용, 기억의 저장고 및 습관적으로 받는 상념의 틀에 형편을 맞추기 때문이다. 이와 반대로 당신 눈동자가 똑바로 정면을 바라볼 때, 당신 마음의 각도가 그 시점에 따라 바로 정면을 향한다. 현재 관점에서 분명 사물을 생각하게 되어 있다. 또 눈동자가 위로 가 있을 때, 당신 마음의 각도는 영감을 받는 영역으로 들어간다.

그러므로 당신은 실제로 시험해 보는 것이 좋다. 당신이 실망하든가 기분이 상해 있을 때, 두 눈을 위로 치켜뜨고 주의의 초점을 올려 보라. 그리고 의기가 떨쳐 일어나는지 여부를 시험하면 좋다. 그때 당신은 꼭 의식의 앙양을 느끼고, 그것만으로도 정신상태를 어느 정도 지배할 수 있다는 사실을 알게 된다. 이것은 단지 내 말의 암시 때문만은 아니다.

시험 삼아 슬픔에 빠져 낙담하는 친구에게 스스로 실행시켜 보라. 그에게 수 분간 시선을 위로 향하도록 지시한다. 그러면 당신은 그가 생동감 있게 밝아져 인생에 새로운 흥미를 가지게 됨을 알 수 있다.

◇◇◇◇◇
호흡활동·정신활동·생명, 3자의 상호관계는 어떤가

여기 명기할 간단한 사항이 하나 있다. 그것은 호흡활동, 정신활동, 그리고 육체 속 생명력 흐름의 3자는 각각 독립한 활동이 아니라 서로 밀접하게 영향하는 바다. 그러므로 만약 당신이 마음, 호흡, 생명력 흐름의 3자를 그 순서에 관계없이 어느 것도 지배할 수 있다면, 당신은 자기 통어(統御)의 열쇠를 손안에 거머쥐고 있는 셈이다.

정신활동이 불안정한 경우 호흡활동도 안정감을 갖지 못하고, 육체도 안정을 상실하게 된다. 이럴 때 당신은 다음과 같이 시도하면 좋다.

먼저 자세를 바르게 일으키고, 크고 깊은 숨을 가슴 가득 들이마신 후 그 상태로 숨을 멈춘다. 순간 온몸에 힘을 넣고 힘을 빼되, 동시에 숨을 토해 낸다. 그리고 가슴 가득 들이마신 숨을 밖으로 토해 낼 때 한숨을 쉬듯 내쉬고, 심신의 긴장을 풀어버린다. 앞의 동작을 반복한다. 즉, 깊이 숨을 들이쉬고, 숨을 잠깐 멈추고, 가볍게 몸에 힘을 넣는다. 이때 주의력을 미간에 집중한다. 마침내 긴장은 풀리고 숨은 밖으로 빼내는 것이다.

이런 수행을 해 보면, 당신은 어떻게 심신의 힘이 빠지고 정신활동을 지배할 수 있게 되는가를 알게 된다. 이래서 당신은 자기 주인공이 되고자 결심하면 실제로 자기 마음과 몸의 주인공이 될 수 있다.

당신은 자기 의지와 반대로 마음이 흔들리는 대로 방치하면 안 된다. 그리고 모든 정황에서 항상 자기 자신을 완전히 지배하도록 하라. 만약 당신이 자기감정으로 농락되는 대로 놓아두면 당신은 자기의 상념을 지배할 수 없게 되고, 마음은 어지럽게 되고 만다.

당신은 항상 자기감정을 지배하지 않으면 안 된다. 그렇다고 해서 당신은 감정을 움직이면 안 된다는 말이 아니다. 당신은 자기감정 생활의 노예가 되지 말고 주인공이 되라는 의미다.

당신은 주의력을 어느 한쪽으로 돌리더라도 당신은 자기 세계를 창조할 수 있게 된다. 어떤 종류의 활동 분야에서 성공하는 비결은 자기 주의력을 산만하게 돌리지 않고 올바른 방면만으로 집중하는 것이다. 주의력을 집중할 수 있는 사람은 보통 사람이 수 주간 걸려 할 일을 수일 내에 마칠 수 있다.

우리 인생에서 모든 사물을 완수할 수 있는 비결은 정신 통일과 주의력 집중에 의해 한때 한 가지 일을 관철하는 책임을 쌓는 일이다. 이래서 당신은 시간을 효과적으로 사용하게 된다.

◇◇◇◇◇ 정밀 세계에 들어갈 때 어떤 효용이 있을까

솔직 간명한 질문이므로 이에 답할 필요가 있을 것이다. 당신이 정밀 세계에서 묵좌하고 마음속 감정 갈등이나 왜곡, 우려 사항, 또 소망조차 모두 마음에서 놓아 버릴 수 있음을 배울 때 당신은 평화를 체험한다. 그때 당신은 완전히 평온 속에 있고, 하루 잡일의 번뇌에서 해방되고, 사물을 객관화하는 마음의 여유를 얻을 수 있다. 또, 그때 당신은 마음의 왜곡을 해소시키고, 인생 여러 정황에 어떻게 하면 가장 현명하게 대처할 수 있는가에 관해 자기 자신이 내부로부터 인도받는 일이 가능하게 된다. 이

와 반대로 만약 당신이 마음속 갈등을 흥분한 채 방치하면 당신
은 마음속을 깨끗이 하기 위해 무엇을 해도 실패할 경우가 반드
시 올 것이다.

그렇다면, 우주 대생명과의 완전한 조화 속에 의식적으로 휴
식하는 방법을 배우는 것이 훨씬 현명하다. 많은 사람들이 깨달
음에 이르는 진리는 이렇다. 활발하게 지성이 지배하는 우주에
생존하고 있는 것이다. 곧, 이 우주는 우리가 생존하기에 아주 적
절한 공간이다. 참으로 신묘한 우주다. 또 그것은 우리에게 악의
를 가진 우주가 아니고 우리와 협력하고자 하는 우주다.

우리는 또 직감력을 늘리게 된다. 직감력은 이성의 추론이나
논증의 힘에 의하지 않고 직접 거침없이 사물을 알아내는 힘이
다. 우리는 정밀한 중에 묵좌하고 대생명의 영이 온종일 우리를
인도하고 있음을 알지 않으면 안 된다.

또, 우리 사고 중에 무한한 예지(叡智)가 관통하고 있다. 이 사
실을 실감할 수 있도록 노력해야 한다. 우리는 그 예지에 인도됨
을 기대할 일이지만, 예지의 인도가 바로 오지 않는다고 해서 실
망하면 안 된다.

우리는 신이 보여 주는 진리를 인정하는 사실을 알기까지 의
식 저변에 움직이는 내부 움직임에 모두 의탁하는 사실을 배우
지 않으면 안 된다.

바람직한 일을 마음에 새기고 명상하라

인간은 자기가 마음에 그리는 대로 이루어진다는 사실은 앞에서 이미 말한 바 있는데, 많은 저술가들은 같은 의미의 사실을 다른 말로 설명하고 있다. 그러나 그들은 모두 같은 진리를 설명한다.

정밀 중에 앉으면 당신은 자기 인격 특성으로 갖추고 싶은 바람직한 여러 성질을 명상하고, 마침내 참되게 그것을 자기 인격의 일부로 할 수 있다.

가령, 당신은 마음의 안정과 마음의 평화에 대해, 모든 생명과 형제라는 사실에 대해, 다시 자기 인생의 올바른 활동 분야에 대해 명상할 수 있다. 그리고 당신 마음이 집중하는 바가 무엇이든 당신은 그것과 일체가 되고 만다. 즉, 당신은 자기가 명상하는 대로 된다. 그러므로 당신은 바람직한 품성에 대해 명상한다. 그리고 그것을 내 것으로 하면 좋을 것이다. 이렇게 함으로써 당신은 자기가 바라는 대로의 인물이 될 수 있다.

당신이 젊은 시절 창조의 본원인 '정밀'에 드는 것처럼 수련하고 있으면, 당신은 자기 자신을 세계와 조화하게 되는 것이므로 밝은 낙관적 감정과 신앙심을 가지고 인생을 출발할 수 있게 된다.

당신이 밤 취침 전에 창조의 본원 세계인 이 '정밀'에 들어가면 낮 동안에 생긴 모든 감정의 왜곡이나 갈등을 제거할 수 있다. 그리하여 당신은 깨끗한 심경으로 잠들고, 부드러운 휴식의 한밤을 즐길 수 있을 것이다.

◇◇◇◇◇

명상의 정밀 중에서 자기를 찾아라

이 정밀의 경지에서 자기 존재의 중심을 찾는 일은 매우 뜻있는 일이다. 이렇게 하려면 당신은 유연하게 몸이 쉬는 상태에서 오직 마음을 내관하는 일이 가장 좋을 것이다. 그리고 자기 사고의 움직임, 감정의 움직임, 또 외계 인생의 여러 정황에 대한 자기 마음이 어떤 반응을 보이는지 객관적으로 관찰하는 것이 좋다.

그때 자기 외면에 나타난 결점을 보면 안 된다. 다만 자기 자신을 내관할 뿐이다. 자기 내관은 계시로 가득한 체험이고, 이 체험에 의해 당신은 앞으로 자기 환경에서 보다 좋게 자신을 처우할 수 있게 된다. 그러므로 당신은 명상에 의해 '정밀'에 들고, 심신의 긴장을 풀며, 의식을 명료히 가져 참자기를 발견하고, 그 참나를 즐기게 된다.

››› 실천을 위한 마음가짐

1. 수행을 위해 조용한 장소를 찾아라.
2. 정신의 활동 상태와 호흡의 상호관계를 이해하라.

3. 당신의 정신 통일을 완전히 하기 위해 심령물리학적 기법을 시험하라.

4. 자기가 바람직하다고 생각하는 품성을 명상하고, 그것을 자신의 것
   으로 하라.

5. 참된 자기 발견을 체험하라. 그리고 기쁨을 촉진하라.

7장
내부 인도를 받으려면

이 세상에서 가장 만족감을 주는 것 중 하나는 자기 자신이 인생에서 타고난 재질이나 직분, 즉 가장 천분(天分)에 적합한 곳에 있다는 사실을 아는 데 있다. 이 사실을 아는 지름길은 내부 직감의 명령에 귀 기울이고 인도를 찾는 일이다. 당신이 인생에서 자기 천분에 적합한 장소를 찾았을 때, 당신은 모든 마음의 마찰이 소멸하고 무리한 노력이 필요 없음을 홀연히 알게 된다.

당신은 자기 천분에 적합한 장소를 찾기까지 자기 마음의 어둠 때문에 아무래도 암초나 장애물에 부딪히게 된다. 내부 인도를 받으려면 우리는 어떤 인생의 신비적 사물에 꼭 마음이 집중되어야만 하는 것은 아니다.

참신비주의자는 인생의 사물을 명석하게 통찰하는 사람이다. 다만 우리는 인생에서 자기 천분에 적합한 장소는 어떤 곳인가에 대해 그 진실을 알고 싶다는 의지를 가지고 인도에 대해 마음을 열어 놓으면 좋을 것이다.

우리는 이따금 자기에게 적합한 것이 무엇인가에 대해 이미 남이 내린 판단에 따라 살아가려는 경향이 있다. 우리는 자기 부모, 혹은 친구들의 선의의 충고를 받아들이든가, 유년시절에 가졌던 이상과 무의식으로 하나가 되어버리는 경우도 있을 것이다. 그리고 나중에 우리는 자기가 이상으로 하는 인생을 사는 것이 아니라 다른 사람의 이상을 살고 있다는 사실에 주목하게 된다.

또, 우리에게는 과거에 살고 현재를 무시하는 경향이 없지 않다. 게다가 또, 우리는 미래 사실을, 결코 오지 않는 미래 사실에 대해 번민할 때가 있다. 그것은 우리가 인생을 누릴 수 있는 최고의 행복을 스스로 거부하는 결과가 된다.

◇◇◇◇◇
놀라운 지금에 살라

'지금'만이 참으로 존재하는 시간이다. 당신은 어제라는 날, 또는 어제라는 날의 연속으로 이루어진 과거를 기억할지도, 또 당신은 내일이라는 날과 그 연속으로 이루어지는 미래를 생각하는 일이 가능할지도 모른다. 그러나 당신이 의식할 수 있는 것은 '지금'뿐이다. 그렇다면 '지금'을 차분히 체험하는 것이 중요하다.

당신이 '지금'이라는 진리를 자각하면 자각할수록 그만큼 당신은 마음의 성질을 이해하게 된다. 그리하여 당신의 성공도 그만큼 멋지게 되는 것이다.

당신 주위를 멀리 바라보라. 그리고 사랑할 사람들, 자연, 사물을 관찰하는 것이 좋다. 참된 의미로 관찰한다. 참으로 놀라운 일이 아닌가?

명상의 정밀 속에서 인도를 받으려면

매일 반복되는 일상생활에서 마음을 혼란하게 하는 일이 많아 우리는 내부에서 인도하는 소리의 속삭임을 깨닫지 못하는 경향이 있다. 우리는 크나큰 신의 구도 속에 살기 때문에 사람은 각자 천분에 따라 그 가운데 차지하는 지위가 있다.

우리가 내부 인도에 마음을 열어 보일 때 자기 천분에 맞는 그 지위를 찾을 수 있다고 나는 굳게 믿고 있다.

우리가 내부 인도에 마음을 열 때 우리는 사물의 온전한 진상을 이해할 수 있게 되고, 보통의 우리 의식으로 몰랐던 영역도 이해할 수 있게 된다.

저명한 사람들 대부분은 내부 인도를 받는 방법을 배운 사람들이다. 찰스 필모어(Charles Fillmore)는 광명사상(光明思想)—밝은생각운동의 창설자 가운데 한 사람인데, 그도 이 운동 초기에는 내부 인도를 찾았다. 그는 크게 발전해 이 단체를 어떻게 통솔할 것인지 고민되어 충고와 지원의 손을 얻으려면 어느 쪽에 마음을 돌려야 할지 전망이 밝지 않은 일이 수없이 많았다. 그래서 그는 밤이 되면 잠자리에 들기 전에 당면 문제에 관련된 아는 한 도의 자료를 모두 마음의 눈으로 떠올리고, 그 자료를 크나큰 예지의 손에 확실히 맡겼다. 그러다 보면 잠자는 중에 꿈을 꾸는 일도 있었다. 결국 그의 꿈은 깨어나서도 분명하게 기억나 고심하던 문제의 해결책이 되었다. 그 꿈속에 문제 해결이 명시되어 있었던 것이다.

또, 때로는 잠을 자다가 눈을 뜬 순간에 절실했던 해답이 떠오르기도 했다. 그는 한밤중에 잠에서 깨어나 답이 떠오를 때는 머리맡의 전등을 켜고 특별히 그럴 목적으로 미리 준비한 메모지에 그 아이디어를 적어 두었다. 그렇게 하지 않으면 그 이튿날 잠에서 깨어났을 때 잊어버릴 수 있기 때문이다.

우리가 내관(內觀)에 따라 인도를 구하는 일을 배울 때 자기책임을 전혀 회피하지 않게 된다. 때로는 마음속에 신경 쓰이는 일이나 감정적으로 이것저것 떠오르는 일 때문에 어떤 문제를 끝까지 생각할 수 없는 경우가 있다. 마음에 그런 장애가 있으면 해결책을 마음 전면에 떠올리는 데 방해가 될 수 있다. 알고자 하는 의지, 이에 덧붙여 심신의 긴장 완화가 따르면 그것이 마음의 기능을 움직이는 방아쇠를 당기게 되어 평소 닫혔던 마음의 문이 열려 감추어진 신비를 펴 마음의 영역으로 기능하게 되는 것이다.

인도를 받기 위한 기법

첫째, 수면 중에 인도를 받도록 한다. 밤에 잠들기 전 당면 문제와 관련된 자료를 생각해 내고 마음의 눈앞에 떠올린다. 그리고 이 문제의 해답이 반드시 얻어질 것으로 확신하고 마음속에 새겨 둔다. 그리고 안심하고 잠든다.

당신은 수면 상태에 들어감에 따라 의식의 여러 계층을 통과한다. 그리고 마침내 어느 시점에서 당신은 온전한 지혜의 보물창고, 즉 위대한 초월의식과 접촉한다. 이때 적절한 해답이 당신의 의식층에 각인된다. 그리고 당신이 눈을 떴을 때 그것이 생각으로 떠오르게 된다. 이 방법을 통해 결과를 얻기 위한 중요한 열쇠는 '해답은 반드시 얻을 수 있다.'는 강한 신념이다.

둘째, 때로는 꿈속에서 인도를 받는 일이 있다. 당신이 앞에서 말한 초월의식 영역을 통과할 때 찾는 일에 따라 진실의 존재가 꿈의 형식으로 번역되어 상징적으로 보이든가, 또는 구체적인 희곡 형식으로 보이든가 한다. 바로 그것은 당신이 나중에 생각해 내는 꿈이다.

많은 과학자와 저술가들은 복잡한 공식과 구상을 이 같은 방법으로 자기 마음에 생각을 떠올린다. 또 사랑하는 연인들 중에서는 비록 떨어져 있어도 서로의 모습을 꿈속에서 보는 일이 종종 있다고 말한다. 그리고 군 지휘관들의 기록에 따르면, 주요 작전 계획에 대한 적절한 지식을 모두 꿈속에서 얻는다고 한다. 우

리가 꿈속에서 인도받는 것을 각성 상태에서 얻지 못하는 이유는
그 상태에서는 이것을 마음으로 거절하는 경향이 있기 때문이다.
또 우리의 이지적 정신이 그 직감을 지워 버리기 때문이다.

셋째, 인도를 받는 또 다른 방법은 모든 인생 문제에 대한 해
답을 생활 그 자체에서 얻을 수 있다고 믿고 기다리는 것이다. 나
는 그 방법을 좋아한다. 먼저, 생명은 하나라는 사실을 인식하
라. 진리의 초보를 밟지 못한 사람 눈에만 낱낱의 생명은 따로따
로 떨어진 존재인 것처럼 보인다.

우리는 하나인 '마음의 대해원(大海原)' 속에 살고, 필요한 것
을 필요할 때 무엇이든 끌어올 수 있다. 우리는 다만 보는 눈과
듣는 귀를 가지면 좋다. 당신은 자기의 문제에 대한 해답을 친구
의 아무렇지 않은 말 가운데, 또는 전혀 알지 못하는 사람으로부
터 듣는 경우가 있다. 또, 얼핏 우연히 어떤 책을 폈을 때 바로 거
기에 해답이 실려 있는 경우도 있다. 혹은 당신이 어떤 노랫말을
듣고 있을 때, 뜻밖에 직감의 섬광이 번득이듯 인도가 오기도 한
다. 그것은 꼭 좋은 때에 온다.

어떤 형태로 인도를 받아도 그것은 당신의 인도가 될 수 있다.
기회는 우리 주변 어디든지 있다. 다만 마음의 눈을 뜨고 있는가
의 여부에 달려 있을 뿐이다. 마음가짐의 방법 여하에 따라 이 세
계는 전혀 다른 것이 된다.

모든 문이 폐쇄된 것으로 보일 때 다시 또 보라. 여기, 열린 문

이 있음을 보는 연습을 하는 것이 좋다. 문제의 해답은 취향대로 동분서주하든가, 억지로 덧붙이든가 해서 되는 것이 아니라 당연한 일을 당연히 보는 일 가운데 찾아지는 일이 종종 있다. 당신도 다른 사람들과 똑같이 이 사실에 관심 갖게 될 것이다.

넷째, 작은 색인 카드 또는 수첩을 휴대하는 습관을 갖도록 하라. 그리고 틈이 날 때, 어떤 아이디어가 뇌리에 섬광처럼 떠오르면 잊어버리기 전에 적어 놓을 필요가 있다. 그런 섬광 같은 아이디어를 받은 즉시 실제로 실행하기 전에 당신은 좀 더 그 아이디어가 숙성할 시기를 충분히 기다리는 것이 좋다. 충분히 심사숙고 한 그 아이디어가 도움이 될지 여부를 확인해 보기 위함이다.

당신은 마음의 섬광을 모두 신의 직접 계시라고 생각하면 안 된다. 어떻든 직감적 인상은 단지 잠재의식에서 나온 것과 참된 초월의식층에서 나온 것이 섞여 있다. 경험을 쌓아 나가는 중에 당신은 잠재의식의 충동과 직감, 또는 초월의식적 섬광의 구별이 가능해진다. 보통 초월의식의 섬광이 보다 강하다.

당신은 온몸이 매우 흥분하기에 이른다. 어떤 일도 실제 수행을 쌓아 나가는 중에 온전하게 된다. 당신은 하루 중에 일정 시간을 택해 정좌하고 마음을 열어놓고 인도를 받도록 하는 것이 좋다. 이래서 받게 되는 인도는 이따금 단지 평범한 상식이 용솟음치는 것이지만, 그러나 당신은 자기 자신에게 인도를 받는 기회가 올 때까지 그 상식에 관심을 두지 않았던 것이다.

다섯째, 당신은 인도를 받기 위한 목적으로 정좌할 때 필기구를 준비해 두고 다음과 같이 자기 자신에게 말해 본다. "나는 어디로 가면 좋을 것인가?" 또는 (자기가 당면한 문제를 말한 후) "있는 그대로의 문제는 이상과 같다. 자, 그 해결은 대체 어떻게 하면 좋을 것인가?"

그때, 자기 힘을 풀어버리고 전부 의탁하는 기분을 가지면 당신 마음의 심층에서 해답이 솟아나오는 것이다. 그것은 단지 일반적인 해답이 아닌 당신의 독특한 사정에 딱 들어맞는 해답이다. 당신이 지금 누구에게 방해받고 있다고 하자. 정좌하고 인도를 기다린다. 어떤 지시가 있을지 수행해 보라. 그리고 인도를 받으면 그렇게 느끼는 것이 좋다. 실제로 함으로써 그 인도가 올바름을 확인하게 될 것이다.

여섯째, 이 종류의 수행에 전혀 경험이 없을 경우, 풍부한 아이디어의 유통을 받는 일이 어떤 사람들에게는 곤란할 때가 있다. 우리는 곤란한 상태나 우유부단한 태도에 너무나도 친숙해 있기 때문에 풍부한 아이디어 흐름의 봇둑을 허물기 위한 방아쇠를 당길 올바른 마음의 상태로 돌아가는 일이 어렵다.

만약 당신이 이 경우라면 다음 요령으로 마음의 접촉점이 될 사람을 선택, 그 사람과 하나가 되면 좋을 것이다. 당신은 지금 이 사람이면 자기가 알고 싶어 하는 일은 이미 알고 있다고 생각되는 사람이 있을까? 만약 있다면 기분을 안정시키고 마음의 눈으로 그 사람을 떠올리고 도움말을 청한다. 그때 당신은 해답을 얻기 위해 초조해한다든가 그 사람과 정신 감응적인 접촉을 위해 마음 쓸 필요는 없다. 단지 당면 문제에 대해 그 사람이면 어떻게 생각할 것인가에 인상을 받으면 좋다. 결국 당신이 바라는 것은 이 같은 인상인 것이다. 자기 마음속에 떠올린 생각은 일체가 된 사람을 통해 인생을 바라볼 때, 당신은 그 사람이 알고 있는 일을 알 수 있게 된다.

이런 일은 어느 길이든 누구라도 무의식적으로 하고 있는 일이다. 우리는 마음의 배후에 자기가 숭배하는 사람, 자기 영감의 샘이 되고 있는 사람의 이상상을 가지고 있다. 우리는 이 이상상에서 힘을 받는다. 그리고 이 이상상과 일체가 된다. 이 이상상은 우리에게 인생의 목적과 방향 등을 제공해 준다.

나폴레옹 힐(Napoleon Hill)은 그의 명저 『상념과 인간의 생장(生長)』에서 어떻게 해 그가 '보지 못한 상담 상대'들과 오랜 동안 면담했는가를 말하고 있다. 또 그는 상당한 기간에 걸쳐 마음속 상담자들이 갖는 특징을 파악할 수 있었다. 그가 마음속으로 교제한 사람들은 에머슨, 페인, 에디슨, 다윈, 링컨, 버뱅크, 나폴레옹, 포드, 그리고 카네기다. 이 아홉 사람들은 모두 그의 마음 접촉점으로서 구실을 다했다.

이 때문에 그는 새로운 관점에서 인생을 바라볼 수 있었고, 인격의 풍부한 생장에 크게 도움 받았다. 매일 밤 취침 전에 이 일단의 사람들을 생각해 내고 마음에 그리며, 그들을 회의석에 앉히고 자기는 의장 역을 수행했다. 그는 마음속에서 그들에게 질문을 던지고 누가 되든 이렇게 대답할 것이라고 자기 자신의 견해를 통해 그들 회의석상에 있는 사람들 의견을 듣는 것이다. 이렇게 해 그는 여러 차례 자기 고난 시절 인도를 받고 고난을 극복해왔다.

우리는 모두 의식적으로 행동한다고 할 수 없지만 어느 정도 이런 마음의 기법을 사용하고 있다. 이와 관련해 생각났는데, 나는 강연 활동의 아직 초기시절에 연단에서 전혀 준비하지 못한 사실을 질문 받은 적이 있다. 나는 긴장하지 않고 지금 질문 받은 특정 문제에 대해 어떤 이의 강연을 들었을 때 어떤 느낌을 가졌는지 생각해 냈다. 그리고 마음에 떠올린 강연가와 일체라는 자각을 갖기에 이르자 나는 그가 숙지한 사상의 분류에 빨려 들어간 듯 거의 모든 경우에 대해 올바른 해답을 청중에게 줄 수 있었다.

일곱째, 우리가 인도를 받는 방법을 여러 모로 알고 있다는 사실은 좋은데, 무엇인가 알고자 할 때 그것을 아는 최상의 방법은 단적으로 그것을 안다는 사실이다. 우리는 언제, 어느 때, 딱 집어 마음 전면에 필요한 답이 단적으로 나올 수 있게 마음을 작용시키는 일을 배워 터득하는 것이다. 무엇인가를 알고자 할 때 그것을 아는 최상의 방법은 먼저 알고자 하는 소망을 일으킬 것, 다음에 그것을 아는 능력이 자신에게 있음을 믿는 것이다.

직감은 대부분 의식적 계획 등이 전혀 없을 때 온다. 그것은 마음의 심층에서 용솟음쳐 온다. 하버드 대학의 월터 캐논(Walter Cannon) 박사는 232명의 일류 화학자에 대해 그들이 갖는 창조적 습관을 조사한 바, 그들의 3분의 1 이상이 이 같은 내적 직감의 섬광을 믿고 있었다.

당신은 성공하기 위해 자기 자신을 준비하지 않으면 안 된다. 당신의 상념이 성공 방향으로 작용하기 위해 당신은 자기 마음을 훈련하지 않으면 안 된다. 또 당신은 직감에 의해 사물을 처리할 수 있다고 전향적인 생각을 가지고 있지 않으면 안 된다. 그것은 당신이 실제 직감력을 발달시키기 위한 사전 훈련이 된다.

그렇다면 지금부터 실제로 수행하라. 당신에게 가장 적합하다고 생각되는 방법을 선택하여 이를 실제로 수행, 그 성과를 확인해 보면 좋다.

››› 실천을 위한 마음가짐

1. 마음의 눈을 미래로 향하고, 영원무궁한 지금을 살아가라.
2. 인도를 받기 위한 마음의 기법을 실제 수행하라.
3. 자기 한계를 타파할 수 있다고 믿어라.

4. 누구든 이상적인 인물을 선택, 그 사람을 예지와의 '접촉점'으로 삼아 마음에 그려라.

5. 자기 자신은 물론 알 수 있다고 단정하라.

8장
돈―그 본질은 무엇인가,
또 부자가 되려면

아마 당신은 이 장절의 제목을 보고 놀랐을 것이다. 만약 이 제목이 당신의 반감을 샀다면 그야말로 당신은 내가 말하고자 하는 바를 알 필요가 있다. 당신은 표면적으로 이러이러한 것을 바란다면서도 잠재의식에 그 소망 실현을 방해하는 반대 관념이 있기 때문에 놀라운 체험을 하지 못할 수도 있다.

우리는 어떤 희망을 실현코자 바라면서 이를 마음으로 명상하고 이미 받은 것으로 믿는다면 실제로 그 소망은 성취된다는 것이 우리 철학인데, 이 철학의 연장선상에서 모순 없이 우리는 돈 문제를 다룰 수 있음을 알게 된다.

돈을 다루는 일이 가능하다면 당신은 돈 취급에 따르는 책임을 지지 않으면 안 된다. 그러므로 당신은 '돈이 무엇인가'에 대한 인식을 가져야 한다.

자, 여기서 돈의 개념에 대한 솔직한 생각을 해 보자. 우리는 모두 일상생활에서 돈을 취급한다. 그렇다면 우리는 그 돈의 본질을 이해해야 한다. 돈은 교환의 한 매개물이다. 당신이 남에게 도움 되는 어떤 기능을 제공했을 때, 당신은 '돈'이라는 형태로 지불 받는다. 돈은 당신이 사회에 공헌하는 작용을 단순화해 저축하는 편리한 형식이다. 당신은 이 형식에 따라 자기가 사회에 공헌한 업적을 축적해 두고, 필요한 물품을 교환하는 일이 가능하다.

⬥⬥⬥⬥⬥ 양과 질, 모두 좋은 공헌

어떤 활동 분야든 당신은 양과 질에 있어서 사람들에게 훌륭한 공헌의 길을 찾아냄으로써 자기 인생을 번영시키고 만족을 얻을 수 있다. 당신의 기능 제공을 받은 사람은 자기 역할에 대한 보답이랄까, 돈으로 답례할 것이다.

당신이 사회 공헌한 역할이 질과 양에서 뛰어나면 그만큼 당신이 받는 보수는 큰 것이 된다. 공헌하는 역할이 적으면 당신이 받을 보수도 적을 것이다. 그렇다면 당신은 지금, 인생에 무엇을 공헌하겠는가? 또, 인생관의 넓이는 어느 정도인가?

⬥⬥⬥⬥⬥ 상징으로서 돈의 배후에 있는 것

경화(硬貨) 또는 지폐 그 자체가 가치 있는 것이 아니라는 것은 진실이다. 그러므로 우리는 상징적인 돈 배후에 있는 '번영 의식'을 가져야 한다. 그러면 상징적인 화폐를 손에 쥔 액수가 적어도, 화폐 가치가 떨어져도 그 '번영 의식' 때문에 우리는 계속 더 번영할 수 있다.

우리가 번영이라는 사실을 올바른 관점에서 볼 수 있게 되고, 마음의 세계에서 사물에 작용하는 심경이 확정되었을 때, 우리는 돈을 포함하여 바라는 사물 모두를 실생활에 가져올 수 있다.

내가 본서에서 돈 문제를 다루는 것은 사회생활에서 자유를 얻기 위해 우리는 당연히 돈을 취급할 수 있어야 한다는 생각에서다. 돈 취급 방법은 돈을 피하지 않고 직면하며 돈의 주인공이 되는 일이다. 곧, 돈의 주인공이 되는 능력을 갖는다는 것은 단적으로 말해 의식세계에서 주인공인 사실을 보이는 것이라 자각할 일이다.

그리고 당신이 '돈'이라는 상징에 대해 공포감을 느끼지 않을 때, 비로소 당신은 돈의 주인공이 될 수 있다. 돈에 대한 공포감을 극복하고 지금까지 가지고 있던 돈에 대한 잘못된 관념을 버리지 않는 한 경제사회에서 당신의 생각, 또는 행각은 매우 좁아질 것이다.

당신은 돈에 부자유가 있음을 마음에서 털어버릴 일이다. 신이 공급하는 근원에 결핍은 없기 때문이다. 그 부(富)의 본질을 구체화한 돈에도 결핍이란 없는 것이다. 누구라도 풍부한 공급의 근원에 연결되어 있으므로 돈은 이쪽이 제공한 서비스에 대한 보상인 한, 부의 공급 근원은 그 자체의 모습을 '돈'이란 형태를 가지고 나타난다. 그러므로 당신이 이 세계에서 어떤 서비스를 제공하는 한 당신은 반드시 돈, 또는 이에 상응한 것을 얻을 수 있다.

당신은 자기 몫을 얻기 위해 남의 돈을 탐할 필요가 없다. 당신은 다만 이익과 손해를 넘어 순수 서비스 형식으로 세상에 내놓으면 된다. 그러면 당신은 자동적으로 자기 몫을 차지할 수 있을 것이다.

단지 몸으로만 역할을 여러 모로 노력하는 것만으로는 생활에 풍부한 공급을 보증할 수 없다. 뿐만 아니라 그것은 반드시 실제 사회에 공헌하는 일, 서비스가 되었다고 할 수 없다. 즉, 당신은 육체적으로 일하고 있고, 또 적어도 근육을 움직이는 여러 동작을 하고 있을지라도 시간을 낭비하는 데 지나지 않을 때가 있다. 어쩌면 당신이 하고 있는 일은 기계를 사용하는 편이 더 나을지도 모른다. 또, 당신은 일의 조직 속에서 자기 천분에 따르지 못할 때가 있을지도 모른다.

세상은 당신에게 생활비를 지불해야 하는 부채를 안고 있는 것이 아니라, 당신이 세상에 서비스를 바쳐야 하는 의무가 있는 것이다. 여기서 다시, 나는 당신에게 무엇을 가지고 세상에 공헌하고 있는가 질문하고 싶다.

공급에 대한 선입관을 바꾸라

풍부한 공급의 세계에 들어가고자 한다면 공급에 대한 지금까지의 사고방식을 크게 바꾸지 않으면 안 된다.

지금 당신이 어떤 상품 판매에 종사하고 있다고 가정하자. 당신은 개별 방문으로 그 상품을 팔러 다닌다고 결심한다. 그래서 당신은 한 시간에 두 사람을 방문한다고 치면, 즉 하루에 16명을 개별 방문할 수 있다. 또 당신은 현관에 들어가 상담을 벌이고 팔면 그곳에서 상품을 넘겨준다고 가정하자. 그 경우 보급률은 7명을 만나 한 사람이 사 준다고 할 수 있다. 그러면 하루 평균 2, 3건의 매매가 성립된다.

그래서 당신의 이윤이 매매 성립 한 건당 가령 단지 8달러였다고 한다면, 당신의 하루 수입은 16달러 내지 24달러가 되지만, 이것은 주급 80달러 내지 120달러, 또 주 5일제로 연간 52주 일한다고 하면, 당신은 연수 4100달러 내지 7240달러가 된다.

또, 당신이 휴가로 인해 수일간 쉬든가, 가족 질병으로 인해 한동안 일할 수 없다면 어떻게 될까? 그만큼 수입이 줄게 될 것이다. 그 정도 수입 가지고 비용과 세금을 전부 지불하면 겨우 살아가는 정도가 된다. 그리고 당신은 만약의 경우를 대비해 인출할 저금조차 없게 될 것이다.

자, 이번에 당신이 같은 상품을 취급하고 변함없이 개별 방문에 의한 보급 방법을 고집하고 있지만 전부 직접 영업에 나서는 대신 판매원을 몇 명 고용한다고 하자. 그들은 보급을 위해 걷는 일밖에 안 되므로 당신 사업 가운데 발로 버는 일을 거의 모두 받아 가지는 것이다.

그들에게 넘겨줌으로써 당신은 그들에게 도움이 되고, 그들은 당신을 대신해 발로 뛰면서 동시에 고객에게 서비스를 제공하고 있으므로 당신과 고객 양자에게 공헌하고 있는 것이다. 당신은 그들을 위해 보급 계획을 세우고, 그들을 격려해 바쁘게 활약할 수 있도록 교육하지 않으면 안 된다.

그리고 당신은 그들 매상의 몇 할을 자기 수입으로 할 수 있다. 그것은 당신이 직접 보급할 때 얻는 이윤보다 적을 수는 있지만, 판매원을 여러 명 고용하고 있으므로 결국 당신은 훨씬 큰 규모의 상품량을 취급할 수 있게 된다. 또 당신은 다량의 상품을 취급함으로써 보다 싸게 상품을 구입할 수 있고, 틈만 있으면 자기도 직접 보급 활동을 할 수도 있다. 이 경우 이윤은 전부 자기 수입이 된다.

따라서 당신은 이상과 같은 매상 증가의 가능성이 있음을 이해하게 된다. 게다가 가치 있는 상품을 취급할 경우, 당신은 그만큼 많은 사람들에게 도움을 줄 수 있고, 그만큼 사회에 많이 공헌하는 셈이 된다. 또 당신은 더 많은 판매원 고용을 충분히 고려하게 된다. 이 경우에도 참된 의미의 사회 공헌이 사업 번창의 근본이라는 법칙에 합치함과 동시에, 일층 고율의 이익을 당신에게 가져다줄 것이다.

자, 여기까지 오면 당신은 어떤 일을 완수한 셈이 될 것인가. 당신은 일할 의욕 있는 많은 사람들을 고용해 자기 혼자 개별 방문하고 보급하는 판매법으로는 도저히 할 수 없는, 많은 사람들을 위해 공헌한 결과가 된다. 또, 당신이 취급하는 상품 제조 공장에 많은 일감을 주어 생산고를 높임으로써 그들은 당신에게 감사할 일이다. 누구든 행복하게 되니 당신은 이 사업 계획을 수행하는 능력 때문에 틀림없이 보답이 따른다. 당신은 매우 많은 사람들에게 자립할 도움을 준 것이고, 또 당신은 자기의식 영역을 확대한 것이므로 자기 인생에서 일층 큰 만족을 얻기에 이른다.

당신은 이 사업 계획을 속행할 수 있고, 그 과정에서 또 발전할 수 있다. 당신은 광고 전문가를 고용해 홍보도 할 수 있다. 보다 많은 판매자 수를 늘릴 수 있고, 또 사업 기구를 혁신하는 안을 고안할 수도 있다. 가능성은 무한하고 당신은 자기가 바라는 한 사업을 확장할 수 있으며, 그 과정에서 건설적인 아이디어를 창출할 수 있다. 그것은 단지 창조적 상상력을 구사하는 문제이고, 일층 큰 책임을 다할 수 있을지의 여부가 문제인 것이다.

◇◇◇◇◇
당신 마음의 시야를 넓혀라

자, 다시 한 번 복습을 통해 새롭게 생각해 보자. 마음으로 가능하다고 생각하는 것은 실현할 수 있다. 사람이 성공한다는 것은 그가 누구든 간에 그 사람의 운·불운의 문제도 아니고, 자라온 배경이 좋았던 때문도 아니며, 또 성공에 관한 통념의 어느 것에 꼭 들어맞는 것도 아니다. 그것은 당신이 자기 꿈을 실현 가능하다고 볼 수 있는지 여부의 문제다. 모든 사물은 마음에 그린 결과로 이 세상에 나타난다.

서쪽을 바라보라. 네가 보는 땅을 모두 너와 네 후손에게 영원히 주겠다. 내가 너의 후손을 땅의 먼지처럼 많게 할 것이니 땅의 먼지를 셀 수 있는 자라야 네 후손도 셀 수 있을 것이다. 자, 일어나서 이 땅을 세로로 질러 가보기도 하고, 가로로 질러 가보기도 하여라. 내가 그것을 너에게 주겠다. (창세기, 13장 15~17절)

당신은 벌써 자기 것인 무한의 보고를 마음으로 볼 수 있는 심경에 달할 때, 당신이 다른 사람들의 행운을 부러워하는 마음이 온전히 소멸된다. 당신이 그 무한의 보고를 자기 것으로 하는 일을 배울 때, 또 실제 어떻게 하면 그 보고를 자기 것으로 할 것인가를 알 때, 당신도 또한 풍요로운 부를 현실로 얻을 수 있다.

그러면 당신은 현상 세계의 깊숙한 곳으로 눈을 돌려 마음 세계에서 일어나고 있는 사실을 보도록 하라.

경쟁은 없다

당신은 자기가 하는 일에 자기만 가진 독특한 맛과 남이 흉내 내지 못하는 유니크한 센스를 덧붙이면, 가령 누군가 남이 유사한 일을 한다 해도 당신은 그와 상관없이 그 일로 번영할 수 있는 여지는 남아 있다. 왜냐하면 당신의 독특한 일은 반드시 그 독특한 맛을 좋아하는 고객에게 호소하기 때문이다.

그렇다면 동업자를 업계에서 추방하는 등 꾀를 쓰는 대신, 누구도 흉내 낼 수 없는 자기의 독특한 맛을 충분히 살릴 수 있도록 노력하여 진실한 사람을 위한 봉사를 제공하는 일에 전념하는 것이 좋을 것이다.

자기 마음을 깊이 반성하라

당신은 돈을 나쁜 것, 부정한 것, 돈이 지나간 뒤에 재난이 따른다고 생각한다면 그런 관념을 없애 버리는 것이 좋다. 돈은 단지 상징에 지나지 않는 것이다. 중요한 사실은 돈에 대해 우리가 어떤 반응을 보이느냐 하는 점, 또는 좀 더 크게 보아 우리가 돈을 어떻게 생각하느냐 하는 점이다.

돈은 요컨대, 그 사람의 사회에 대한 공헌 가치를 어떤 단위로 환산해 축적하는 한 수단에 불과하다. 당신의 돈 쓰는 방식에 따라 사람은 당신이 다루는 돈을 어떻게 보느냐로 사고방식이 결정된다.

만약 당신이 돈에 대해 소극적인 사고방식을 가지고 있다면 당신은 그런 소극적 관념을 깨뜨릴 때까지 자기 훈련을 하지 않으면 안 된다.

당신은 자기 몫 이상의 돈을 갖는 것이 죄악이라는 사고방식을 버리지 않으면 안 된다. 당신은 무엇을 표준으로 삼는가? 최소 공분모에 의해 자기 몫을 정하고, 자기 개인 수입을 최소 임금 노동자에 맞출 셈인가? 그리고 세계 인구 90퍼센트에 해당하는 사람들처럼 그냥 먹고사는 것으로 만족하려는 것인가? 도시민들이 비지땀 흘리며 버는 돈에 비해 당신은 그 이상의 많은 돈을 벌어도 정당하다고 할 수 있는가? 왜 그것이 정당하지 않은가?

번영의 법칙은 당신과 똑같이 도시민들에게도 작용하고 있다. 당신이 충분할 정도 이상으로 돈을 소지하는 것을 죄악시한다면 그런 관념은 당신의 자유스러운 자기표현을 방해하므로 버리는 것이 좋다.

돈은, 자기를 어느 정도의 액수만큼은 자유스러운 값어치 있는 인물이라 느끼는 정도를 소유할 수 있게 된다. 당신은 어느 정도의 돈을 취급할 자격이 있는지 스스로 물어보라. 물론 이것은 당신의 존재 가치를 측정하는 지표는 결코 아니다. 하지만 앞에 말한 의미에서 당신은 돈을 어느 정도의 액수까지 취급할 자격이 있을지 스스로 물어보라. 이는 현재 은행 예금 잔고를 말하는 것이 아니다. 당신은 이 세상에서 얼마만큼의 큰돈을 활용할 능력이 있는가를 물어보는 것이다.

당신은 자기가 사회에 제공하는 서비스가 훌륭하다 해도 적정한 값을 받지 못하는 기분이 들 수 있다. 또, 당신은 자기가 종사하는 직업의 수입이 자기가 응당 받아야 한다고 생각하는 수입보다 낮을 수도 있다. 그럴 경우, 그런 직업에 종사하며 시간을 낭비할 필요는 없다.

당신은 자기가 제공하는 서비스가 받는 보수보다 가치가 있음에도 왜 만족하고 자기를 싸게 파는가? 자기가 제공하는 서비스에 상당하는 가격을 붙이지 않고 다른 사람이 이용하는 그대로 방치한다면 당신은 그들에게 마이너스의 서비스를 하고 있는 셈이 된다. 즉, 당신은 정상 수입을 받지 못하므로 사회를 위해 다하는 일이 일층 곤란해지고, 결국 당신은 자존심을 상실하게 된다.

◇◇◇◇◇
1차원의 세계를 보라

우리는 물질계를 종종 정신계와 구별하는 일이 있다. 우리의 사고방식 자체가 양자 분리 성향이 있기 때문으로, 여기서부터 많은 갈등과 고통이 생긴다. 왜냐하면 마음과 물질은 온전히 하나이기 때문이다.

많은 사업가들은 교회에 나가든가, 여러 자선단체의 운동 사업을 지지한다. 또, 가족이나 친구들 사이에서는 신사적이지만 사업장이나 업계에서는 남의 약점을 헐뜯든가, 남보다 앞서 가기 위해 이기적 책략을 쓰기도 한다. 당신이 인생의 지배법칙을 이해할 때, 이런 어리석은 짓을 할 이유는 전혀 없게 된다.

한편, 우리는 가난(무소유)은 영(靈) 향상에 도움된다고 고집하는 사람들을 볼 수 있는데, 이런 관념에 사로잡힌 사람들은 크게 발전할 수 없다. 우리는 또 이 부류의 사람들은 자기보다 많이 가진 것에 대해 울분이 있음을 볼 수 있는데, 이들은 자기 마음 시야를 확대해 자기가 받을 부의 몫을 실현코자 하지 않는다.

울분의 마음은 당신에게 부를 가져오지 않고, 청빈에 만족하는 마음은 당신을 더욱 영적으로 만드는 데 도움 주는 일이 없다. 가령, 종교 교육 분야에서 수업료를 걷으려고 하면 자칭 정의파 학생들이 울분을 터트리는 소리를 듣게 된다. 또, 내가 아는 많은 성실한 종교계의 교사들은 수업료 받지 않는 것을 오히려 시대에 앞선 것처럼 착각에 빠지고, 선의이기는 하지만 세상 사람들이 신자 권리를 남용해 보수도 지불하지 않고 설교를 듣게 해 교회에 자금이 없어 교회 확장도, 번영도 불가능하게 된다.

◇◇◇◇◇
자기 자신에게 투자하라

나는 어떻게 해야 지금의 생활을 개선할까? 또 잘못을 없애려면 어떻게 하면 좋을까? 등에 대해 그 방법을 가르쳐 주는 사람에게는 기꺼이 수업료를 지불할 일이다. 이는 자기 스스로 깨달으며 목표에 도달하기까지 걸리는 시간을 절약할 수 있으므로 그에 비하면 값싼 것이기 때문이다.

당신은 남이 배워 얻은 일을 통해 교훈을 받는 것이 좋다. 남을 위해 정성을 다하고, 어떻게 해야 더한층 좋은 생활을 하며 보다 높은 차원에서 살 수 있는가를 가르쳐 주었을 때, 이때 자연히 보답되는 보수에 대해 당신은 지나치게 결백할 필요는 없다. 보수를 받았다고 해서 당신이 그들한테서 빼앗은 것으로 생각하면 안 된다. 당신은 그들에게 돈으로 살 수 없는 것을 주고 있는 것이다. 당신은 그들에게 참되고 가치 있는 것을 제공한 것이다.

우리는 자기 장래를 위해 투자하지 않으면 안 된다고 나는 믿는다. 우리는 자기 길을 갈 때 도움되는 책들을 구입하는 일이나 자기 능력 향상을 위해 강의 받는 일에 주저하면 안 된다. 당신이 자신의 장래를 중요하게 여긴다면 어떤 것이든 그에 관한 일을 하지 않으면 안 된다.

◇◇◇◇◇
현상의 겉보기를 넘어

당신은 '금융 경색', '경기 침체', '경기 불황' 등의 관념을 초월하는 심경에 도달할 수 있을 것이다. 물론 한 개인으로 도저히 할 수

없는 경제계 추세나 경기 순환이라는 것도 있지만 기회를 볼 줄
아는 눈이 있는 사람에게는 불경기에 오히려 기회가 있음이다.

이른바, '불황시대'라 부르던 때에 거액의 재산을 모은 사람들
의 숫자를 주시하라. 또 주변에서 소리 없이 도산하는 업체가 많
음에도 불구하고 미동도 하지 않고 극복해 내는 사람들이 있다.
당신이 사는 세계는 당신 상념의 결과인 것이다. 남의 생각이나
행위로 좌우되는 일은 아닌 것이다.

당신은 다른 사람들이 살고 있는 '장(場)'에 서서 사물을 생각
하면 안 된다. 당신이 마땅히 있어야 할 인생의 '장'에 서서 자기
독자의 관점을 중심으로 움직여야 한다. 그렇게 할 때, 전반적인
여러 조건이 어떻든 만사가 당신에게 상황 좋게 전개될 것이다.

당신이 이상과 같은 기초 원칙을 확실히 이해한다면, 벌써 또
다른 공포는 없어지고 일의 좋은 혜택이 당연히 따를 것이며, 필
요한 것은 무엇이든 획득할 수 있는 것이다. 만약 공급의 상징,
곧 돈이 눈앞에서 없어졌다 해도 당신은 그것을 만들어 내는 방
법을 알고 있으므로 자유롭게 마음의 세계에서 그것을 외계로
인출할 수 있을 것이다.

우리는 마음을 실질로 하는 큰 해원에 살고 있으므로 그 해원
의 심적 실질은 우리 상념대로의 형태로 부단히 변화하고 있음
이다.

나는 '부를 채우는 의식'을 갖도록 배워야 한다고 생각한다.

부를 채운 사람들과 교제함이 좋다. 나는 불필요한 겉보기나 외관을 말하는 것이 아니라 견실한 재화를 말하는 것이다. 당신 의식이 그 무한의 재화를 마음에 자각하는 의식 문제를 말하고 있는 것이다.

그러면 당신은 마음에 이 '부의 의식'을 가진 사람과 교제하는 것이 좋을 것이다. 그것은 그들이 소유하고 있는 재화를 나눠 주기 때문이 아니라 그들의 '부의 의식'에 파장을 맞추어 당신 자신의 부를 마음 세계에서 빼낼 수 있기 때문이다.

당신이 가령, 어떤 놀라운 것을 가지고 싶다고, 바란다고 하자. 그것을 실제 마음의 세계에서 실현시켜 오는 방법을 안다고 하면 당신의 소망은 달성되는 것이다. 당신이 자기 생활상 소유하고자 강하게 바라는 것은 이미 어딘가에 존재해 있고, 당신이 가지러 오기를 기다리는 상태에 있든가, 또는 당신이 그 소망을 상념하는 것으로써 보이지 않는 세계에서 보이는 세계로 그것을 가져옴으로써 나타내는 일도 있다.

공급은 당신 주위에 충만하다. 당신은 단지 마음의 문을 열고 공급의 흐름을 측정, 당신 환경에서 표현하는 것만으로 좋다고 자각할 일이다. 당신이 마음의 봇물을 충분히 열 때, 공급의 만수 속에 당신은 몰입하고 마는 것이다.

당신의 사업 경영이 한차례 번영의 흐름을 탔다고 하면 그 뒤 흐름 가운데 머무르기는 용이할 것이다. 이때 중요한 사실은, 당신은 가치 있는 서비스를 제공함으로써, 또 그 소망이 실현되도록 마음의 태도를 조절함으로써 시동의 마중물을 보낼 일이다.

당신은 현세 사물을 처리코자 해야 한다

당신은 돈을 자유롭게 하려면 그것을 축적하려고 염원할 필요가 있다. 기억해 두라. 염원은 그 자체가 성취 기능을 가지고 있다. 그렇다면 당신은 실제 자금 축적을 보기 전에 자금이 축적된 모양을 마음으로 보고자 하는 염원을 가져야 한다. 당신은 현세의 재화를 축적하고 그것을 현실에서 자유롭게 쓰고 있는 실감으로 온몸을 잠기게 하여 당신 주위에 금융적으로 안정된 분위기가 떠돌게 해야 한다.

이 같은 마음의 태도는 자력적(磁力的)인 힘이 있어 바람직한 정세를 가져오고, 좋은 기회를 마련해 주게 된다. 당신은 두려움 없이 가치 표현의 이 세계에서 존재의 근원 세계로 직접 맞닥뜨리지 않으면 안 된다. 그리고 현세의 사물을 처리할 때 이 세계의 여러 법칙을 따르면서 기꺼이 인생 게임을 즐길 마음을 가져야 한다.

당신의 행동을 계획하라

당신이 부를 꼭 실현하겠다는 열렬한 소망을 가질 때, 영감적인 아이디어와 계획이 반드시 마음에 떠오르는데, 이때 당신은 그 영감에 대해 마음을 모두 열어 놓지 않으면 안 된다. 잊지 말아야 할 것은 어떤 일을 하든 자금은 충분히, 벌써 있다고 보는 것이다. 다만 크게 부족한 것은 실행할 가치 있는 계획과 건전한 기획인 것이다.

당신은 건전한 기획을 세울 수 있는가? 결코 절대 실패할 수 없는 기획을 잘 할 수 있는가?

세상에는 어떻게 하면 재산을 좋은 용도에 쓸 수 있는가에 대해 가르쳐 주는 사람을 기다리는 재산가가 있다. 그러므로 사업 계획의 첫걸음은 기획의 개요를 완전히 결정하고, 이어 그 내용을 상세하고 생생하게 그려 내는 것이다.

그런 다음 그 사업 계획을 개시, 실현하기 위한 자금만 문제되는 단계까지 나아간다. 당신이 이상과 같이 사업 계획을 밀고 나아가면 나는 내기해도 좋은데, 당신이 계획을 완전히 세울 때까지 꼭 그것을 실행하기 위한 자금 조달 목표도 이루어질 것이 틀림없다고 생각한다.

만약 당신 계획이 완료되지 않았다면 아직 융자 받을 필요가 없는 것이다. 돈을 낭비할 정도라면, 혹은 사용할 준비가 되어 있지 않다면 어째서 자금을 입수할 필요가 있을까? 그러므로 먼저 계획을 다듬을 일이다. 이 첫걸음을 완수하지 않으면 안 된다.

당신은 계획을 상세히 다듬기 위해 자기 지식의 축적을 완성하는 데 도움되는 책을 읽을 수 있다면 읽는 것이 좋다. 또 당신은 전문가의 도움이 필요하면 전문가를 만나 보는 것이 좋다. 당신은 자기 계획을 움직이는 데 필요한 일이라면 어떤 일이든 하는 것도 좋다. 그리고 당신은 행동하는 이상 결코 실패할 수 없다고 생각하라.

당신은 자기 계획을 상세히, 정성껏 검토하는 중에 어떻게 하면 좀 더 좋은 계획안을 완성할 수 있는가를 알아 낼 수 있을 것이다. 그리고 자기가 오늘까지 자금을 조달할 수 없던 것은 그만큼 행운이었다는 사실을 깨닫는 일도 있을 것이다. 그러므로 당신은 자기 계획을 반드시 제3자가 보듯이 객관적으로 보고, 창조적 아이디어는 흔히 동반하는 감동적 느낌 등을 제치고 음미하지 않으면 안 된다.

그리고 자기의 계획이 이로써 좋다는 충분한 확신이 서게 되면 당신은 감정적이 되든 정열적이 되든 좋은 것이다. 그러나 당신은 자신의 평가에 정직해야 한다. 엄정히 평가해 그래도 당신 계획이 실현 가치가 있다고 하면 그야말로 끝까지 완수해 그것을 실현시킬 일이다.

그 경우, 당신은 처음부터 지선지고의 계획을 세울 수 있으므로 제2 지망에 집착할 필요는 없다. 다분히 당신은 자기 계획을 최종적인 것으로 마무르는 데 필요한 일을 모두 할 능력은 없을지 모른다. 그렇다면 당신은 할 수 없는 분야는 그 방면 전문가를 만나 상담해 보고, 후에 그의 능력에 대해 보답하든가, 혹은 그와 협업할 수도 있다. 대체로 두 사람은 따로따로 일하기보다 서로 협력하는 쪽이 일을 훌륭하게 할 수 있을 것이다. 그러므로 전문가에게 도움 받는 것을 부끄럽게 여기면 안 된다. 당신은 그렇게 되면 몰랐던 필요한 지식을 얻을 수 있게 된다.

당신은 자기 계획의 개요를 문장으로 표현할 뿐 아니라 가능하면 그 예정표를 만들어 그것을 눈으로 보면서 실감하는 것이 좋다. 이렇게 하면 일층 진실한 맛이 나고 당신의 잠재의식은 그것을 거의 완성한 것과 똑같은 사실로 인정하게 된다. 당신이 작업 진행 예정표를 작성할 수 없을 경우 전문가에게 그 표를 그리게 하든가, 잡지에서 필요한 사진을 옮겨 올 수도 있다.

이 작업은 추상적인 것에서 구체적 개요를 작성하게 되고, 이로써 계획 실현의 과정을 시작하는 셈이 된다. 당신의 신념이 강하면 그만큼 당신이 갖는 자력(磁力)도 강력한 것이 되어 당신의 계획 달성에 직접 관계되는 환경을 끌어당기는 결과를 가져온다.

◇◇◇◇◇ 당신의 기본적 소망이 중요하다

당신이 일단 이 세상에서 실현하고자 마음에 굳게 결의한 것은 그 결의를 중화 또는 수정하지 않는 한 반드시 실현해야 당신의 체험이 된다. 그러므로 당신이 어떤 확고한 소망을 실현코자 하는 결의에 도달하고 그 실현 모양을 마음속 깊이 실감할 때, 우주에 편만하는 마음의 큰 해원을 움직일 힘이 발생하기 시작해, 당신 생애가 걸린 목적 실현에 동조하는 사람들이 당신과 자연 교섭을 갖게 된다.

이같이 하여 당신으로 하여금 올바른 방향으로 착착 운동을 개시할 기회가 당신 앞에 나타나기 시작하는 것이다. 우리는 대개 많은 소망을 갖지만, 그중에서 의식적이든 무의식적이든 단호히 실현코자 스스로 결심한 강력한 소망만이 실현하게 될 것이다.

우리 결심은 이처럼 자기 꿈을 실현하기 위해 필요한 것을 실행할 동기를 제공하게 된다. 그리고 당신이 자기가 목적하는 바를 이미 실현된 현실로 마음에 그려 넣을 때, 그 꿈을 달성하는 데 필요한 수단은 자동적으로 갖추어지게 된다. 그래서 당신에게 다음 질문을 던져 본다.

자기가 필요로 하는 자금을 전부 가지고 있다는 것은 대체 어떤 상태인지 당신은 확실하게 마음에 그릴 수 있는가? 또, 점점 더 많이 늘어가는 자금을 당신은 분명히 마음에 그릴 수 있는가?

◇◇◇◇◇

당신이 나아갈 길을 내라

제네럴 다이나믹스사, 콘라드 힐튼 호텔 체인 조직 이권을 포함하여 거액 자본의 기업 왕국을 한 손에 쥔 헨리 크라운(Henry

Crown)은 젊은 시절 부기(簿記)를 배우며 사물을 크게 생각했다고 한다. 그는 학교 클래스에서 상정하는 '가정의 거래'에서 0을 둘 또는 셋, 여분을 덧붙여 계산했다. 그의 철학은 이렇다. "우리는 수천 달러의 일을 해도 10만 달러의 일을 할 때와 똑같이 진지하게 일하지 않으면 안 된다." 물론 우리는 사업에 종사하는 이상 어떤 길도 바쁘게 일하게 되므로 크게 사물을 생각, 일층 기분 좋은 마음으로 일하는 것이 좋을 것이다.

만약 당신이 큰 사고방식을 가질 수 없으면 사물을 크게 생각하고 행동하는 사람들과 교제하는 일은 결코 불가능할 것이다. 당신은 그들이 사는 세계에 있지 않기 때문이다.

당신은 돈을 만드는 데 육체적 노력을 필요로 한다는 생각을 마음에서 털어 버릴 일이다. 물론 당신은 육체를 활발하게 움직일지 모르지만 중요한 것은 상상력이다. 부호의 집에서 자란 자식을 보고 이따금 사람들은 이런 식으로 말한다.

"저 아들은 반드시 하루라도 일하지 않으면 안 되었다고 하는 일은 없을 것이오."

그러나 부호의 부모를 가진 자식은 이따금 자기 자신에게 납득시키기 위해 누구보다 엄격하게 노력한다.

정당한 경로를 통해 누구도 희생함 없이 당신 수중에 들어온 화폐라면 그 돈은 모두 당신의 것이다.

당신이 소비한 에너지는 잘못된 방향으로 사용되면 아무 의미도 없기 때문에 불필요하게 헛된 에너지는 쓰지 않는 것이 좋다. 당신은 자기가 인생에서 무엇을 바라는지 알고 자기 소망을 실현하는 데 필요한 일만 할 때, 당신은 다음과 같은 소망 실현의 일대 비밀을 알기에 이르게 된다.

그 비밀은 균형 잡힌 경제의 자연 법칙에 따라 일하면 최고의 기능을 발휘한다는 것이다. 그래서 당신은 특정 목표 달성에만 에너지를 사용할 것을 배우면 많은 헛된 노력을 덜 수 있을 것이다. 그것으로 당신은 정해진 기간 내에 많은 성과를 올릴 수 있게 된다. 당신은 자기 목표와 전혀 관계없는 사물에 마음을 써서 시간을 낭비하면 안 된다.

자기가 해야 할 일을 하라. 그리고 그것이 끝난 뒤에 주의력을 새 활동 분야로 옮겨 간다. 성공한 사람들 모두는 남녀 성별 구별 없이 자기 목표를 알고 이에 도달하기 위해 하지 않으면 안 될 일을 하는 사람들이다.

◇◇◇◇◇
남과의 교제를 능동적으로 하라

당신의 귀중한 체험은 남들과의 생활 관련에서 획득할 수 있는 것이다. 그러므로 당신은 남과의 교제를 자진해 하는 것이 좋다. 당신은 자기 소망의 공급을 받기 위해 먼저 그 실현에 어울리는 마음을 갖지 않으면 안 된다. 뿐만 아니라 그 꿈 실현의 매체

기능을 할 사람들과 자진해 교제할 의지를 갖지 않으면 안 된다.

이는 어떻든 남을 이용한다는 것이 아니고 인간 서로 간에 생명의 교류에 대해 마음을 열어 보인다는 의미가 있는 것이다. 사람들은 당신을 알지 않으면 원조의 손을 내밀 수 없기 때문이다. 당신도 그들과 교제하지 않으면 그들을 위해 기능을 제공할 수 없다.

당신은 남들과 잘 교제하고 있는가? 그렇지 않고 당신은 그런 속 검고 이기적이며, 또 야비한 사람들을 용서한다는 신념을 외고집으로 여기서 한 걸음도 나가지 않고 있는가? 만약 그렇다면 당신은 그들에 대해 공포심을 가지고 있는 것은 아닌가? 당신은 그들에게 의심 살 태도를 보이고 있는 것은 아닌가? 당신은 그들과 의사 교류를 꾀할 가능한 일을 하지 않으면 안 된다. 그것을 하고 있음인가?

◇◇◇◇◇
부(富)로 통하는 문

지금 하나의 근본 원칙은 이렇다. 당신은 받기에 앞서 주지 않으면 안 된다. 준다고 해도 나는 온전히 자기 부정을 하라든가, 인류의 숭고한 대목적에만 시간을 쓰라고 설명하는 것은 아니다. 당신 온몸을 관통하는 생명의 약동을 감지함에 있어 먼저 준다는 사실이 중요함을 말하는 것이다.

당신이 주는 일을 싫어하면 이 세상에 결핍이 있음을 당신이 믿는다는 사실을 의미하는 것이다. 준다고 해도 낭비한다고 하면, 그것은 실패하지 않음을 바라는 자기 의지를 인생 무대에 실연(實演)하고 있음이다. 그러나 당신이 참되고 바른 의미로 '준다'는 사실을 배울 때, 당신은 고갈 사실을 모르는 선(善)이 샘솟는 도관(導管)이 됨을 알게 된다.

그 선은 돈, 사랑, 창조적 재능 등 그 밖에 어떤 형태를 취하든 당신에게 그것이 실현됨을 이른다. 당신이 주는 뜻을 충분히 알고 줄 때, 공급의 주류와 직결하게 된다. 어떻든 공급이 흘러나옴을 믿는다는 사실은 당신의 생명력에 점화하는 스위치를 넣는 일이 되기 때문이다.

당신은 지금 인생에 주는 일을 실행하고 있는가? 줄 때는 이에 보수를 바라는 기분으로 주면 안 된다. 당신은 자기 힘에 따라 다만 주고 있으면 필요에 따라 여기서 언제든 인출되는 무한한 보고를 갖게 된다는 사실을 충분히 자각하고 주지 않으면 안 된다. 건전하지 않은 단체나 사상에 돈을 기부한다면, 당신은 선의에도 불구하고 돈을 낭비하는 결과가 된다. 이는 당신이 과거 악행의 속죄를 위해 내는 돈일지라도 그 의미에 미치지 못한다. 줄 가치가 있는 곳에 줘라. 어떤 선을 참으로 받을 수 있는 곳에만 줘야 한다.

준다는 사실은 자기 벌이의 선을 넘는 무모한 소비를 뜻하는 것이 아니다. 당신은 줌에 있어서 지혜를 써야 하고, 순환 법칙을 배우지 않으면 안 된다. 그렇게 하면 당신은 참된 번영이 어떤 것인가를 알기에 이른다.

당신은 자기가 생각하는 이상의 생활 수준에 도달할 수 없는 것이다. 그러므로 당신은 자기 인생에서 점하는 지위를 향상할 자각을 경신하고 크게 생장하고 싶다면, 인생을 웅대한 규모로 활보하는 사람들이 갖는 것처럼 인생관을 배우지 않으면 안 된다.

당신은 그런 사람들과 교류를 갖도록 하고, 그들의 분위기와 어울리고, 그들에 대해 될 수 있는 대로 배워야 한다. 그리고 그들이 자진해 내미는 원조에 대해 거절하면 안 된다. 그들이 내미는 원조의 손은 당신이 갖는 도덕적 감정에 어떤 위반을 하지 않는 한 그들의 호의를 거절하면 안 된다. 당신이 위대한 것을 다룰 수 있게 되려면 당신 자신이 먼저 위대해지지 않으면 안 된다.

◇◇◇◇◇

당신은 유복하게 될 권리가 있다

당신은 유복하게 될 권리가 있다. 한 걸음 나아가 만약 당신이 가능한 한 큰 규모로 인생에 공헌하고 싶고 부자 되기가 당신 책임이라 믿는다면, 나는 말하고 싶다. 당신은 현금을 많이 소유하는 것과는 상관없이 자기가 하고자 하는 일이 되지 않으면 유복하다 할 수 없다.

당신이 자유롭게 이 세상에서 활동할 수 있고, 규모의 크기는 어떻든 자기가 하고자 하는 일을 할 수 있다고 하면 당신은 부자라 말할 수 있다. 재화(財貨)를 가짐으로써 당신은 자기 영향력을 확대할 수 있고, 그만큼 많은 사람들에게 일층 큰 공헌을 할 수 있을 것이다.

자 다음, 나는 당신 마음속에서 번영 생활의 장애가 되는 심리적 장애가 만약 있다면 그것을 제거하기 위해 당신이 실행할 수 있는 마음가짐을 항목으로 정리해 보겠다. 당신이 실제로 부자라는 실감을 얻기까지 이 수행 요목을 전부 실행하는 것이 좋다.

첫째, 돈을 다루는 기분에 익숙할 것. 어떻게 많은 사람들이 실제 돈을 다루고 그것을 쓰는 일에 대해 공포심을 가지고 있는지 놀랄 일이다. 당신은 돈 쓰는 방법을 배우고 돈에 관한 소극적 감정을 모두 벗어 버려라. 그리고 돈을 볼 때 그것이 무엇 때문에 있는가를 보라. 즉, 그것은 우리가 사회에 공헌하는 서비스를 단위화해 모아 두기 위한 편리한 수단이다. 필요할 때 당신은 자기가 필요로 하는 다른 것과 교환할 수 있는 것이다. 지금 당신은 돈을 한 묶음 꺼내어 돈을 세고 바라보며 가지런히 하고, 그 취급하는 것에 익숙해지면 좋다.

둘째, 당신은 무엇을 하든 스케일을 크게 생각하는 일에 익숙해지는 것이 좋다. 자기 몸에 큰돈을 한꺼번에 지니고 있으면 두려워 침착하지 못한 사람이 있다. 그들은 전에 한 번도 돈을 분실한 경험이 없으므로 잃어버리면 어떻게 하나 겁부터 먹는다. 그래서 그들은 마음이 동요되고 불안해진다. 그런가 하면 한 번에 수천 달러를 아무렇지 않게 주머니에 넣고 걸어다니는 사람도 있다.

셋째, 다음을 실행하라. 지폐를 얼마쯤 꺼내 그 돈을 세어라. 그러나 1달러, 5달러, 10달러, 20달러 등 지폐를 액면 그대로 세지 말고 100달러, 1000달러, 5000달러, 1만 달러 그리고 2만 달러 하는 식으로 세는 것이다. 그렇게 해 실제 수천 달러를 다루는 실감을 체험하는 것이 좋다. 따로 이렇게 한다고 해 이 과정에 특별한 마술이 있는 것은 아니지만 이렇게 함으로써 얻은 체험은 화폐에 관한 당신 의식을 확대하게 된다. 그것은 후에 다액의 금액으로 현실계에 비춰지는 원인이 된다. 또, 마음의 필름을 원형 세계에 확립하는 데 도움이 된다. 이 같은 수행을 6주간 매일 하는 것이 좋다. 당신은 누구에게도 이 일에 대해 보여주거나 말하면 안 된다. 이 실수(實修)는 당신의 잠재의식에 다액 화폐를 다루는 관념을 침윤(浸潤)하게 된다. 뒤에 가서 실제 당신이 부자가 되었을 때, 세상 사람에게 자기는 부호가 되었음을 명백히 밝히면 좋다.

넷째, 평소에 약간 많은 돈을 항상 가지고 다니면 마음이 넉넉하고 유익하다는 경험을 한 사람들이 있다. 이런 사람들은 이 돈을 당장 쓸 계획은 없지만 항상 쓸 수 있도록 다만 가지고 있는 것이다. 이렇게 함으로써 그들은 자유로이 돈을 쓰고, 언제고 기분 좋게 지출할 수 있다는 느낌을 가질 수 있다. 간혹 점심이나 저녁식사 비용을 지불할 처지가 되었다든가, 혹은 그들이 갖고 싶은 것을 보고 사고 싶을 때, 현상적으로는 아직 유복하지 않음을 생각지 않고 갖고 있던 돈을 쓸 수 있으므로 잠재의식에 자기는 주변이 없다는 인상을 주지 않는다. 나는 현상계 '부'의 상징물에 의존하는 심경이 되도록 암시하는 것이 아니라, 우리가 거리낌 없이 자유로운 생활을 할 때 도움된다고 하면 어떤 기법을 써도 도움된다고 생각하는 것이다.

다섯째, 당신은 성공한 사람들과 꼭 교유하도록 할 일이다. 그리고 당신의 이상 실현에 접근할 수 있는 환경에 위치해 남과 교섭할 일이다. 주변 지역을 자동차로 드라이브할 일, 상점을 구석구석 방문하며 걸을 일, 그리고 당신을 마음에 그린 대로의 인물처럼 생각하고 생활할 일이다. 당신 잠재의식은 당신이 접촉하는 여러 가지 환경을 '사진을 찍듯이 기록'한다. 그리고 당신은 점점 더 이 체험을 자기 것으로 할 수 있을 것이다.

여섯째, 당신은 잠자리에 들 때, '나는 유복하다.'는 감정을 일으키고 쉬는 것이 좋다. 이렇게 하여 '자신은 유복하다'는 실감을 잠재의식에 삼투시키는 것이다. 이것은 자기에게 최면을 거는 것이 아니고 이미 유복하다는 실상에 눈뜨게 하는 것이다.

일곱째, 본서 가운데 있는 창조적 상상력의 구사 기법 각 항을 참조하고 그것을 지시한 대로 수행하면 좋겠다.

당신은 적당한 규모로 자기 재력을 제공하고 거래하는 요령을 일단 기억한 뒤, 거듭 자기 향후 방법을 타진하고 시장 수요에 맞닥뜨리자 하면, 그때는 고객에 대한 서비스를 배가해 볼 일이다. 당신의 수입은 반드시 증가할 것이다.

많은 사람들은 첫 사업은 순조롭지만 새 기축(機軸)을 창안하고 서비스를 배가하지 못해 사업은 부진으로 끝나고 만다. 그러므로 당신은 경영이 어느 정도 자동적으로 운용되도록 사업을 시작하면 즉시 주의력을 사업 확장과 능률 향상 쪽으로 돌리는 것이 좋다. 당신이 사업으로 서비스를 제공하는 이상 끝까지 그것을 완수하지 않으면 안 된다.

당신은 인생에 자기 자신을 던지는 것이 좋다. 그러면 인생은 당신에게 반드시 보물 가득한 집의 문을 열어 주게 될 것이다. 만약 우리가 우주에 충만한 힘을 꼭 맞게 수용하는 정밀 기기가 되어 그 힘에 직결하면, 그리고 자기 마음의 상태를 조정해 장애물을 제거하고 그 결과 우주 힘의 유입을 방해하는 일이 없어지고 자연적으로 그것이 자기에게 유입되도록 하면, 우리는 우주에 존재하는 어떤 힘도 자기 뜻대로 자기에게 끌어올 수 있을 것이다.

당신은 자기 수입이 증가함에 따라 자기 재산을 관리하고 투자하며, 현명한 용도에 사용하는 법을 배우지 않으면 안 된다.

››› 실천을 위한 마음가짐

1. 화폐가 상징하는 바를 심사숙고하고, 금전에 대한 바른 이해를 가져라.

2. 당신이 가는 길에 방해가 되는 소극적 관념이나 아이디어를 마음에서 지워 버려라.

3. 당신 마음속에 있는 참가치를 명상하고, 실상의 놀라움을 명확히 심상에 그려 놓아라.

4. 당신의 행동 계획을 완성시켜라.

5. 남과의 교섭을 면밀히 유지하고, 항상 능동적이고 활동적으로 행동하라.

6. 본서에 적힌 여러 가지 수행 방법을 실제 결과를 볼 때까지 실천하라. 당신은 반드시 결과를 획득할 수 있다.

7. 계획은 웅대하게, 그리고 실행의 첫걸음은 지금 있는 장소에서 출발하라. 마음에 그린 목표를 향해 착실하게 나아가라. 달성되면 다시 전진하라.

9장
아이디어를 실행하라

　본서에서 취급되는 주제는, 인생의 신비적인 면에서 일상생활의 실제 경험에 이르기까지 여러 문제를 논의하는 것이기 때문에, 이 9장에서 당신이 마음에 가지고 있는 아이디어를 어떻게 하면 현실로 가져올 수 있는가에 대해 말하고자 한다. 당신의 아이디어는 구체화하지 않으면 안 되고, 그것을 오감이 생생하게 느낄 수 있는 3차원의 세계로 가져오지 않으면 안 된다.

　많은 남녀가 자기 꿈을 실현하지 못하는 유일한 원인은 취약한 신념에 있다. 다음 이 점에 대한 실례를 들어 말해 본다.

　아프리카 탕가니카 호수 주변에 사는 원주민들은 카누를 조종해 바다 같은 호숫가에서 제법 멀리 떨어진 데까지 배를 저어 가서는 타고 온 카누를 물가를 향해 한 줄로 세운다. 그리고 목제 삿대를 서로의 카누에 꽂아 연결하고 일제히 해안선을 향해 저어 나간다. 그때, 해수는 깨끗해 매우 맑게 트이고, 태양은 머리 위를 비추기 때문에 광선이 해면에 부딪치면 수면을 일렬로 가로지른 삿대로 광선이 차단, 그림자를 만든다. 바닷속에서 보면 한 장의 검은 장막이 수면에서 바닷속으로 드리워진 것처럼 보인다. 그러면 물고기들은 이 그림자 벽을 뚫을 수 없다고 생각, 그것이 물가 쪽으로 전진하면 물고기들은 도망치기 때문에 곧 얕은 여울로 몰리고, 쉽게 어망에 걸려들게 된다. 그림자 벽이 점점 가까이 옴에 따라 물고기들이 자유로이 도망갈 수 없는 것은 그 그림자 벽이 물고기로서는 딱딱한 벽인 것처럼 인상을 받기 때문이다.

우리 인간은 이 이야기를 듣고 웃을지 모르지만 우리 자신의 생활 정황에 맞추어 생각해 볼 수 있다. 우리 주위 상하를 에워싸고 파괴와 재액으로 몰아가는 것처럼 생각되는 장벽은 실제 그 대부분이 앞에서 말한 바닷속에 비친 그림자 벽처럼 확고한 실체가 아닌 것이다. 우리는 그런 장애가 참인 것처럼 잘못 믿고, 그 잘못 믿음에 따라 행동한다.

그렇다면 우리는 사물의 진위를 식별하는 방법을 배우고 인생에 대한 진리를 갈파하지 않으면 안 된다. 우리는 인생의 여러 정황에 직면, 그것을 처리하는 일을 터득함에 따라 인생 진위를 식별할 수 있게 된다. 우리는 매우 많은 인생 문제에 직면하고 그것을 독립된 실체로 마음에 새기고 만다. 우리는 그럴 때 자기 멋대로 마음에 문제를 그리고 그것을 실재(實在)로 생각, 고민하는 경우가 많다.

어째서 인간은 빈곤, 자기 한정, 그리고 질병과 싸우며 인생을 보내고 있는 것일까? 그것은 인간이 끊임없이 불행을 계속 마음으로 생각, 자기 마음대로 불행의 정황을 만들어 내기 때문이다. 그들은 스스로 마음에 그린 불행을 깊이 믿고 실현시키기 때문에 개인적으로 보면 불행을 현실로 표시하는 셈이다.

그렇다면 여기서 벗어날 길은 행복하고 바람직한 상태를 마음에 그리고, 그것이 벌써 실현된 것으로 믿고 행복을 명백히 나타낼 일이다.

◇◇◇◇◇
인생의 교훈을 배운다는 일

당신은 언제까지나 자기 일, 또는 활동 영역 한 분야에 머물 이유가 전혀 없다. 즉, 자기가 지금 있는 곳에서 태어났기 때문이라든가, 혹은 주위 사정으로 자기가 지금 있는 곳에 일의 직위가 정해졌기 때문이라든가 하는 식의 이유만으로 일정 직업이나 일정 활동 단계에 고착되어 있는 것은 아니다.

당신이 인생에서 점해야 할 위치는 자기가 인생에서 가장 공헌할 수 있다고 느끼는 곳이다. 즉, 당신이 바로 천분을 발휘해 자유로이 창조할 수 있다고 느끼는 곳이다. 현자(賢者)는 지금까지 똑같은 견해를 오랜 동안 가져왔다고 해서, 단지 그것만의 이유로 영원히 그 견해를 마음에 가지고 있지 않으면 안 된다고 하는 일은 없다.

당신이 자기 인생을 바꾸고자 하면 인생관을 바꾸는 것이 좋다. 그렇게 하면 새로운 인생이 움직이기 시작한다. 그처럼 일은 간단한 것이다. 가장 좋지 않은 것은, "좋아요, 나는 여기 있고자 합니다. 특별히 여기가 좋은 것은 아니고 나는 여기서 배워야 할 교훈이 있음에 틀림없어요. 그렇지 않으면 내가 여기 있을 이유가 없잖아요." 하는 식으로 생각, 그 형편을 넘기지 못하는 것이다. 당신이 배우지 않으면 안 될 교훈은 어떻게 하면 당면 문제를 해결할 것인가 하는 문제일 뿐이다.

당신이 이 사실을 이해하면, 가령 환경에 눌려 있어도 당신은 현재 생활의 패턴을 넘어 일층 큰 자기표현으로 전진할 수 있다.

당신은 인생관을 바꿔 재출발해 볼 예정은 없는가?

◇◇◇◇◇
마음을 크게 먹고 가슴을 펴라

여기서 저명한 사업가로 자기를 고무하는 데 뛰어난 러스 힐 (Russ Hill)이 1961년 초기, 자기가 책임진 회사 사원에게 훈시한 일부 내용을 인용해 본다.

여러분은 상상력이 허용하는 한 목표를 되도록 높게 내세우

라. 목표를 내세웠으면 하루도 빠짐없이 그 달성을 위해 노력하라. 여러분은 단지 목표를 방관하고 있지는 않은가. 그렇지 않고 목표를 향해 올라가고 있는가. 앞에 놓인 세월은 만반의 모든 준비를 하고 우리의 도착을 기다리고 있다. 넓은 하늘은 벌써 우리 활동을 속박하는 한계를 지워 버렸다.

그러나 공장 규모는 이것이 최대 한도까지 이르지 않았다. 하늘에 이를 정도의 마천루 한계도 아직 꿈의 단계에 머물러 있다. 의술 역시도 아직 시험관 수준을 넘지 못하고 있다. 상품 보급 면에서도 이 이상 절대 확대되지 않은 보급 활동의 한계에 달한 전례는 없다.

어떤 생산 기업도 최종적인 제조 품목 등은 없고, 반드시 다른 우수한 길로 나아갈 여지가 있다. 여러분은 아직 자기가 어느 정도 발전할 수 있는지 생장의 최대한, 도달의 최대한을 꿈으로 그린 일도 없을 것이다.

러스 힐은 꿈을 현실로 가져오는 방법을 알고 있다. 그는 어느 시골 교회의 전도사인 아버지 밑에서 태어났다. 자기를 포함해 모두 8형제였는데, 고학으로 학교를 다니고 대학을 최고 성적으로 졸업했다. 그는 1차 세계대전 중 공군에 입대, 11개월 후 공군 중위에 임명되었다. 또 그는 24세 때 자기가 설립한 회사의 사장이 되었다. 그 밖에 그는 후에 대규모로 세운 네 개 회사의 사장으로 집무했다. 그 가운데 하나는 그가 자본금 18만 7000달러 회사를 15년 만에 자본금 3000만 달러 대회사로 성장시켰고, 235개 도시에 지사를 가지고 있으며, 그 영업 구역에 1만 명 이상의 정규 사원을 확보하고 있었다. 그는 또, 그 밖에 수많은 공익 단체를 이끄는 회장으로 추대되었다. 드디어 그는 40세에 억만장자가 되었고, 20권의 책을 저술했으며, 자선 사업계에서도 저명인사가 되었다. 그리고 그는 저녁 만찬 자리에서 널리 알려진 연설가로 정평이 났다.

이상과 같은 그의 이야기를 읽고 크게 자극 받아 당신도 무엇인가 해야겠다는 기분이 들었다면, 먼저 당신은 어떻게 추진해 나갈까 그 방법을 알지 않으면 안 된다.

◇◇◇◇◇
소망 실현을 위해
실제 수행할 간단한 4단계

1단계 : 아이디어 또는 소망

우주 공간을 가득 채우고 있는 에테르(Ether)는 무수한 아이디어로 넘쳐 있다. 그리고 우리는 자기 심경의 정도에 따라 그 아이디어를 감수할 수 있다. 즉, 우리 마음이 열리고 수용 태세를 갖추고 있으면 그 아이디어를 받을 수 있을 것이다. 소망을 가진 자체는 조금도 나쁠 것이 없다.

어떤 길이든 우리는 자기 소망을 실현할 행동으로 옮길 때까지 먼저 그 꿈을 실현하는 체험을 하고 싶다는 소망을 갖지 않으면 안 된다. 남의 강제를 받고 갖기에 이른 소망, 또는 자기의 인생 방침, 또는 달성 목표와 모순되는 소망은 시간과 에너지 낭비다. 그러나 그것이 성취될 경우 우리 인생 경험을 풍부하게 한다. 게다가 우리가 교류하는 모든 사람들을 유복하게 하는 소망이면 그것은 가지고 있어도 좋다.

2단계 : 아이디어의 선정과 결의

이것이 가장 큰 문제가 되는 일이 종종 있다. 창조적인 사람들은 이따금 지나치게 많은 아이디어를 가지고 있기 때문에 그들은 어느 쪽에 시간을 써서 개발해야 좋을지 선정을 머뭇거릴 때가 있다. 당신은 어떤 아이디어든 기획을 선택, 이를 하자고 결정, 그 실행 계획을 상세히 세운 뒤, 그것은 이미 실현된 것임을 실감하는 마음을 굳게 다짐함으로써 자기 자신이 그 아이디어 실현 자체와 일체가 되는 일이 중요하다.

이 사실은 당신이 아이디어의 실현 방법을 어떤 경로로 어떻게 할 것인가 등, 구체적으로 생각하기 전이라도 꼭 하는 것이 좋다. 이것은 아이디어 실현 계획 가운데 매우 중요한 부분이다. 우리는 자기에게 큰 꿈을 실현할 기량도, 능력도 없다고 뒷걸음질쳐 꿈 크게 그리기를 이따금 주저할 때가 있다. 당신은 마음에 이런 생각을 퍼지게 하면 안 된다.

당신은, 자기 꿈은 지금 벌써 실현된 현실이라고 마음으로 실감하는 것이 좋다. 기억하라. 꿈은 벌써 성취됐다고 마음으로 수용해 버리면, 그것은 자동적으로 실현을 위한 수단을 움직일 힘이 된다. 그러므로 당신은 "자기의 꿈은 벌써 현실이다."라고 마음에 생생하게 실감하는 일을 시작하라. 지금 바로 그것을 시작하는 것이다.

우리가 마음으로 결의할 때 어떤 일이 일어나는가? 자! 그것은, 우리는 마음이란 소재의 '실질'인 대해원에 살고 있으므로 우리가 마음에 그리는 심상대로 그 마음이란 실질은 끊임없이 틀을 만들어 형성되고, 또 수정되기도 한다. 그러므로 우리가 확실한 입장을 마음에 확보할 때, 주위 외계가 자기 신념대로 틀을 만들기 시작하는 것을 알기 시작한다.

만약 우리가 건설적인 신념 갖기를 그만둔다면, 우리는 자기 주위의 외계가 공포와 가장 약체화된 상념의 반영으로 불안한 양상을 보이는 것을 달게 받을 수밖에 없다. 우리는 항상 자기 신념을 그대로 외부에 보이려 표현하는 것이다. 매일 시시각각 우리는 자기 상념, 감정, 신념에 의해 잠재의식을 틀대로 만들고 있다.

그리고 우리 의식 상태는 그대로 우리 생활 체험으로 반영해 나온다. 자, 우리는 자기 신념을 강하게 유지할 때, 주위 정세는 우리 신념대로 생활에 반영되는 것을 알기 시작한다. 곧, 그때 마음에 가진 새 소망이 구체화되고, 실현되는 과정으로 자연히 필요한 사람을 만나고 기회를 얻고, 재능과 자금 혜택을 받고, 그리고 또 내부 인도 역시 자기 심경에 어울리는 것이 나오는 사실을 알게 된다.

이 같은 법칙의 작용은 누구에게나 평등하게 비인격적으로 작용하는 것이라 기억해 두는 일은 마땅하다. 당신이 적당한 사람과 만날 수 있고, 기회를 타고 재능을 발견, 자금을 받아 아이디어를 생각대로 살려 만사 형편 좋게 갈 때조차 이런 좋은 결과는 우주에 편만한 마음의 실질이 인간 필요에 따르기 위해 구체화된 것이다.

당신은 한때라도 외부에 나타난 마음의 반영을 사물의 원인이라 생각하면 안 된다. 외부에 오감으로 느끼는 것처럼 나타난 것은 속마음이 그린 상상의 결과에 다름 아니다.

3단계 : 아이디어가 벌써 현실과 똑같다고 굳게 믿는 일

당신은 자기가 믿는 것이 설령 지금 실현되지 않았다 해도 신념을 뒤집는 일이 있어서는 안 된다.

어떤 유명한 사업가에게 "당신은 시작할 때 무일푼이었는데, 지금은 거액의 재산을 모으고 있습니다. 이 사실을 어떻게 설명하겠습니까?" 하고 질문을 던져 보면, 이 유복한 사업가는 이렇게 대답하는 것이다.

"당신은 내가 무일푼으로 출발했다고 마음대로 가정하지만 그것은 잘못입니다. 내가 출발할 때 그때 벌써 나는 모든 것을 마음속에 가지고 있었습니다. 내가 한 일은 자기 의지대로 그것을 형태로 만든 것뿐입니다."

이처럼 대개 소망 실현의 원인이 되는 실질적 소재는 '지금 벌써, 여기 있음'이다. 우리는 단지 그것을 적당한 시간과 공간에 적당한 형태로 만든 것뿐이다. 당신은 마음이란 원료를 써서 자기가 만들어 세상에 제공하고자 한 제품을 제조하고 있는 것이다.

구조는 그만큼 간단한 것이다. 당신이 상념, 감정의 혼란에 의해 실패와 혼란을 신변에 나타내고 있을 때조차 당신이 창조하고 있는 일에 변화는 없다. 다만 당신 창조력의 작용 방법이 그 경우 조화(調和)와 같은 선상에 있지 않다는 것뿐이다.

현세에 질서와 균형을 비춰 내기 위해 마음의 내용이 정리되어 있지 않으면 안 된다. 당신은 자기가 바라지 않는 일을 마음에 떠올리기 전에 자기가 바라는 일을 마음에 그리고, 그것을 보도록 하라. 그리고 그것을 생생하게 실감, 실현하도록 하라.

사고방식, 보는 방식이 자기와 다른 사람이 당신의 사고방식을 바꾸려 다가올 때, 당신은 자기 견해가 올바르다는 확신이 서면 단호하게 "아니오!" 하고 거절하라. 당신은 누구에게 속박되지 않는 자기 자신의 견해를 가지고 내부의 영감을 유지하며 바르다고 믿는 방향으로 전진하라.

4단계 : 소망의 달성을 보는 열쇠

당신 꿈의 실현을 보는 열쇠는 당신 자신이 그 꿈 실현의 중심 인물인 동시에 책임자라는 심경에 이르지 않으면 안 된다. 이것이 가장 중요한 부분이다. 만약 당신이 자기가 실현코자 하는 일을 실현시킬 책임자라는 자각을 가지고 있다면, 반드시 활동을 개시하여 소망 실현을 위해 실행할 필요가 있다는 느낌을 가져야 한다. 당신은 자기 꿈을 실현하기 위해 할 수 있는 일은 무엇이건 하지 않으면 안 된다.

언제 어느 때, 어떤 행동을 한다는 타이밍을 순차적으로 세워두는 것이 좋다. 그런데 그때가 되어 행동할 기력이 없다고 쓸 데 없이 기회를 놓치고 시간을 낭비하면 안 된다.

당신이 아는 바대로 대부분의 사람은 일체 만사 주위에 일어난 일의 결과이고, 원인은 아닌 것이다. 그들은 곧바로 마음을 움직이고, 남이 말하는 대로 조종되고, 남의 지시대로 움직이는 것이다. 그것은 마치 남이 자기 대신 생각하기를 바라는 것과 같다. 당신은 이런 낮은 의식 상태에서 자진해 벗어나지 않으면 안 된다.

물론 당신은 인생의 여러 현상에 대해 예민하게 반응하지 않으면 안 되지만, 동시에 적극적으로 행동의 중심인물이 되어야 한다. 당신은 사물을 움직이는 원인자가 되지 않으면 안 된다. 자, 당신은 이 같은 올바른 방향으로 적극적인 제1보를 내딛을 수 있는가?

주위를 관찰해 보면 남자든 여자든 생활 균형이 잘 잡히고, 이 세상에서 무엇인가 이룬 사람은 이 세계를 성립시키는 요소에 대해 두려움 없이 대치하고 있는 사람들임을 알게 된다. 만물은 똑같은 하나의 기본적인 마음의 실질에서 생긴 것이란 진리를 파악할 때, 당신은 무엇을 다루어도 공포심을 갖지 않게 된다.

많은 사람들은 영적이기 위해 세속적인 것을 거부해야 한다는 관념에 지금도 매달려 있다. 또, 그들은 물질적으로 가난한 것은 영의 세계에서 부유하다는 신념 때문이라 고집한다. 그러나 사실 우리는 이 세상에서 웅대한 규모로 계속 활약하면서 동시에 영적으로 깨어 있을 수 있다. 당신의 영적인 자각이 크면 클수록 그만큼 당신은 좋은 일에 강력한 영향력 있는 사람이 될 수 있다고 나는 확신한다.

◇◇◇◇◇
당신의 상념, 감정, 행동을
같은 방향으로 움직이게 통솔하라

당신은 행동을 개시하려고 결의했을 때 자기 상념, 감정, 행동을 같은 방향으로 작용하도록 통솔하고, 끝까지 철저하게 전진하지 않으면 안 된다. 당신이 가지고 있는 모든 사물을 자기 계획 속에 집어넣어라.

당신의 자세, 의복, 음성 상태, 심경 등은 모두 언제든 보이지 않는 감정을 표현하고 있다. 당신은 다만 움직이고 돌아다니는 것만으로 충분치 않다. 또 좋은 일을 생각한다는 사실은 올바른 방향으로 나아가기 위한 첫걸음에 지나지 않는다. 당신은 자기의 감정 및 행동의 작용 방향을 상념의 방향과 일치시켜야 한다.

당신은 거울 앞에서 걸으며 자기 모습을 보는 것이 좋다. 당신은 거울 앞에 비쳐지는 자기에게 호감을 가질 수 있는가? 거울 속에 있는 당신은 성공의 분위기를 가진 사람의 상인가? 당신은 거울 속의 상을 보고 그 분위기를 바꾸기 위해 무언가 해야 한다고 생각지 않는가? 만약 그렇다면, 바로 그것을 실행하라.

인생을 지배하는 이들 법칙을 얼마쯤 아는 사람은 대개 상아탑 철인 정도의 광명사상가다. 물론 그들은 상아탑 속에 갇혀 올바른 상념을 가지고 있지만, 실생활 게임에 뛰어드는 일은 거의 없다. 그러므로 그들은 인생의 깊이와 큰 기쁨을 놓치고 만다. 그들은 인생의 파도에 뛰어들어 헤엄치기를 두려워하므로 기회가 눈앞에 나타나도 그것을 포착할 수 없다.

당신은, 인생에서 자기 천분을 살릴 수 있는 적당한 활동 분야를 진정으로 알고 힘 있게 자리 잡고 안정될 때, 당신에게 공명하고 협력을 아끼지 않는 사람들이 모여드는 사실을 알게 될 것이다. 이때 당신은 자기를 어떻게 보는가가 문제 된다. 당신은 자기가 믿는 바대로 되어 당신 세계에 살고 있다. 다른 사람이 당신에 대해 갖는 인식은 당신이 자기 자신에 대해 갖는 인식 여하에 따라 결정된다. 그러므로 당신은 원하는 자기 모습을 자유로이 마음에 그리는 일을 주저하면 안 된다.

대부분의 사람은 인생에서 자기가 점한 위치에 대해 자신감이 없다. 그렇기 때문에 신념을 가지고 내재하는 능력을 발휘하면 이렇게 된다는 사실을 보게 될 때, 자기도 신념을 갖고 기뻐할 수 있을 것이다. 당신이 성공하는 것을 보고 그들은 소망을 갖기에 이른다.

지금 말하는 이 제재에 대해 나는 얼마 동안 연구하고, 뭐 이 정도면 강연할 정도의 지식은 충분하다고 생각되어 공개 강연회나 연구회를 갖기로 하고 운동을 시작했다. 그래서 나는 강연 내용에 대해 충분히 파악하고, 또 그것을 지식적으로 알기 쉽게 청중에게 말할 수 있었는데, 결과적으로 그 강연은 대성공을 이루지 못해 나의 놀라움과 실망은 대단히 컸다.

어느 날, 강연으로 크게 활약하는 친구가 나를 점심 식사에 초대했다. 그때 나눈 대화 중에 그는, "자 로이, 자네 문제는 이런 것이지. 자네는 자기 강연 문제에 대해 확실히 알고는 있지만, 자기 자신을 믿지 않고 있네." 하는 것이었다.

그 말은 당연히 나를 올바른 방향으로 나아가게 밀어 주었다. 단지 관념적 아이디어를 말하는 것과 마음속에서 솟아오르는 감정은 청중을 감동시키는 점에서 큰 차이가 있다.

어느 지역에서 공공 토목사업에 종사하고 있는 사람들의 능률은 그들이 다른 지역에 가서 일해도 거의 변함없을 것이라고 나는 생각한다. 나는 이 일이 나의 강연과도 똑같다는 것을 알게 되었다. 즉, 강연할 도시의 크기에 관계없이 일반 청중이 내 강연에 보일 반응은 자기 자신의 신념과 동일하다는 사실이 명백해진 것이다. 그것은 분명 다른 사람과의 관계에서 자기 자신의 이미지를 어떻게 마음에 그릴 수 있을까 하는 사실, 그 자신이 그린 모습의 반영이다.

◇◇◇◇◇

에밋 폭스(Emmet Fox) 씨와 마음의 세계

강연 여행 중에 나는 에밋 폭스를 알고 있는 많은 사람들을 만난다. 에밋 폭스는 청중의 사랑받는 강연가로, 영감적인 저서를 여러 권 썼고, 호평이 대단하다. 그리고 그는 세계 최대 부류인 대청중을 상대로 뉴욕 시에서 수년간 강연했다. 때로는 매주 한 차례 정기 강연회에 7000명의 청중을 모은 적도 있는데, 그는 청중 심리로 알려진 독특한 방법으로 청중을 장악한다.

폭스 박사는 자기가 종교 강연회를 개최하고 다수의 남녀 청중을 그 강연장에 불러 모으는 일이 가능한 이유에 대해 마음속으로 무엇을 하는지 흥미 있는 이야기를 말한 적이 있다. 그는 "잠재의식 속에 자기의 청중을 파악해 놓는다."고 입버릇처럼 말한다. 그리고 여름이 되면 그는 몇 달간 강연을 쉬고 휴가를 갖는데, 그 기간에 강연에 모여 온 단골 중에는 다른 교회에 나가 견실한 신자로 출석하는 사람들도 많았다. 그러나 폭스 박사는 그런 일에 조금도 괘념하지 않는다. 그것은 조화(調和)로 가득 찬 인생의 행로에서 적절한 행위를 최대한 경험하려는 한, 인간은 그 자신의 그 적절한 위치에 있는 것이 당연하다고 그가 받아들였기 때문이다.

그리고 가을이 다가와 강연을 재개할 때, 그는 반드시 단골 청중으로 보이지 않는 항상 새로운 청중이 대만원을 이룬 강연회장에서 강연을 했다.

그의 말에 따르면, 그는 강연을 하지 않는 여름휴가 중에도 밤에 잠자리에 들기 전에는 반드시 대청중을 앞에 두고 서 있는 자기를 마음에 명확히 그리는 일을 실천했다는 것이다. 그가 잠재의식에 항상 넣었던 광경은 이런 것이다. 그리고 그의 마음속에 그려진 그 정경은 현실 세계로 분명히 반영되었다.

◇◇◇◇◇

시간, 공간 및 환경

인생의 여러 가지 정황이 왜 나타나고, 왜 그것이 시간의 세계에 지속되고, 그리고 왜 마침내 소멸해 버리는 것일까? 그 원인을 아는 것이 매우 뜻있는 일이다. 당신이 이 현상에서 생멸(生滅)의 이유를 이해할 때, 당신은 자기 환경을 자유로이 지배할 수 있게 된다. 이 같은 법칙은 일상 경험에서 직접 관계되는 것이고, 이 법칙이 적용되지 않는 생활환경은 절대 없다.

우리는 여기서 창조의 법칙으로 눈을 돌리기로 하자. 창조는 추상적 아이디어를 가시적 세계로 가져온다. 우리가 창조를 행하는 것은 아무것도 없는 데서 무엇인가를 창출해 내는 것이 아니다.

우리는 어떤 사물의 상태를 실현하려면 먼저 자기가 간절히 바라는 상태를 마음에 명확히 그리고, 또 어디까지나 그것이 실현되고 있는 것처럼 감정을 가지고 행동을 일으켜 그것을 현실화할 때, 실제로 그런 상태를 우리는 자기가 창조한 것이라 보는 것이다. 이렇게 해 창조된 사물의 상태는 우리가 여기에 주력하고 에너지를 쏟고 키우는 한, 소멸됨 없이 나타난 상태대로 머물 것이다. 그러나 주의력과 에너지를 쏟지 않으면 모처럼 실현한 사물의 상태는 붕괴하기 시작한다.

예를 들어, 한 청년이 사업을 시작했다고 하자. 그것은 최초로 경영하는 규모가 작은 사업이지만 대사업으로 성장할 가능성은 있다. 자, 이 청년이 사업을 자기 자본으로 경영한다고 하면 그는 자기 사업을 원활히 경영하기 위해 끊임없이 영감을 받고 의욕을 불태우지 않으면 안 된다.

그 사업은 그가 창조하고 설립한 것이기 때문에 그의 노력에 따라 발전도 하고, 붕괴도 하는 것이다. 그 사업은 그의 상상이 가능한 한도까지 발전하고, 또 반대로 그가 실패하리라 믿는 정도까지 실패한다. 사업의 번영 여부는 그의 신념 여하에 달린다. 그가 자기 사업을 실현하는 과정은 먼저 마음에 자기 심상을 명확히 그리고, 그것을 실제적인 방법으로 현실에 적응하는 감각의 세계로 가져온다.

따라서 이와 똑같이 창조적 절차를 답습함으로써 그는 사업 경영을 확장하고 일층 건실한 것으로 만들 수 있다. 그때, 그가 잠재의식에 '실패하지 않는다는 의지'를 가지고 있다면, 가령, 마음에 그린 심상을 구체적으로 실현했다 해도 그는 반드시 사업에 실패하는 원인이 되는 실책을 저지른다.

이를테면, 그는 사업 발전에 필요한 사람들과 연락하는 일을 하지 않든가, 사업 광고를 지나치게 하든가, 혹은 경영의 기록을 정확히 정리하지 않든가, 또 그는 어떤 실패를 저질러 잘 진행되던 원활한 경영의 흐름을 막아버리는 셈이 되고 만다. 그가 사업에 성공하는 경우라도 그 성공을 확실한 것으로 하기 위해 모든 면에서 구석구석 미치는 노력을 하지 않으면 안 된다.

사업을 신규로 할 경우, 둘 또는 그 이상 사람을 뽑아 사업 경영에 참여시키는 일은 종종 바람직할 때가 있다. 그것은 경영자 두 사람이 똑같이 같은 잘못을 범하는 일을 생각할 수 없기 때문이다. 또 경영자가 둘 이상이면 한 사람이 일시적으로 경영 의욕을 잃든가 사업에 대한 정열을 지속하지 못할 경우에도 오히려 다른 경영자가 회사를 운영할 수 있다는 경우가 된다.

따라서 그들은 자기들 사업을 확고한 존재로 마음에 인식하게 되고, 세월의 흐름과 함께 지속할 수 있음을 인정할 수 있기 때문에 경영 방식도 한편 견실하게 바뀌게 된다. 그리고 자기가 설립한 사업이 확고한 존재로 일층 많은 사람들에게 신뢰받을 수 있다면, 그만큼 당신 사업은 영속성을 가지기에 이른다.

환언하면, 번영을 지속하기 위해 당신은 항상 창조 과정을 지속시키지 않으면 안 된다. 어떤 사업을 시작하는 것처럼 어떤 사물 상태를 창조할 수 있는 사람은 많지만, 그들은 그 상태를 지속시킬 수 없다. 사업을 영속시키기 위해 당신은 당신 사업에 대한 정열과 정력과 주의력을 지속시켜야 한다.

인생 제반의 활동은 모두 사람이 주의력을 기울이기 때문에 번영한다. 사업도, 결혼생활도, 인생 제반의 활동도 모두 그런 것이다. 당신이 어떤 활동에 흥미가 없어지고 주의력이 없어지면 그것은 시들해지고 반드시 붕괴되고 만다.

자, 많은 사람들은 자기가 바라는 사물의 상태를 창출하고 여기에 어떻든 매달릴 수 있지만, 그들은 자기가 바랄 때, 여기서 벗어나지 못한 채 있다. 어떤 사물의 상태를 해소시키는 비밀은 자기 주의력 방향을 다른 분야로 기울여 방향을 바꾸는 것이다.

주의력의 이 같은 방향 전환은, 우리는 자기가 창조한 것에 감정적으로 집착을 가지고 있기 때문에 종종 곤란을 동반하게 된다. 그럴 경우, 우리는 이성으로 자기가 창출한 사물의 상태를 해소하지 않으면 안 된다고 생각하지만, 그렇게 하면 자기 일부가 없어지는 기분이 들어 좀처럼 그것이 실행되지 못한다. 그러나 그런 일은 말로만 해서는 안 된다. 자기 생활을 완전히 지배하기 위해서는 벌써 쓸 데가 없어져 도움되지 않는 사태를 해소할 수 있어야 한다.

지금 어떤 상품 판매를 시작한 남자가 있다고 하고, 어떤 이유 때문인지 자기가 다루는 상품의 매출이 크게 감소했다고 하자. 그는 왜 팔리지 않고 있는지, 그 원인 조사로 어떤 방책을 강구하지 않으면 안 된다. 포장 방식은 어떤가, 판매 방법에 잘못은 없는가, 판매 지역을 바꿔 보면 어떨까? 혹은 또 지금까지의 아이디어를 전부 취소하고 전혀 새로운 방법으로 해 보면 어떨까? 등 여러 모로 연구해 볼 필요가 있을 것이다.

그러나 이 남자는 그런 궁리를 하지 않고 언제까지나 처음 생각한 판매 방법에 매달려 있다. 그렇기 때문에 실패로 끝나고 만다. 그리고 그는 말한다. "세상은 아직 내가 파는 상품을 살 시기가 아닌 것이다."라든가, "나는 조금 아닌 것 같다.", "아직 나는 원가를 벌지 못했다." 등등 투덜댄다.

다음은 한 쌍의 부부를 예로 들어 생각해 본다. 그들은 마음의 눈을 크게 뜨고 참된 기분으로 결혼생활에 들어갔는데, 몇 년이 지나 서로 마음이 갈라져 각각 다른 이해관계를 갖게 된다. 그들은 서로 공유하는 기쁨이 별로 없다. 그리고 그들은 결혼생활에 따르는 여러 가지 책임을 사실 귀찮게 생각하고 있다. 이런 상태에 있는 그들은 신혼 초에 가졌던 빛나는 기쁨과 정열을 다시 한번 창출할 수 있다면 행복해질 수 있지만, 실제로는 그런 노력을 하지 않기 때문에 마음은 서로 떨어져 있다.

그들의 결혼은 처음부터 가장 바람직한 것은 아니었다며 당연한 것으로 생각하기에 이르고, 결국 이별하게 되는 것은 서로에게 좀 더 행복해질지 모르기 때문이다. 만약 이것이 두 사람 결혼생활의 경우 현실이라면, 나는 이혼이라는 사실이 딱히 나쁜 일이라 생각지 않는다. 대부분의 사람들은 참고 견디는 나머지 고통스런 환경에서도 문제를 완전히 해결하기를 완고하게 거부하고 집안일로 받아들이려 한다.

그렇다면, 이런 사람도 나올 것이다. "나는 이렇게 하기로 일단 결심했기 때문에 그대로 살아갈 작정이다." 우리는 누구도 여러 모로 결의를 하지만, 우리 마음은 시간 경과와 함께 바뀌고 만다. 혹은 우리는 새로운 계시를 접하고 인생을 전과는 다른 관점에서 보게 된다.

이런 정세 변화가 있을 때, 우리는 전에 한번 결심한 것에 대해 수정하든가, 혹은 이것을 전면적으로 취소하는 일조차 멈출 수 없는 경우가 있다. 일단, 당신이 그 문제에 대해 새로운 계시의 빛을 받았다면, 필요에 따라 마음을 바꾸는 것이 나쁜 일은 아니다.

우리는 항상 생장을 계속하고 있기 때문에 그 생장의 과정에서 지금까지 몰랐던 새 인생의 단면을 보게 됨은 당연한 일이다.

당신은 자기가 소망하지 않는 것을 마음에서 지워버리는 것이 좋다. 그리고 마음속에서 그것과 일체 손을 끊는 것이 좋을 것이다. 당신은 죄의식이나 자기 연민의 감정에 끌려 다니면 안 된다. 만약 당신이 자기의 현재 환경에 조화되지 않고 있으면, 먼저 자기가 바뀌는 것으로 그 환경을 바꾸는 것이 좋다.

때로는 아름다운 과거사를 추억하는 일도 나쁘지는 않지만, 그러나 지금 현재만 진실인 것이다. 지금 생활을 기쁘게 사는 것이 좋다. 중요한 마음가짐 3항목을 말해 둔다.

첫째, 창조—본 장 처음에 그 개략을 설명했다. 소망 실현을 위한 4단계를 실제 수행함으로써 자기가 소망하는 정황을 창조할 일.

둘째, 바람직한 정황의 유지—부단히 상념의 세계에서 창조 과정을 반복, 생각함으로써 시간의 세계에서 필요한 기간 바람직한 정황을 유지할 일.

셋째, 정황의 해소—당신은 바람직하지 않은 정황에서 주의력을 돌려 새로운 계획에 기울임으로써 시간 및 공간의 세계에서 그 나쁜 정황을 말소할 일.

이상이 일체의 인생 문제를 해결하는 열쇠인 것이다. 당신은 어떤 문제가 있을 때, 그것이 해결되어가는 모양을 명확히 비전으로 그려 실현하도록 하면, 인생에 어떤 문제도 일체 없어지는 것이다. 당신은 단지 실행하기만 하는 인생의 주인공이 된다.

당신이 건강하지 못하든가, 사업에 실패했든가, 또 가정이 조화롭지 못하든가 한 것은 그런 불행의 경험을 무엇보다 먼저 찾고 있기 때문이다. 이것은 조금 지나친 표현일지 모르지만 그 의미하는 바를 생각해 보라. 당신은 현재 자기가 하고 있는 일보다 오히려 어떤 다른 일을 하고 싶다고 생각하는가?

당신은 세상에 서는 사람이 되지 않으면 안 된다. 당신은 무엇인가 해야 한다. 당신은 반드시 어떤 인생 경험을 쌓아야 한다. 만일 당신이 자기 자신을 가까운 미래에 자기표현의 의지를 갖지 않고 스스로 있어야 할 위치를 창조할 의욕을 갖지 않으면, 당신은 현재 생활에 만족하지 않으면 안 된다.

만약 당신이 사업에 성공할 꿈이나 건강과 행복을 혜택받는 꿈, 축하할 반려를 찾는 꿈 등을 가지고 있다면 그것을 위해 무엇인가 가치 있는 일을 해야 한다. 먼저 자기 마음의 태도를 정비하고 행동하는 것이 좋을 것이다. 그리고 자기 자신을 믿고 마음속 깊이 소망 달성에 매진하라.

자, 당신은 속에서 불러일으키는 동인(動因)을 필요로 할 것이다. 그 동인을 얻기 위해 당신은 이 책을 몇 번씩 반복해 읽으려 할지 모른다. 또 당신은 전기류의 이야기 등을 읽고 어떻게 해서 다른 사람은 대담하게 전진할 수 있었을까, 그리고 장애를 뛰어넘고 빛나는 자기표현의 영광을 얻기에 이르렀는가에 대해 알리려고 할지 모른다.

당신은 그런 책을 읽어 나감에 따라 당신 마음속에 희망이 솟아오름을 느끼고, 온몸이 생생하게 생명감으로 넘치게 되어 자기도 성공 궤도를 타고 있음을 확신하게 되는 것이다. 이 같은 확신을 가지게 되는 일이 소망 실현에서 가장 중요한 요소다. 당신은 이런 확신을 얻지 않으면 안 된다. 이 확신은 일시적인 심경 변화나 기분 동요의 유혹으로 풀어지기 쉬운 얄팍한 것이어서는 안 된다.

그리고 당신은 행동 계획을 확실히 세우는데, 언제·어디서·어떻게 행동할 것인가에 대해 목표를 명확하게 정해야 한다. 이런 행동 계획을 가다듬어가는 중에 당신은 잠재의식에 그것을 깊이 각인시키게 된다. 그러므로 그것은 마음에 생생한 형태로 그림 그려지게 되는 것이다.

이렇게 되면, 명안(名案)과 아이디어가 연쇄적으로 차례차례 머리에 떠올라 더욱 큰 소망을 형성하고 정리되어 온다. 그리고 어느 날, 당신은 그 소망을 멋지게 실현하고 있는 자신을 보게 된다.

이상과 같은 절차가 결코 실패하지 않기 위한 공식인 것이다. 대개 사업 계획이 실행되어 성공하는 것은 배후에 소망 실현의 기본 법칙이 작용하고 있기 때문이다.

잠자리에 들 때 수정 명상을 행하라

밤에 취침 전, 그날 일어난 일을 마음속으로 수정하는 명상을 하는 것이 좋다. 그날 아침 눈뜨고부터 잠잘 때까지의 일을 하나도 남김없이 더듬어 생각한다. 그리고 생각날 때, '이랬으면 좋았을 것' 하고 소망하는 형태를 현실의 모습과 같이 마음에 그려 본다. 이렇게 할 때 잠재의식에 새 인생의 길을 만들게 되고, 지금까지 당신의 소망 성취를 저지해 온 생활의 틀을 타파하는 데 도움이 되는 것이다.

만약 당신이 감정적 문제를 안은 채 수면 상태에 들면 잠재의식에 그 문제를 가둬 두게 된다. 그러나 당신이 수정적인 명상에 의해 마음에서 그 문제를 풀어 놓아 버리면, 마음에 고통과 실패의 인상이 쌓이는 것을 막게 되고, 확신에 찬 올바른 심경으로 매일을 맞을 수 있다.

이렇게 올바른 심경으로 매일을 맞는다는 것은 매우 중요하다. 왜냐하면 당신이 세계를 어떤 마음의 태도로 보느냐 하는 것은, 자신의 인생 경험의 모습인 창의 유리 색깔을 바꾸는 일이 되기 때문이다.

당신의 계획에 대해 생각하라

지금 당장 당신은 자기 계획에 대해 잠깐씩 숙려해 보는 것이 좋다. 당신의 계획이 실현되기 위해서는 적절한 사람들과 교섭하지 않으면 안 된다. 이 사람들은 당신의 계획 실현에 있어서 도움을 받을 중개자가 될 사람들이기 때문이다. 당신은 이들로부터 어떤 것을 얻는 것이 아니라 이들을 통해 계획 실현의 도움을 받는 것이다.

그러니 당신은 지금, 꿈을 현실로 가져오기 위해 어떤 일을 할 수 있는지 숙고해 보는 것이 좋다.

◇◇◇◇◇ 당신은 다시 태어나는 것이다

당신은 인생관을 바꿈으로써 자연히 새로운 활동 분야에 꼭 진출하게 될 것이다. 가령 당신이 일을 바꿀 수 없게 하든가, 주거를 바꾸게 하든가, 혹은 지금까지 교제해 온 사람들 사이에 이미 어떤 공통 활동 분야를 나누어 가질 수 없게 되든가 하는 식으로 나타날 수도 있다.

단지 주위 환경의 사람들이 바뀌든가, 주거를 옮기게 되는 등의 일은 당신의 의식 단계나 운명을 좌우하는 작용은 당연히 없다. 그러나 다행히 자기 심경이 바뀌면 마음속에 번득이는 인도를 받을 수 있게 되고, 이에 따라 행동하는 가운데 현실에 일련의 변화가 반드시 따라오게 된다.

당신은 옷차림이나 (당신이 여성이라면) 머리 스타일을 바꿔야

겠다는 생각이 들지도 모른다. 또, 당신은 이름을 바꾸고 싶을지도 모른다. 그럴 때는 좋겠다는 쪽으로 실행하는 것이 좋다.

우리는 부단히 다시 태어난다. 이미 당신은 이 책을 읽기 시작할 때와 똑같은 사람이 아니다. 당신은 벌써 어떤 의미에서는 바뀌고 있다. 즉, 당신은 장래에 대해 새롭게 결의하고, 자기 자신을 훤히 비춰 바로 보고 있다. 그러므로 당신은 자신이나 남을 비난함으로써 마음을 괴롭힐 필요가 없다.

지금부터 이 순간순간을 참된 확신을 가지고 미래를 향해 매진하지 않겠는가?

◇◇◇◇◇
마음을 집중,
남의 경험을 활용하여 자기 것으로 하라

철학적인 생명관은 이렇다. ─식물은 태양과 엽록소를 매개체로 에너지를 가져오므로 에너지가 연결 고리이고, 동물은 공간 가운데 한 지점에서 다른 지점으로 이동할 수 있으므로 공간 연결 고리이다. 또 인간은 다른 사람이 과거에 배운 업적을 현재 쉽게 배울 수 있어 시간을 절약할 수 있으므로 시간 연결 고리이다.

인간은 다른 사람이 배워 얻은 지식의 기록을 응용해 일층 큰 비약을 위한 뜀틀로 사용할 수 있다. 우리는 남과 절충함으로써, 또 남의 전기 또는 연구 기록을 읽음으로써 그들이 범한 잘못을 회피하는 방법을 배우고, 또 그들의 성공 체험을 유익하게 활용할 수 있다. 그리고 또, 그들의 연구 기록을 우리 자신의 계획에 적용할 수 있다.

도서관과 서점은 성공한 남녀의 전기와 자서전의 보고다. 당신은 그들의 전기를 읽을 때, 특히 당신 자신의 목표와 일치할 경우 그들의 경험을 비춰볼 수 있다. 여기서 당신은 영감(Inspiration)을 퍼낼 수 있을 것이다. 그렇게 되면, 아이디어가 차례대로 떠오르게 되고, 이것을 유익하게 이용할 수 있다. 당신이 한 권의 책에서 한 개의 좋은 아이디어를 얻는다면 그것은 당신이 지불한 책값보다 훨씬 더 가치 있는 일이 된다.

나는 독서에 탐욕이 있다. 책이나 잡지, 그리고 신문을 사 가지고 여행 중일 때도 시간만 있으면 언제고 읽는다. 나는 독서로 지식을 많이 축적하려고 생각지 않는다. 따라서 나는 메모하는 일은 절대 없다. 나는 아이디어를 수집하는 일에 전념할 뿐이다.

나는 이따금 견본 서적이나 세미나 설명서 같은 무료 인쇄물 증정의 광고를 보고 그것을 신청한다. 언제고 구매한다는 뜻에서가 아니라 그런 유인물이 어떤 형식으로 소개되는지 보고 싶어서다. 나는 어떤 것이 널리 세상에 받아들여지고 있는지, 이 세상에서 어떤 일이 진행되는지 알고 싶은 것이다.

당신은 자기 세계에서, 특히 당신 활동 영역에서 어떤 일이 진행되는지 알아두는 것이 매우 현명할 것이다. 당신은 자기와 동업자가 경영하는 사업을 조사해 볼 필요가 있다. 그리고 누구라도 활동 영역이 넓고 크다는 사실을 알아둔다. 동시에 어떤 면에서 그가 경영을 합리화하는지, 또 그의 경영법의 결함은 어디 있는지 아는 것이 좋다. 이 같은 연구를 함으로써 당신은 자기에게 도움되는 사물을 알게 된다.

◇◇◇◇◇ 희망 실현의 비결을 마음속에서 실감한다

어느 때처럼 내가 플로리다의 마이애미를 찾았을 때 일이다. 친구 권유로 그 지역 고교의 대강당에서 실시된 야간 강연을 청강한 적이 있다. 그 강연회는 일반에 공개되었고, 연사는 크게 번영하고 있는 어느 식료품회사의 짐 존스(Jim Jones)였다. 나는 그의 저서 『수를 넷까지 세라』를 읽었고, 그 후 그의 활동에 주의를 기울여 온 터였다. 그래서 나는 그의 사업의 신속한 비약에 강한 감명을 받고 있다고 말할 수밖에 없었다.

강연회는 대성황이었다. 그 날 저녁, 그는 자기 자신의 일을 많이 말했다. 이튿날, 나는 마이애미비치의 아메리칸 호텔로 찾아가 그를 만나 잠깐 간담 시간을 가졌다. 그때 나는 그에게 이런 말을 했다.

"우리는 서로 읽은 책 가운데 공통 부분이 많다고 생각합니다. 또, 똑같은 강연도 서로 많이 들은 것이 틀림없습니다. 어떻든 우리 사고방식이 똑같기 때문이에요."

그러자 그는 즉각 대답했다.

"물론이죠. 그럴지도 모르죠. 그러나 어떨까요? 우리가 받아들인 어떤 원리를 실생활에 실천할 때, 바로 그것은 자기 자신의 것이 되지요."

그는 이 법칙을 알고 있었기 때문에 온전하게 그에게 도움이 된 것이다. 당신 역시 이 법칙을 알고 있을 때, 법칙은 반드시 당신을 위해 작용할 것이다.

또 다른 기회에 나는 인기 있는 강연가로서 창조적 상상력에 대해 많은 책을 저술한 네빌(Neville)의 강연을 들은 적이 있다. 강연회장인 LA 에벨 극장 빌딩에 대청중들이 모였다. 강연이 끝나자 네빌은 청중으로부터 질문을 받았는데, 어떤 부인이 이런 질문을 했다.

"당신의 강연을 몇 차례쯤 더 들어야 가장 좋은 결과를 얻을 수 있을까요?"

만약 서툰 강연가였다면, "앞으로 있을 강연을 매번 빠지지 않고 꼭 듣도록 하세요!"라고 말했을 것이다. 그러나 네빌은 그렇게 말하지 않았다.

"내 얘기가 이해될 때까지 수강하세요. 내 얘기를 알았다면 그것을 실생활에 응용해 놀라운 체험을 생활로 나타내 보이면 좋지요."

나는 우수 강연가인 그가 생각한 바를 놓고 열변을 토하는 것을 들으면, 곧 다음과 같은 일을 한다. 의식을 외계로부터 차단하고 명상 상태로 들어간다. 그와 같은 훌륭한 강연을 한 사람이 바로 나 자신이라고 생각, 마음에 그리고 실감을 가지고 본다. 나는 관점을 싹 바꾸고 그가 강연한 것이 아니고 내가 강연한 것이라 실감하는 것이다. 이처럼 실감하면, 나는 청자 입장에서 화자 입장으로 옮겨 가는 일이 가능하다.

우리는 어딘가를 시발점으로 출발하지 않으면 안 된다. 우리는 자기가 있는 곳에서 자기가 있고 싶은 곳으로 상상의 세계에서 이동하는 것이다.

만약 당신이 마음속으로 자기가 바라는 사람이 되려면 어떤 모양으로 실감해야 좋을지 알지 못할 때, 당신은 하고 싶은 일을 현재 실행 중인 사람과 마음속에서 동일 인물이 되면 좋을 것이다. 이렇게 했다고 해서 당신은 개성을 상실하지 않는다. 그저 남이 가지고 있는 사물의 관점을 자기 것으로 하는 것이다.

성공을 하는 사람과 실패만 하는 사람의 차이는 그 사람이 어떤 입장에 서서 사물을 보는가 하는 입장 차이에 지나지 않는다. 그것은 전혀 간단한 일이다.

이 세상에 지성, 학력, 인생 경험이 당신보다 열악한 형편인데도 지위나 사회적 영향력 모두 당신보다 뛰어나 행복한 사람들이 있다. 어떻게 된 일일까? 그것은 그들이 그 같은 인생의 지위를 먼저 마음에 명확히 그리고 자기 것으로 수용한 까닭이다. 마음에 그리고 수용했다는 사실이 열쇠인 것이다. 따라서 다음 사실을 기억하라.

소망은 벌써 성취된 것이라고 그 꿈을 진실로 마음속에 수용하면, 자동적으로 소망 실현을 위한 수단이 가동되기 시작한다. 자, 당신은 기분을 즐겁게 가지고 이 사실을 잠깐 생각해 보는 것이 좋다. 당신이 그 의미를 완전히 이해할 때까지 생각해 보는 것이 좋다.

◇◇◇◇◇ 속마음대로 겉에 나타난다

당신이 사는 세계는 결과다. 당신이 마음으로 상상하는 것이 원인이다. 따라서 당신은 항상 원인의 세계에서 작용하는 것이 좋다. 당신이 원인의 세계에서 작용할 때 영화의 스크린 배후, 이른바 영사실에서 결과의 세계로 작용하게 된다. 당신은 자기가 사는 세계에서 주위에 나타나는 영상을 마음먹은 대로 지배하는 일이 가능해진다.

그런데 여기 매우 범상치 않은 사람의 이야기가 있다. 그는 일본 도쿄에 사는 다니구찌 마사하루 박사로, '생장의 집'이란 종교 운동을 이끌고 있는데, 이 운동 명칭의 의미를 설명하자면 '무한 생명', '무한 지혜', '무한 공급의 우주'가 된다. 처음 시작되기 전이 종교 조직은 그의 마음에 번득인 한 개의 아이디어에 지나지 않았다.

그는 당시 어느 회사의 번역 담당으로 근무하고 있었다. 그는 대자연의 법칙에 조화해 살아가는 길을 사람들에게 가르치는 운동을 창시해야 한다는 내부 충동에 따라 마음을 움직이고 있었다. 당시 젊었던 그는 이 일에 대해 곰곰이 생각한 끝에 수입의 일부를 잠깐 저축할 수 있다면 사람들에게 진리를 전하는 작은 잡지 발행이 가능할 것이라 판단했다. 그래서 그는 저금을 시작했는데, 잠깐 동안 저금해 자금이 마련되어 문제의 잡지 제1호를 창간할 준비가 될 즈음이었다. 집에 도둑이 들어 모처럼 모은 자금을 몽땅 가지고 갔다. 그래서 그는 다시 수입의 일부를 잡지 발행비로 떼어 놓는 일을 시작했다. 그러나 두 번째도 도둑에게 빼앗기고 만다.

누구라도 그런 일을 겪으면 어찌 된 일인가 하고 당황할 것이다. 당시 그도 남을 돕기 위해 애써 노력하는데 어째서 이런 일이 자신에게 생긴단 말인가 하고 의아해했다. 그는 조용히 앉아서 이 사태에 대해 진리를 얻고자 명상을 했다. 그때, 속마음으로부터 들려오는 소리를 느꼈다. 물론 그 소리는 우주에 널리 퍼져 있는 큰 진리가 그런 형태로 나타난 것이다. 그 소리는 이렇게 말하는 것으로 느껴졌다.

"지금 눈을 떠라. 너는 현상 세계는 마음 그림자에 지나지 않음을 모르는가? 모든 공급의 근원은 밖에 있는 것이 아니고 너의 마음속에 있다는 사실을 모르는가?"

그는 영감을 받고 바로 인쇄소 섭외에 들어갔다. 그가 준비 중인 잡지의 출판이 시작된 것이다. 그리고 그는 총 6종의 월간지를 편집, 발행하게 되었다. 그가 저작한 많은 책의 인쇄 부수는 수백만 부에 달했다. 그리고 그의 가르침을 따르는 자가 천만을 넘는 것으로 알려졌다.

이 같은 대운동의 발단은 그가 내부적으로 인도를 구하고, 그리고 주어진 영감에 따라 행동을 개시할 때 시작된 것이다.

당신이 어떤 문제에 직면해 곤란할 때는 언제든 조용히 앉아 생각해 내는 것이 좋다. "외계는 마음의 그림자다." 하고. 그러면 자신도 자연스럽게 확신을 가지고 전진하게 되고, 반드시 목표에 도달하게 된다.

당신은 자기 마음을 볼 수 있는 한 어디든 높게 뛰어넘을 수 있다. 당신은 자기가 할 수 있다고 믿을 수 있는 한 어느 정도 많은 일을 할 수 있다.

◇◇◇◇◇ 당신은 우주의 기점이다

당신은 우주에 퍼져 있는 힘과 파장을 맞출 수 있도록 매일 시간을 쪼개 심신의 긴장 완화를 실제 수행하지 않으면 안 된다.

당신이 이렇게 할 때, 우주의 힘에 직결할 수 있게 되고, 우주의 힘이 곧 당신 힘이 되는 것이다. 당신은 자기 생각에 우주의 힘을 끼워 넣어 그것을 자유롭게 조작할 수 없다. 그러나 당신은 우주의 힘과 조화 있는 관계로 자기 자신을 이입시킬 수 있는 것이다.

당신은 침착하지 못하고 아무 목적 없이 멋대로 생활하는 사람들과 사귀어 자기와 동일시하면 마음만 혼란해진다. 우리는 자기 환경이 갖는 성질을 몸에 붙이는 경향이 있다. 만약 우리가 인생에 아무 목적 없는 사람들과 사귀면 우리도 그들과 똑같이 정견(定見) 없는 사고방식을 갖게 되고, 또 그와 같은 행동을 하게 된다. 그렇게 되지 않는 것은 어려운 일이다. 당신이 사는 환경이 중요하다.

당신에게는 성공하고, 행복하게 될 권리가 있음을 생각할 필요가 있다. 이를 방해하는 신념, 사물은 솔직히 생각하는 연습을 착실히 진행함으로써 그것을 마음에서 제거할 수 있을 것이다. 만약 실패한 사람들의 심상이 당신 마음에 떠오르면, 그 같은 심상을 곧 지워 버리고 단호하게 말하는 것이 좋다.

"그 같은 실패의 심상은 그들에게 진실인 것처럼 보일지 모르지만, 그들이 진리를 모르기 때문이다. 실패는 보편적인 법칙이 아니다. 그러므로 실패는 나에게 있어서 피할 수 없는 것이 아니다."

또, 과거의 공포가 당신의 마음에 붙어 떨어지지 않으면 공포에 빠지지 말고 그대로 다음과 같이 염원하는 것이 좋다.

"나는 자유로운 혼으로, 시간 경과에 따라 '지금'을 기점으로 공간이 넓혀짐에 '이곳'을 기점으로 살고 있으니 모든 힘은 나의 것이다. 어찌 되었건, 나는 우주에 가득한 힘과 하나가 되어 잘 조화하고 있기 때문이다."

당신이 참으로 이 사실을 깨달을 때, 대체 당신 앞길을 방해하는 것이 어찌 있을 수 있을까? 그렇다면 현재의 당신과 당신이 소망하는 꿈 사이에 있어 그 실현을 방해하는 감정의 막힘을 제거하고 이것을 깨부수어라. 그리고 기억하라. 나쁜 것은 그림자밖에 되지 않고 어떤 실체가 있음이 아니란 사실을.

◇◇◇◇◇ 노력의 효과를 배가시켜라

당신은 자기 노력만을 의지했다면 이 인생에서 한 개인으로서 당신이 할 수 있는 것은 한도가 있다. 당신은 한때 한 군데밖에 있을 수 없고, 또 당신이 하루에 이용할 수 있는 시간은 한도가 있음이다. 그러나 자기 마음의 태도를 바꿀 수 있다면 당신은 이 제한에서 벗어날 수 있다.

나는 어느 세일즈맨을 알고 있는데, 그는 매니저로부터 1일 20회 방문 판매하면 그 가운데 적어도 1회는 성사될 것이라는 말을 들었다. 이 비율대로 하면 그가 1일 40회 방문 판매하면 그 가운데 2회는 성사될 수 있다는 것이다. 이것이 그가 다루는 상품에 종사하는 세일즈맨의 평균 매상률이다. 이 세일즈맨은 이 매니저의 정보에 따라 의외로 적은 매상률을 알게 되어 놀랐다. 매니저는 자신의 경험을 이야기한 것으로, 사실 그의 이야기는 바꿀 수 없는 법칙은 아니다.

이 남자는 정신을 통일하고 정밀(靜謐) 세계로 들어갔다. 그러자 다음 생각이 그의 머리에 떠오른다. '어째서 나는 이 고정관념을 뒤집을 수 없는 것인가? 그리고 20회 방문하고 1회 성적을 올리는 대신 1회 방문으로 20회 판매 성립과 같은 액수의 매상을 올릴 수 있지 않을까?'

그 후, 그는 이 방향으로 마음이 움직이도록 마음을 조정해 업무에 돌입했다. 물론, 그는 첫째 날, 둘째 날, 셋째 날은 아직 완전히 형세 역전으로 매상의 격증을 보지 못했다. 그러나 얼마 후, 그는 실제 한 집 방문할 때마다 대량 주문을 받든가, 혹은 고객을 소개받고 20회 판매 성립과 같은 액수의 매상을 올리기에 이르렀다.

빈부의 격차는 실제 우리가 가진 인생관의 문제인 것이다. 우리는 어떻든 이런 약간의 생각으로 생활을 타개해 나가는 사람들이 많이 있음을 알고 있다. 또 우리는 항상 여분의 자산을 축적하며 잘 생활하고 있는 사람들이 있음을 알고 있다. 그 차이는 어디서 오는 것일까? 당신은 생각해 본 적이 있는가?

당신이 만약 이 같은 빈부 격차가 생기는 여러 정세를 조사한다면, 겉보기의 빈부 격차 배후에는 그 사람 마음 한가운데 자리 잡은 인생관을 발견할 것이다. 그 인생관이 그 사람에게 "당신 인생은 이럴 것이다." 하고 결정해 주의를 돌리게 한다는 사실이다.

당신은 다른 사람이 자유로운 기분으로 제공해 준 원조 받기를 부끄럽다고 생각하면 안 된다. 당신은 자기와 같은 방향으로 나아가고 있는 많은 사람이 제공해 주는 에너지를 활용한다면 자기 목표에 훨씬 빠르게 도달할 수 있다.

당신이 받을 수 있는 건설적인 도움말은 모두 받아들여라. 또, 영향력 있는 사람들이 뒤에서 밀어 주면 그 호의를 기쁘게 받아라. 당신은 돈을 바르게 사용한다면 일층 단시간에 보다 많은 일을 성취하는 데 도움된다는 사실을 알아야 한다.

돈은 편리한 형태로 바뀐 에너지로, 그것을 매개로 위대하고 큰 성과를 올려 주는 채널이다. 좋은 아이디어의 혜택을 받고, 더욱이 백만 달러의 자금을 가진 사람은 좋은 아이디어는 있지만 자금이 전혀 없는 사람보다 일층 많은 성과를 훨씬 빠르게 달성할 수 있을 것이다.

자금만 있으면 다른 사람이 가진 재능을 빌려 사용할 수 있다. 거대한 양의 에너지, 즉 거액의 자금을 희망하는 목적에 투자하는 비결은 우주 법칙을 거스르지 않고 이 법칙과 함께 작용하지 않으면 안 된다. 이 사실을 염두에 두고 당신이 좋은 아이디어를 가지고 있다면 그 아이디어 실현을 위해서는 자금원과 당연히 연결되지 않으면 안 된다

만약 당신이 어떤 건설적 사업을 수행하기 위해 어떤 단체를 조직한다고 해 그 멤버들에게 영감을 불어넣을 수 있다면, 그때 당신은 자기 노력의 효과를 배가시켜 나갈 수 있을 것이다. 당신은 자기 설득력과 지성을 구사할 수 있다.

당신은 이상과 같은 기본 법칙을 사용함으로써 자기가 종사하는 사업의 종류에 상관없이 보다 좋은 생활을 보낼 수 있다. 당신이 가정주부라고 하면 가사의 능률이 훨씬 높아지고, 또 사업에 주의력을 집중하면 일층 단시간에 매듭지을 수 있다. 그렇게 하면 당신은 이래서 생긴 자유시간을 자각, 향상을 위해 사용할 수 있어 일상적으로 자기가 하고 싶은 일을 할 수 있게 된다.

지금 우리는 자기 일의 많은 부분을 기계에 맡길 정도로 많이 발전해 있다. 이렇게 해서 생긴 자유시간을 유익하게 사용할 문제에 도전하지 않으면 안 된다. 이는 인간이 일상생활을 위해 많이 노력했던 것에서 벗어나 이제야 마음과 의식이 일할 새 영역을 탐구할 수 있게 되었음을 의미한다. 마음이 작용하는 새 영역의 탐구는 인류에 내재하는 힘의 개발을 위해 당연히 취할 다음 단계인 것이다.

››› 실천을 위한 마음가짐

1. 당신 아이디어를 추상적 상태에서 구체적 상태로 발전시켜라.

2. 아이디어의 현실화를 위한 간단한 4단계를 이해하라.

3. 거울 앞에 서서 분위기 향상 기법을 실제 수행하라.

4. 상념, 감정, 행동의 3항목을 한 개 목적에 집중하라.

5. 창조의 법칙, 창조된 것의 보존 법칙 및 일단 창조된 사물 해소 법칙
   을 충분히 파악하라.

6. 남의 경험에서 배울 만큼 배우고, 자기 시간을 절약하라.

7. 스트레스 없는 생활을 하라.

8. '원인', 마음의 세계에서 현실 세계를 지배하라.

9. 종업원에게 영감을 불어넣고, 노력의 효과를 배가시켜라.

10장
베일을 벗은 신비의 세계

'신비'란 오감에 감춰져 알 수 없으며, 유현(幽玄)하고 아직 모르는 경지에 있는 현상이다. 우리 마음은 분명 깨어나 사물의 진상을 마음으로 보기까지 인생은 많은 신비를 가지고 있다. 그러므로 불후의 철인 에머슨은 말한다.

"우리 눈은 마음이 그 존재를 깨닫기까지 얼굴을 향해 존재하는 사물도 볼 수 없다. 그리고 심경에 익숙해졌을 때, 우리는 그것을 본다. 그것을 볼 때, 보이지 않던 때의 일이 오히려 꿈 같은 기분이 든다."

당신은 그런 경험을 한 일이 있을 것이다. 무엇을 어딘가에 분실해 버리고 찾아 헤매다가 겨우 생각이 들어 찾던 것을 찾아낸 경험. 그리고 그것을 찾아냈을 때 당신은 말한다.

"어째서 여기 있는 것을 몰랐단 말인가?"

진리는 이런 것이다. 모든 것은 이미 이용하도록 주어진 것이다. 우리는 속마음의 문을 열고 그것을 육안으로 보이는 위치에 가져오고, 그것을 내 것으로 받아들이지 않으면 안 된다.

남녀를 불문하고 아주 많은 사람들은, 인생이라는 기간 동안 도로나 분기선 어딘가에 출구가 있나 하고 이리저리 걷다가 곤혹과 실망으로 마음이 들볶일 때, 갑자기 자각의 여명이 찾아와 그 순간부터 그들은 바른 길을 걷기 시작한다. 그리고 자기 인생 전체가 새로운 것이 되고, 놀라운 체험을 하게 된다.

당신이 누구든 간에, 또 자기 인생에서 어떤 곳에 도달하려 하고 싶어 하든 간에 그런 것은 상관없다. 당신은 '참자기'에 대한 이상상을 인식하기에 이른 시기나 당신이 할 일이 생긴 것, 더욱 능숙하게 할 수 있는 일의 종류 등은 문제가 되지 않는다. 마음의 눈이 열리면 밤과 낮이 다른 것 같이 당신이 현재 있는 세계에서 훨씬 다른 세계로 이주하게 된다.

인생은 항상 유희임을 생각하는 것이 좋다. 세계는 유희장이고, 인생이 유희하려면 지키지 않으면 안 될 어떤 종류의 규칙이 있음이다. 유희에 질서와 목적을 분명히 하기 위해 규칙이 없으면 안 된다. 인간은 일관성 있고 안정된 기준에 따라 자기를 다스릴 수 있게 규칙을 만든다. 규칙이 없고 질서가 없으면 보통 사람은 마음이 불안하고 동요하게 된다. 인간에게 방향과 목적을 주는 무엇인가가 없으면 안 된다. 이것은 근본적인 사실이다.

자, 우리가 인생의 유희에서 어떤 마음의 태도를 유지하느냐

하는 것은 매우 중요한 사실이다. 당신은 남과 사귀고 생활해 가는 이상 그들 인생 전반에 관한 사고방식에 어느 정도 동조하지 않으면 안 된다. 당신은 그들이 가지고 있는 인생관보다 뛰어난 인생에 대한 선견지명을 가지고 있을지 모르지만, 조화로운 일을 계속해 나가려면 당신은 인생의 목적은 어떤 것일까에 인류적 통념에 적합한 것이 아니면 안 된다. 또, 당신은 자기 언동이 개인적 경향이 아닌 것이라야 한다. 그리고 성실해야 하며, 또 사물을 각각 있어야 할 질서에 놓고 보지 않으면 안 된다.

나는 자기계발 분야의 지도자 중 한 사람과 대화한 일이 있다. 대화 중에 그가 말했다.

"당신은 성실한 청년이군."

내가 성실하다는 점에 동의하자 그는 계속해 말했다.

"그러나 바보 성실에 매이지 않아야 할 것이 필요한데, 어떻게 성실을 발휘할까? 그 방법을 모르면 안 되는 것이오."

이따금 우리는 성실 과잉으로 지나치게 일을 중대하게 생각하여 양식을 상실하고, 그 때문에 자기 마음의 반영인 현상에 말려 해야 할 일을 잊게 된다.

◇◇◇◇◇ 생명은 자기표현의 완성을 바란다

생명은 구체적 세계로, 자기표현의 완성을 바라고 있다. 이 사실은 꼭 기억해야 할 유익한 사항이다. 당신은 마음의 장애를 제거할 수 있을 때 적당한 정세 변화가 자연스럽게 생기고, 자기 인생이 항상 자기 마음이 그리는 이상상태로 전개되어 오는 것을 알 수 있을 것이다. 다분히 당신은 마음속으로는 이 사실을 알았을지 모르지만 당신은 예전의 생활방식, 예전의 사고방식, 예전의 감각방식 그리고 종전의 습관 행위를 버리도록 자기 자신을 납득시킬 수 없었던 것이다.

우리는 스스로 확신하고 느끼는 대로 실제 체험으로 실현할 수 있다. 그러므로 자기 인생에서 체험하는 일을 바꾸겠다면 먼저 자기 마음 상태를 바꾸지 않으면 안 된다. 이는 합리적인 사실이다. 우리의 역할은 마음속에서 소망 실현의 장애가 되는 여러 요소를 제거하고, 생명이 구체적 세계에서 자기를 완성할 수 있도록 하지 않으면 안 된다.

어떤 체험을 하기 위해, 즉 어떤 가치 있는 일을 하기 위해 당신은 그에 걸맞은 인물이 되지 않으면 안 된다. 당신 인생에서 일어나는 모든 사물은 당신이 '어떻게 있는가'에서 발생하는 것이다. 당신이 어떤 사람이냐 하는 것이 인생 전반을 좌우하는 키가 된다.

당신이 자기 행위의 주동자이자 주인공이 될 수 없다면 어떤 일도 할 수 없고, 또 자기 환경을 자유롭게 지배할 수 없다. 당신 마음에 새기는 미래상의 차원을 높여라. 그렇게 하면 당신 주위에 나타나는 모든 사항—기회, 번영, 행복, 건강, 호운 등을 당신은 당신의 것으로 할 수 있다. 그것은 당신 심상에 그린 미래상이 높다면, 지금 벌써 여기 이용할 수 있게 주어진 것을 현실로 볼 수 있기 때문이다.

◇◇◇◇◇ 감정은 사물에 선행한다

인생에서 할 수 있는 모든 체험은 먼저 마음에 새겨진 '이럴 것이다.' 하고 가정한 심리적 존재에 의해 이루어진다. 당신은 무엇인가 체험하고 싶다고 열정을 가지고 바란 적은 없는가? 당신은 어떤 종류의 목적 실현의 실감을 맛보고 싶다고 동경한 일은 없는가? 간단없이 그것을 마음에 새길 때 새겨진 것이 마음의 세계에서 현실로 이행한다.

성공하는 사람들은 어떤 것이 창조적으로 움직이기 시작할 때 마음속으로 상상되는 상태가 이미 실현 상태에 있으므로 그 사이의 차이를 잘 모른다. 왜냐하면 그들은 자기 꿈을 이미 현실로 받아들임으로써 힘주어 그것을 실현하는 방법을 알고 있기 때문이다.

그들은 자기 꿈을 마음에 새기고 그것을 현실로 실감, 실현으로 가져간다. 이런 사람들은 어떤 것이든 그것을 이미 성취한 것으로 뚜렷하게 실감하면, 가령 남의 육안으로는 보지 못하는 현실을 그들은 이미 안다.

우리는 이 원리를 많이 적용하고 있다. 자기 자신을 병이 났다고 '실감하고' 실제로 병이 나고 마는 경험을 하는가 하면, 눈부신 건강과 번영을 '실감하고' 실제로 그런 놀라운 상태를 실현한 사람들도 있다. 또, 같은 원리에 따라 고독하고 삭막한 상태를 자기 생활에 나타내 보이는 사람들도 있다. 많은 사람들이 이 원리를 사용하면서도 진정한 이 원리를 깨닫고 이해하는 사람은 매우 드물다. 또, 이 원리를 이해하는 사람 중에도 생활에 응용하는 지혜를 활용하는 사람은 드물다.

사람들 대부분은 일정한 견해 없는 상념과 감정의 노예다. 그러므로 그들이 사는 세계는 질서가 없고 혼돈 속에 있다. 외부 세계를 바꾸는 비결은 자기 상념과 감정을 훈련하고 그것이 작용하는 방향을 통제하는 일을 알며, 이에 따라 자기 장래 운명을 미리 정해 버린다.

◇◇◇◇◇

소망 실현의 강력한 기법

다음에 당신 꿈을 실현하는 방법 중 가장 효과적인 것 한 가지를 소개한다. 당신은 자기 목표를 명확히 결정하고 그것이 바르게 자기 소망임을 확신할 때 의자에 걸터앉아 당신 꿈이 현실로 된 장면을 묘사한다. 이때 어떤 묘사도 뛰어날 필요는 없다. 다만 감정을 기울여 가능한 한 장면 묘사를 하면 좋다.

그 묘사 가운데, 당신은 적절한 직책을 맡아 그것을 최대한 활용하는 모습을 그린다. 그리고 감정과 언어와 동작을 충분히 포함시켜 새긴다. 당신은 이를 실행할 때, 꿈을 추상적 아이디어 세계에서 현실 세계로 이행시키는 것이 된다. 그리하여 당신의 꿈은 어떤 현실적 모습을 갖출 수 있게 되고, 당신은 그것을 점차 진실한 것으로 인식하게 된다.

당신은 말할 때 건설적인 이야기를 하는 것이 얼마나 중요한지 알고 있는가? 당신은 상념과 감정을 바른 방향으로 작용시키는 일이 얼마나 중요한지 알고 있는가? 만약 이미 알고 있다면 이 방법을 사용하여 자기 자신을 목표 달성한 인물로까지 묘사로 이행시킨다.

곧, 당신의 상념과 감정 및 당신이 가지고 있는 모든 것을 그 묘사한 정경에 몰입시켜 일체가 되고, 이에 따라 당신은 자기가 이상한 바대로 된다. 이 과정에 마술적인 부분은 전혀 없다. 그것은 단지 당신 생활 행동을 바른 방향으로 작용시키는 데 도움되는 기법에 지나지 않는다.

만약 당신이 창조적 상상력을 활용하는 데 숙달되어 있다면 앞에서 말한 이 방법이 필요하지 않을 것이다. 그러나 당신이 굳이 이 방법을 쓰고 싶지 않다는 기분이 든다면, 혹시 필요하지 않아서라면 괜찮지만 잠재의식 중에 어떤 변화가 싫은 저항에서

비롯된 것이라면 안 된다.

　얼핏 보아 합리화된 구실이나 변명은 성공에 확신을 갖지 못하는 잠재의식의 공포를 기반으로 일어난다. 당신은 자기 자신을 속이면 안 된다.

신념은 소망보다 강하다

　당신이 어떤 소망을 가지고 그 실현을 체험하고자 하는 것은 좋은 일이다. 그러나 당신이 어떤 소망을 가지고 있더라도 잠재의식 속에서 그것을 획득할 수 없다고 하면 당신은 결코 실현시킬 수 없다.

　법칙에 흥정은 전혀 없다. 그것은 일정불변의 작용이다. 그것이야말로 우리는 항상 법칙에 의존하는 것이 가능하다. 그러므로 우리가 일단 인생 유희의 법칙에 따라 생활하는 것을 배울 때, 우리는 영구히 자유가 된다.

　신념은 마음에 새긴 상을 계속 유지하는 작용을 한다. 그것은 당신이 주위에 보이는 현상 모습이 어떤 것이든 "이것이야말로 진실이다." 하고 당신이 마음속에서 아는 부분이다. 당신이 "진실이다." 하고 마음으로 아는 사물이 현상적으로 진실이 된다. 그러므로 신념 있는 사람들도 교제함으로써 이 사람들의 감정을 "자기 것으로 한다."는 일이 가능하고, 또 그에 의해 이완되지 않은 자신의 생각을 쌓아올리는 일은 매우 중요하다. 표면적인 감정이나 변덕스러운 착상은 무엇이든 이루어 낼 수 있는 힘이 되지 않는다. 그러나 마음속 깊이 뿌리 내린 감정은 놀라운 사물을 창출할 수 있다.

당신은 자기 마음이 조용히 맑은 상태일 때, 사실은 자기가 신념에 안주하고 있는 사실을 알 것이다. 마음의 평화, 기쁨 그리고 속에서 솟아나는 만족감은 당신이 인생에서 자기 위치를 실상 그대로 투영하여 받아들이고 있음을 의미한다. 당신이 어떤 소망 실현의 체험을 한 후에는 의심의 생각을 일으키기보다 믿음의 생각을 일으키는 편이 훨씬 쉽다. 믿는 기분을 일으키는 것은 의심하는 기분을 갖는 것과 똑같이 대개 습관적이다.

인생은 반드시 쓰라린 경험의 연속이라는 관념을 버리는 것이 좋다. 당신은 놀라운 운명을 받을 자격이 있다. 그리고 당신이 이 사실을 자기감정 생활의 레벨에서 법칙으로 받아들일 때, 실제 놀라운 사실을 알게 될 것이다.

◇◇◇◇◇
초월의식의 자각은
잠재의식의 한정 관념보다 강하다

당신의 의식이 완전히 진리를 깨달을 때, 당신은 인생을 전체로 본다. 그러나 당신의 마음이 자기를 한정할 때, 당신은 인생을 한정한 마음의 틀 범위밖에 볼 수 없다. 그러므로 자기 한정을 한 사람은 자기의 인생관만이 진실이라 믿는다.

그러나 의식이 완전히 진리를 깨달은 사람은 사물을 보는 관점이 하나만이 아니란 사실을 안다. 당신은 어떤 것에도 속박되지 않는 자유로운 마음을 갖기 위해 생각할 수 있는 관점을 모두 포함하는 넓은 시야를 가져야 한다. 당신은 진리인 것처럼 보이는 사소한 관점에 자기를 가두고 여기에 매달리면 안 된다. 그것은 최악의 자승자박이다.

우리는 병과 가난은 사실상 나에게 존재하지 않는다고 자기 마음으로 믿게끔 열심히 노력하면서도 육안으로는 항상 병이나 가난을 보고 있기에 마음이 혼란스럽다. 이럴 경우 당신은 다음과 같이 생각하는 것이 좋다.

우리는 병이나 가난을 경험할 수 있다. 그러나 동시에 내부 상념을 한 번 바꿈으로써 건강과 번영을 실현할 수 있다. 현상 세계의 사물은 어떤 것이든 일정불변으로 계속되는 것이 아니기 때문이다. 그리하여 가장 영적인 맹목의 사람조차도 결국은 반드시 그 상태에서 변화해 깨달을 수 있는 것이다.

당신은 소극적인, 혹은 바람직하지 않은 상념이나 정황에서 자기를 보호하고자 노력할 필요가 없다. 다만 당신은 자기가 이상으로 하는 완전 세계의 방향으로 착실하게 상념과 감정을 작용해야 한다.

본서 마지막 장에서 나는 사물을 완전한 모습으로 보는 확실한 방법을 설명하고자 한다.

◇◇◇◇◇ 의욕을 불태울 필요성

내가 아는 성공한 사람들은 남자든 여자든 모두 가끔은 가라앉기 쉬운 자기 자신을 고무할 필요가 있었다. 바른 방향으로 착실하게 진행하는 일은 반드시 쉬운 일이 아니다. 크게 성공한 사람들도 맥이 풀리고, 의욕이 침체했던 시기가 있었다.

당신은 맥이 빠져 의기가 솟아나지 않을 때, 무엇인가 의욕을 불태워 줄 어떤 동기가 필요하다. 이때, 당신은 독서를 하든가 영감 넘치는 강연을 듣는 것이 좋다. 당신의 정열이 솟구쳐 오를 때까지 그런 노력을 계속하는 것이 좋다. 그리고 의욕이 생기면 확실한 결과를 얻을 목적으로 자기 계획 실행에 바쁘게 움직이는 것이 좋다. 이렇게 하는 중에 당신은 반드시 신념을 갖기에 이른다.

많은 기업가들은 영감 넘치는 글을 책상 위나 가방 속 등 자기 가까이에 둔다. 자신이 의기를 불러일으킬 필요를 느낄 때, 그 글을 읽고 또 읽어 정신력을 강화한다. 그리고 그들은 바쁘게 움직인다.

자기 훈련 방식에 독자 의욕을 불러일으키는 서적이 미치는 영향이 큰 것에 착안하여 영상 제작물 회사를 설립, '영감의 신간서'를 제작 보급한 사람이 있다.

미국 텍사스 주 와코에서 폴 메이어(Paul Meyer)는 '성공 동기 아카데미'를 설립, 이 분야 사업을 세계 최대 규모로 발전시켰다. 그는 많은 출판업자, 저자와 계약하고 그들 저서를 집약해 이것을 영상으로 제작하는 한편, 영상물 보급과 함께 일반 수강자 대상으로 정신력 강화 훈련에 박차를 가했다.

폴 메이어는 오로지 자기 신념의 결과 여기까지 성공한 것이다. 그는 이미 27세 때 보험설계사로 백만장자가 되었다. 그 후 자기 재능을 전문으로 하는 활동 영역에서 어떻게 하면 인간이 최대한의 능력을 발휘할 수 있는가를 가르치기 시작했다. 그는 말한다. 성공의 비결은 "상념을 구체적으로 결정(結晶)시키는 일"이라고.

먼저 자기 목표를 정하고, 이어서 그것을 실현시켜야겠다는 불타는 소망의 힘으로 목표를 마음으로 떠받친다. 그리고 나아가 목표가 이미 달성된 정경을 마음에 새긴다. 그 후 자기가 가진 모든 에너지와 재능을 목표 달성 방향으로 집중함으로써 소망 실현의 대가를 지불한다.

◇◇◇◇◇
의욕을 불러일으켜 성취한 한 가지 예

설교와 저술을 통해 자기 인생의 전기가 된 체험을 말하는 오럴 로버트(Oral Robert) 목사의 포교 활동 이야기 중 하나를 소개한다.

어느 날 밤, 오럴 로버트 목사는 텍사스 주 아마리로에서 텐트 예배소를 설치하고 많은 청중들 앞에서 설교 중이었다. 그때, 갑자기 폭풍우가 덮쳤다. 텐트는 강풍에 날아가 버리고 순식간에 아수라장이 되었다. 그런데도 아무도 다치지 않아 그건 참 다행이었다.

그 이튿날, 오럴 로버트 목사는 현장을 둘러보며 그가 설치한 텐트의 잔해를 바라보았다. 이 텐트는 그에게 매우 중요했다. 1만 명 이상의 구도자를 끌어 모은 큰 집회를 성사시킨 그런 텐트였다. 그는 크게 상심하고 실망했다. 그는 어떻게 할 줄을 몰랐다.

그는 그의 모든 것을 포교 활동에 쏟아 부었기에 이렇게 되고 보니 앞날이 캄캄했다. 그런데 그때, 한 신문이 이 사건을 보도했다. 그러자 곧바로 격려 편지와 전보가 전국에서 쇄도하기 시작했다.

그의 마음이 아직 실망의 늪에 빠져 있을 때, 전보 한 장이 그의 손에 들어 왔다. 그리고 전보를 읽자마자 그에게 또다시 생생한 의욕이 솟구쳤다. 그의 한 친구가 전보로 이 사건에 대한 자기 생각을 표현한 것이었다. 그 전보 문안은 단 한 문장이었다.

"형제 로버트여, 기 꺾이지 말고 전진하라!"

이는 오럴 로버트가 지금까지 스스로 여러 차례 설교한 이야기의 연제였다. 기를 꺾이지 않기 위해 신앙이 필요했다. 이 전보 문안은 그에게 다시 생기를 불러일으켜 주었다.

즉시 그는 새로운 텐트를 구해 더욱 큰 규모로 새 출발하는 포교 활동의 그림을 마음에 새겨 넣었다. 그리고 그는 필요한 모든 것을 확보하는 방향으로 의식을 전환하고, 놀라운 성과를 거둬 전진한다.

이 사건은 그의 포교 활동에 종지부를 찍을 수도 있었다. 그러나 그는 의욕을 불러일으키고 다시 적극적인 행동으로 옮겨 이전보다 더 크게 대규모 활동으로 약진하였다.

◇◇◇◇◇ 당신의 뛰어난 직감에 따르라

친절하고 총명한 조언자를 옆에 두는 일은 누구도 부정하지 못하지만, 우리는 직접 '지혜의 근원'에서 인도를 받아야 할 시기가 반드시 오고야 만다. 따라서 우리는 직감에 따라 움직이는 것을 배우지 않으면 안 된다.

직감은 분석과 종합의 과정을 필요로 하지 않는, 직접 거침없이 알게 되는 전체지(全體智)다. 그것은 항상 올바르다. 처음 우리는 잠재의식의 변덕스러운 소곤거림과 직감의 번득임을 혼동할 수 있는데, 실제 수행을 쌓아가는 중에 양자의 차이를 구별할 수 있게 된다.

당신이 자신의 직감적 인도를 인지하게 되고 이에 따라 행동할 때, 당신은 생장해 나가는 것이다. 그리고 성숙하게 된다.

사람은 누구나 잘못을 저지를 때가 있다. 그러나 그것이 무조건 나쁜 것은 아니다. 실패는 당신이 그만큼 진보하고 있다는 사실을 보여 준다. 크게 성공한 사람들도 대개 한두 번은 실패하기 마련이다. 그러나 우리는 보통 성공한 면만 듣고 있어 그들의 실패를 알지 못하는 것이다.

당신이 어떤 일이든 실제 수행을 계속해 나감에 따라 속도는 느리지만 실패 도수는 점점 줄어들 것이다. 반대로 당신의 성공 도수는 증가한다. 당신은 소소한 실패에 마음이 쏠려 전진할 수 없다는 일이 있어서는 안 된다. 하나하나의 실패를 가지고 자기 생장과 확대와 극복의 좋은 기회로 삼으면 좋다.

마침내 당신은 어떤 정황에 직면해도 훌륭하게 대처할 수 있을 만큼 생장할 때가 반드시 올 것이다. 그때 당신은 인생의 주인공이 된다.

◇◇◇◇◇
의식의 자각은 힘이다

당신 의식이 자기 실상으로 자각될 때 당신은 힘을 가지게 되고, 모든 문제에 대해 그 실상을 볼 수 있게 된다. 이것은 두뇌지(智)의 사변(思辨)에 의해 추측하기보다 훨씬 좋은 이유다.

당신 의식이 자각될 때 당신 능력은 생생하게 작동한다. 곧, 당신은 주위 사물을 잘 깨닫고 잘못을 저지르지 않게 되고, 기회를 찾아보게 된다. 당신은 자연과 남의 감정에 배려를 잊지 않게 되고, 기억력은 온전하게 된다. 독서력은 매우 빨라지고, 읽은 내용은 잊지 않게 된다. 그렇다. 당신은 의식을 자각할 때 힘을 갖게 된다.

그렇다면 당신은 어떻게 함으로써 의식의 자각을 좀 더 깊이 할 수 있을까? 이것은 인생에 흥미를 갖는 일에 의존한다. 그리고 인생의 여러 정세에 직면함으로써 가능하다. 인생이 자기에게 제공하는 것을 직시함으로써 가능하다. 남들과의 교제나 여러 정세와의 절충에 들어 있는 것을 방해하고 있는 공포의식을 마음에서 제거함으로써 가능하다. 또, 모든 면의 인생을 기꺼이 받아들임으로써 가능하다. 당신은 이 같은 사실들을 실행할 수 있는지 생각해 보는 것이 좋다. 그리고 실행해 본다.

당신은 의식을 자각하지 못하는 사람이 얼마나 많은지 알고 있는가? 그들은 "나는 전혀 모르겠다."고 말한다. 그들은 마치 꿈속에 있는 것처럼 돌아다니는 것이다. 그는 버스에서 내리면 그대로 인도에 서 있는 대로 움직이지 못하기 때문에 뒤이어 내리는 손님에게 방해가 된다. 그들은 거리를 횡단할 때, 다만 느릿하게 걸음으로써 자동차 속도가 떨어질까 노심초사하는 기사의 처지를 잊고 있다. 당신이 그들과 이야기를 하면 그들은 당신 이야기의 일부밖에 의식하지 못한다. 그들은 실제 살아 있지 않은 것이다. 그들 주의력의 대부분은 시간과 공간의 세계를 빠져나가 꿈속을 헤매고 있음이고, 거의 전부라 할 정도로 그들은 자기 환경의 산물로 살고 있음이다.

자, 당신은 자기의식을 어느 정도나 자각할 수 있는가? 당신은 어느 정도 많은 것을 알 수 있을까? 당신은 너무나 많은 일을 안다는 사실을 좋지 않다고 생각하는가? 또 너무나 많은 일을 본다는 사실을 좋지 않다고 생각하는가? 만약 그렇게 생각한다면 그 이유는 무엇인가?

당신이 이 세계에 대해 분명한 의식을 자각할 때, 당신은 인생에 대해 장기적 전망을 할 수 있을 것이다. 당신은 마음의 기초를 공고히 함으로써 자기 미래를 구축할 수 있다. 이래서 당신은 인생에서 활약하기 위한 발판이 되는 확고한 기반을 다지게 되고, 그 기반이 흔들리지 않는 한 장기간에 걸쳐 그 효과는 뚜렷한 것이 된다.

◇◇◇◇◇

마음속에 이상 실현을 위한 접점을 만들라

우리는 자기의 구체적인 이상상, 누군가 자기 이상의 실례가 되는 사람을 마음속에 그려 넣고 같은 인물이 되리라는 중요성에 대해 이미 언급한 바 있는데, 실제 실행하는 정도에 따라 당신은 자기 자신에 대한 기존 관념에서 벗어날 수 있다.

어떤 사람들은 인간적 이상상을 마음에 그려 넣는 단계를 넘어 좀 더 깊이 나아가 눈으로 볼 수 없는 무한자(無限者)의 이미지를 파악한다. 이 무한자에 대해 마음을 여는 정도에 따라 무한자의 힘이 인생의 모든 활동에서 한 걸음 한 걸음 인도하는 것을 느끼게 된다. 물론 우리는 신이나 무한자의 개념을 누구나 가지고 있다고 칼 융(Carl Jung)은 말한다.

인간은 자기 소망을 채우기 족할 정도의 위대한 신의 이미지를 마음에 가지고 있다. 자기 소망이 커지면 그만큼 신의 이미지도 커진다. 그러면 당신이 품은 무한자의 이미지는 어느 정도의 것인가? 당신은 혹성, 또는 태양계 어떤 영역만을 지배하는 어느 종족이 신봉하는 신을 믿는 것인가? 혹은 당신이 믿는 것은 전체 우주적 존재, 천지 만물, 훨씬 멀리 있는 저쪽 많은 별들을 포함한 모든 것을 지배하는 신인가?

당신이 가지고 있는 무한자의 관념이 어떤 것이든 그것이 이미지인 한, 그리고 그런 이미지를 당신이 지금도 마음에 가지고 있다면 그것이 당신에게 이상 실현을 위한 접점 역할을 하게 되는 것이고, 작은 자기를 훨씬 너머 그 이상상을 '무한자' 수준까지 고양시킬 수 있다.

나는 남의 희생을 통해 얻는 성공은 바르다고 생각하지 않는다. 당신이 기원할 때, 그 방식이 자기 마음의 눈이 열리고 기회를 찾아 바른 연락을 유지, 바른 사람들과 만날 수 있기 위한 것이 되도록 나는 제안하고 싶다.

내가 아는 세일즈맨 중 방문 판매를 위한 기도에 뛰어난 사람이 있다. 그가 기도하고 외출하면 반드시 매상을 올린다. 이 같은 기도 방식은 자칫 잘못하면 마법 같을 수도 있다.

곧, 우리는 다른 사람을 내 뜻대로 움직이고자 마음의 힘을 악용하는 수가 있다. 우리가 적당한 사람을 우연히 만나기 위해 마음의 힘을 사용한다면 그 기도는 바른 것이다. 우리는 자기 생활에 필요로 하는 적당한 사람들이 반드시 나타나 그 결과 그들에게 자기 상품을 제공할 수 있게 기도하는 일이나, 또 실제로 그것이 실현되는 모양을 마음에 그리는 일은 전혀 지장이 없다. 그러나 특정한 사람을 임의로 정해 그 사람이 자기 상품을 사도록 기도하고, 그 모양을 마음에 그리면 안 된다.

전자의 경우는 우리가 인도를 바라고 마음을 열어 놓은 상태지만, 후자의 경우는 우리가 남의 의지를 속박하는 결과가 된다. 성공한 많은 사람들은 그들이 '실재자'에 대해 마음을 열었을 때 사업 경영상 적당한 인도를 받았다고 말하고 있다.

이 무한자의 예지는 심신의 힘을 줄여 주고, 보통 오감의 의식 한계를 넘어 직감력을 발달시켜 유현(幽玄)한 진리 파악에 도움을 준다.

내가 아는 어떤 사람은 이 실재자를 일러 '무언의 협력자'라고 말한다. 그리고 그는 그 무한자의 힘이 지켜 준다고 하는 믿음으로 마음을 안정시킬 때 모든 면에서 인도받고 있어 자기가 성공했다고 말한다.

이 이야기는 지금까지 말해 온 바와 같이 마음의 긴장이 지나치면 직감적 통찰력의 작용을 저해한다는 사실을 반대로 뒷받침해 준다. 낙낙하게 침착해진 심경과 완전한 신앙은 직감력을 작동하는 키가 된다.

보통의 평범한 생활과 뚜렷한 성공을 가르는 베일은 매우 얇다. 단지 우리가 해야 할 일은 한 아이디어를 얻고, 그것이 실현될 때까지 그 아이디어를 마음에서 놓아버리지 않고 작동하는 일이다. 그 적절한 실례는 『나이의 비밀』과 『부(富)는 생각한 대로』의 저자 로버트 콜리어(Robert Collier)에 관한 이야기를 들 수 있다.

로버트 콜리어는 통신 판매로 상품을 파는 회사의 세일즈 레터 청부를 맡아 문안 작성으로 비즈니스계에 이름을 높인 사람이다. 그는 성실한 격조를 갖추고 읽는 사람 마음에 직접 호소하는 문장 쓰기를 아는 사람이다. 그는 자기의 철학 체계에 관한 책을 하나 써서 출판하려는 생각을 가지고 있었다. 그것도 많은 사람들처럼 그저 오랜 동안 단지 머릿속에 가지고 있을 뿐이었다. 그러던 중 머릿속에 한 아이디어가 섬광처럼 번득였다. 그것은 자기 책 출판 계획을 광고하는 서적 판매 반신용이 붙은 안내장이었다. 안내장을 고객에게 직접 쓰는 것은 그의 작업이므로 그가 실제로 책을 내기에 앞서 반신용 안내장을 생각한 것은 어쩌면 당연한 일이다.

그는 실제로 반신용 안내장을 써서 발송했다. 그 반응은 실로 믿을 수 없을 만큼 컸다. 이로써 그는 출판 준비에 주야로 매달렸다. 그리고 그 준비가 끝나자 그는 그의 저서를 홍보하는 반신용 안내장을 100만 부 준비, 그 후 바로 또 100만 부를 추가해 고객에게 우송했다. 갑작스런 큰 성공에 그는 주문서 발송을 위해 따로 한 사람을 고용하게 되었다. 그리고 그의 철학을 설명하는 데 자금과 경험 있는 사람이 나타나 그 비즈니스를 맡아 주게 되었다. 로버트 콜리어가 지은 책은 한동안 다량으로 보급되었고, 이후 그 사업은 아들 골든 콜리어가 경영을 이어 갔다.

우리는 자기가 이것이 좋다고 생각할 때, 어디까지나 이를 관철시키지 않으면 안 된다. 이따금 그것이 히트를 쳐서 곧 정상을 차지할 수도 있다. 또 때로는 일견 극복할 수 없는 장애를 물리치지 않으면 안 될 경우도 없지 않다. 끝까지 극복하는 사람이 성공하는 것이다. 그러므로 당신은 자기가 가야 할 길을 가고 있다고 확신할 때 착실하게 전진하는 것이 좋다.

사업이 뜻대로 진척되지 않을 때, 보통 중도에서 멈추기는 쉽다. 그러나 이때야말로 마음먹기의 조정에 힘쓸 일이다. 당신이 마음의 조정을 배우고자 노력할 때, 정상에 오르는 방법을 알게 된다. 여기에 실패는 결코 없다. 마음에 강력하게 그려 넣은 소망은 그 실현을 억지할 수 없는 것이다. 그것은 반드시 구체화해 오게 되어 있다.

◇◇◇◇◇

운명을 만드는 사람

1920년의 일이다. 인도에서 한 청년이 미국에 건너 왔다. 그의 이름은 스와미 요가난다(Swami Yogananda, 후에 '스와미 요가난다 파라마한사'라고 불렀다.)라 했고, 인생에서 수행해야 할 특수 사명을 가지고 있었다. 그는 요가의 고전적 과학을 서양이 가져야 한다고 해서 들어온 것이다. 미국인을 개종시키고 새로운 종교적 신념을 갖게 하기 위해 온 것이 아니다. 그는 사람이 살아가는 기본적 법칙을 전해 주기 위해 온 것이다.

처음 수년간 그는 친구들과 함께 보스턴에서 조용히 지내다가 그 후 활동을 시작했다. 그는 융자해 줄 후원자를 만나 대륙 횡단 여행을 시작, 미국 대륙의 여러 도시를 순회 강연할 수 있었다.

그는 가장 큰 강연회장만을 택해 각 도시에 예약하고, 수주일 전부터 개최지에 광고 포스터를 붙이기 시작했다. 신문에 큰 광고를 내고, 나아가 개최지 유력자로부터 강연에 관한 추천문을 받아내 드디어 그는 개최지 중심지로 진입했다. 거대한 공중회관은 매일 밤 연속적으로 청중이 초만원을 이루었다. 그는 청중을 강력히 감동시키는 어조를 구사, 만약 그들이 자기 자신을 믿고 어떤 형식의 정신 훈련을 실제 수행한다면 그들이 할 수 있는 능력이 얼마나 위대한가, 또 그들이 알 수 있는 능력이 얼마나 큰 것인가를 설명했다.

그는 캘리포니아 로스앤젤레스에 거주했는데, 여기서 나는 1949년에 그를 만날 수 있었다. 그때 벌써 그는 융성에 이른 대조직을 만들어 내고, 수천 명의 연수생을 교육 수련, 또 수십 인의 지도자를 양성, 과업을 계속 이어 나갔다. 당시 고교 졸업 후의 젊은 나는 요가난다와 함께 지냈는데, 그가 나를 놀라운 심령의 세계로 안내해 준 것이다.

그가 일반인에게 준 영향력은 매우 컸기 때문에 그의 저서는 계속 팔려 나갔고, 외국어로도 번역되었다. 그 밖에도 《타임스》, 《뉴스위크》 등 전국 주간지나 대신문 일요판에 많은 광고를 게재했다.

그는 꿈을 가졌다. 그는 전심전력의 사명감으로 가득 차 있었다. 그리고 그는 시대에 적합한 능력 및 현대의 홍보 수단을 사용하는 능력을 서로 잘 조화시켜 정열로 뭉친 그의 사명을 완료할 수 있었다. 그가 그의 사명을 훌륭하게 수행했다는 증거로 주요 출판사는 거의 모두 그 출판 목록에 적어도 한 권쯤은 요가를 취급한 책을 싣고 있다. 그리고 사람들은 어디서든 생명의 진리에 눈뜨게 되고, 인생에 어떤 장애도 있을 수 없다는 '생명의 과학'을 파악하고 있음이다.

마음의 신비

오늘에 와서 '마음의 힘'에 대해 적어도 아무것도 모른다는 사람은 거의 없다. 나는 '마음의 힘'이라 표현하기보다 심성 기능의 생리적 기관을 매개로 작용하는 '혼의 힘'이라 부르는 편이 적절한 표현이라 믿는다.

한 조사에 따르면, 일부 사람들은 어떤 형태의 신비적 체험이 있음을 인정하고 있다고 한다. 그런 체험 과정을 통해 그들은 종전의 생활 습관 틀에서 확실히 벗어나고, 우주 보편심과의 융합감을 경험, 또 많은 경우 지금까지의 나쁜 버릇이 온전히 시정되었다.

만약 당신이 미지의 마음 세계를 탐구하는 것은 자기 혼자 정도일 것이라는 소극적 생각이 든다면, 정신과학에 관한 책이 벌써 수십만 부나 보급된 사실을 떠올리면 좋을 것이다. 그리고 얼마나 많은 큰 사업의 경영자나 예능계 톱을 달리는 사람들이 '마음의 힘'이 중요함을 보증하고 있는지 알게 되면 좋을 것이다.

'마음의 힘'을 의식적으로 쓰든 무의식적으로 쓰든 그것은 별도로 하고, 이 힘을 전혀 쓰지 않고 성공의 사다리를 밑에서부터 올라간 사람은 아무도 없다. 이 사실은 꼭 기억해야 할 중요 사항이다. 당신은 자기가 예외라 생각할지 모르지만 결코 그렇지 않다.

당신이 마음의 영역에 작용해 인생을 조정할 수 있는 시기가 빠르면 그만큼 당신의 생활은 쾌적하게 된다. 따라서 당신은 이 정신과학의 세계에서 어떤 일이 진행되고 있는지 잘 알고 있을 필요가 있다.

당신은 지구와 우주선과의 통신 수단으로 정신 감응을 사용하는 아이디어에 집중 작업하는 책임자가 있음을 알고 있는가? 또 당신은 마음이 물질에 대해 어떻게 영향력을 갖는가 하는 연구가 현재 진행되고 있음을 알고 있는가? 이 같은 사실은 이미 추측의 단계가 아니다. 우리는 마음이 갖는 여러 가지 능력을 자유로 구사할 수 있기에 앞서 한층 더 연구가 필요하다.

인간이 지구 외의 혹성에 지성 의식 있는 생물이 그야말로 실제 생존한다는 사실에 장차 직면한다면, 지구상 생명에 관해 우리가 가진 개념의 상당 부분을 버리지 않으면 안 된다는 사실을 당신은 알고 있는가? 전 우주 가운데 지구와 유사한 혹성의 수는 대충 따져도 1억 개가 넘는다고 한다.

인간은 우주 공간에 나가면 방위 측정의 좌표가 될 여러 점이 신변에 없어지므로 이때 정기(正氣)를 유지하기 위해 자기 진성(眞性)이 무엇인지 깨닫고 있지 않으면 안 된다고 나는 생각한다. 이 우주 시대에 와서 우리는 자기의식 확대를 하지 않을 수 없다.

현재의식의 긴장이 제거될 때, 인간의 혼은 훨씬 먼 공간까지 진출해 전지(全智) 저장고 문을 열 수 있게 된다는 사실이 엄밀한 테스트 조건하에 증명되고 있다. 이것이 가능하게 되면 당신은 최면술을 걸 필요는 없다. 당신은 앞에서 다룬 창조적 상상력 설명 부분에서 배운 바와 같이 명상 상태에 들어가 마음 작용을 정지(靜止)시킴으로써 전지의 저장고에 도달할 수 있을 것이다.

로스앤젤레스 에벨 극장에서 정기적 집회를 갖는 규모가 큰 교회 디바인 사이언스의 목사 조셉 머피(Joseph Murphy) 박사는 다음 사건의 이야기를 말하고 있다.

그가 해외여행에 첫발을 내딛었을 때의 이야기다. 그가 탑승한 비행기는 북극 항로를 경유하여 그린란드에 수시간 착륙했다. 그가 어떤 찻집에서 커피를 마시고 있을 때, 한 남자가 가까이 오면서 말했다.

"나는 L.A.에서 당신 이야기를 계속 들었습니다. 코펜하겐에 형이 있는데, 만나 주지 않겠습니까?"

그리고 그는 이야기를 계속했다.

"나는 당신이 온다는 사실을 알고 있었습니다. 나는 당신을 꿈 속에서 보았습니다. 당신이라면 형에게 사정을 설명하고 우리 형제 사이의 문제를 해결할 수 있다고 나는 믿습니다."

그리하여 머피 박사는 이 남자의 형과 만나 대화와 기도로써 두 사람 사이의 문제를 확실하게 해결해 주었다.

이 남자는 꿈속에서 어떻게 머피 박사를 만났을까? 우리는 현재의식의 저항에서 자유로워질 때 신비의 세계로 파장을 맞춰 갈 수 있을까? 나는 가능하다고 믿는다. 다른 많은 사람들도 그렇게 믿고 있다.

나는 미국 남동부 5개 도시 순회강연 여행을 마치고 돌아온 적이 있다. 당시 마이애미와 플로리다 세인트피터즈버그에 머물렀을 때 심야 방송에 장시간 출연했다. 마이애미에서 WING방송의 래리 글리크(Larry Glick)의 인터뷰를 받았고, 세인트피터즈버그에서 WLCY방송의 빌 데이비드(Bill David)의 인터뷰를 받았다. 두 프로그램에서 똑같이 토론으로 방송을 개시한 후, 청취자들로부터 전화 질문을 받았다.

나는 초차원적 감각, 적극적 상념, 꿈, 심상, 심리적 동기 부여, 그 밖에 관련 주제에 관한 그들의 질문에 방송으로 회답했다. 초차원적 감각은 상상 이상으로 일반 대중 사이에 체험이 있다는 사실을 확인하듯 전화로 질문해 오는 사람들은 바르게 모두 그런 체험을 말할 수 있었던 것이다. 꿈속에서 가족 한 사람이 육체를 떠난 이야기나, 멀리 떨어져 있는 친구와 정신 감응으로 의사가 소통되고 그 내용은 후에 편지와 전화로 그대로였음이 확인된 일 등을 이야기하는 사람들이 많았다.

바라는 사물을 가까이 끌어당긴다

우리는 마음속에서 소망하는 일을 끌어당기는 방법을 배울 수 있다. 우리는 자기가 가장 즐겁게 할 수 있는 일은 능숙하게 할 수 있다는 사실을 상기하고, 지나치게 힘주면 안 된다. 대부분의 사람들은 전부는 아니지만 어떤 경우에는 이렇게 해 소망하는 사물을 끌어당길 수 있었다.

예를 들면, 나는 항상 마음속에 '서책의 의식'을 가지고 있는데, 나는 책을 좋아하므로 자주 그것을 바로 옆에 끌어다 놓는다. 가령, 내가 스스로 그것을 사지 않더라도 남에게 빌린다든가 해서 어디선가 끌어당겨 내 옆에 가져다 놓는다.

한번은 '크리스천 사이언스'에 관해 저술한 마크 트웨인의 책을 한 권 가졌으면 한 적이 있었다. 나는 트웨인의 솔직한 비평 글이 읽고 싶어 그런 것은 아니었다. 그 책에 내가 바라는 자료가 실려 있기 때문이었다. 그리고 나는 그 책이 이미 내게 와 있는 정경을 일단 마음에 그려 놓고, 그 후 마음에서 그것을 놓아버리고 말았다.

수 주간 후, 나는 오하이오 디톤에서 강연을 했다. 그리고 여기 체재 중에 어느 서점에 들어가 보니 내 책이 몇 종 놓여 있었다. 점원과 대화하는 중에 나는 이따금 마크 트웨인의 책을 찾고 있다고 말했다. 그랬더니 그 점원이 말하기를 그런 특수한 책은 세트로 되어 있어서 전집을 낱권으로 팔 수 없다는 것이었다. 그래서 나는 잠깐 진열된 책을 보면서 출구 쪽으로 나가고 있었다. 순간 돌아보니, 중고책이지만 내가 필요로 하는 그 책이 그 점원의 손에 들려 있었다. 그녀는 "제가 아침에 입고된 책이 한 상자를 정리할 때 다른 상자에 바로 이 마크 트웨인의 책이 섞여 있는 거예요." 하고 말하는 것이었다. 나는 그 책을 샀다.

이 같은 일은 가끔 일어나는 일로, 우연이라 할 수 없다. 또, 다른 사람들도 책이나 예술품이나 가구, 그 밖에 좀처럼 입수할 수 없는 물품을 나와 똑같은 경험으로 입수한 이야기를 나는 듣고 있다.

우리는 자기 신변에 필요한 것을 끌어들일 수 없는 사람들이 많다는 사실은 누구나 잘 알고 있다. 그러나 그 반대로 필요로 하는 것을 돈이든 기회든, 또 친구나 동료 누구든 끌어당기고 마는 사람도 있다.

당신이 마음으로 이미 받은 것으로 쉽게 믿을 수 있는 것은 실제로도 풍부히 받고 있다. 여기서 "부자는 점점 많이 받고, 빈자는 점점 가난해진다."는 속담이 생긴 것이다. 따라서 이 해결은 부자한테 빼앗아 가난한 사람에게 베푼다는 이야기가 아니다. 그것은 마음이 가난한 자에게 어떻게 해야 흔들림 없는 신념을 가지게 할 수 있을까, 그리고 또 공포나 원한, 빈곤에서 어떻게 벗어나는가를 가르쳐 주는 것이다. 그렇게 되면 그들은 인생에 자기를 완전히 표현하기 위해 필요한 것은 모두 가까이 끌어당겨 실현할 수 있다.

만약 당신이 바라는 사물은 반드시 따라온다는 신념으로 전체의식을 채우면 세상은 당신 손아귀에 바라는 보물을 무리해서라도 밀어 줄 것이다. 누구든지 법칙을 작용, 자기 마음을 법칙에 맞추면 환경을 바꿀 수 있다.

이따금 우리는 "당신은 환경을 바꾸는 일 등은 불가능하다."고 사람들이 말하는 것을 들을 때가 있다. 그러나 나는 그렇게 생각지 않는다. 당신이 어디 살든 어느 나라 사람이든, 또 어떤 정치 체제에 있든 그런 일은 전혀 상관없다. 만약 당신이 자기의식을 확대하고, 보다 풍부하고 일층 충실한 인생을 보내고자 한다면 그것은 실현할 수 있다. 우리는 과학적 방법에 기초를 두고 움직이고 있기 때문이다. 어떤 사람이 불가능하다고 생각한 사실을 해냈다고 하면, 당신 역시도 그것을 실현할 수 있다는 사실을 기억하라.

당신은 다른 사람들이 자기 의견에 찬동해 주지 않는 경우 신경 쓸 일이 있을지 모른다. 그들이 과연 당신과 같은 이상을 나누어 가진 것일까? 만약 그렇지 않다면 당신이 바른 길을 가고 있는 한, 그들이 하는 말 같은 것은 괘념할 필요가 없다.

노맨 빈센트 필(Norman Vincent Peale)은 그의 저서 『적극적 사고법』이란 입문서 때문에 비판의 대상이 되었는데, 오히려 비판의 소리가 사라지자 그는 잡지, 저작, 신문에의 기고나 설교로 백만이 넘는 사람들에게 끊임없이 그 진리를 전할 수 있었다. '정신 과학' 분야에서 새 국면을 개척할 때 떠들썩한 부정적 비평에 휩 싸이는 일은 보통이다.

생각은 공간을 뚫고 날다

해롤드 셔맨(Harold Sherman)은 많은 영감적 저작물의 저자로, 초감각 감지의 세계적 권위로 인정받고 있다. 그는 휴버트 윌킨 스(Hubert Wilkins) 경과 공저로 『상념은 공간을 뚫고 감응한다』는 책을 냈다. 그들은 이 책에 북극 지방에서 뉴욕 시까지 생각으로 통신을 보낸 경험을 말하고 있다.

휴버트 경은 행방불명된 몇 명의 비행사를 찾으러 북극으로 향 했는데, 출발에 앞서 미리 약속한 시간에 셔맨 씨와 염파(念波)로 통신할 것에 동의했다. 염파 통신 결과는 놀라울 만큼 훌륭했다. 해롤드 셔맨이 정신 감응으로 감득한 상념, 또는 통신은 매우 명 확히 감지할 수 있어 발신자가 무선으로 뉴욕 타임스 본사에 송 신한 통신보다 매우 빠르게, 더 정확히 마음으로 느낄 수 있었다.

누구나 전 심신의 긴장을 풀고 기대감을 가지고 자기 자신의 전 존재를 '방송된 상념'으로 무아 해방 상태가 되면, 상념의 인 상을 감수하는 일을 배울 수 있다. 당신이 어떤 사람의 상념 감정 을 알고자 한다면 그 사람이 옆방에 있든 몇 천 마일 떨어져 있든 그런 일은 상관없다.

먼저 당신은 의자에 앉아 느긋한 기분을 갖는다. 그리고 마음 가운데 있는 모든 상념을 깨끗이 지워 버리고 꼼짝 않고 자신을 살피며 마음의 영사막을 응시한다. 그리고 감정상 그 사람과 일체감을 갖도록 하면 곧바로 당신은 그 사람의 인상, 견해, 이미지 등이 떠오르기 시작한다. 이것은 몇 차례고 실제 수행할 필요가 있는데, 반드시 할 수 있어야 한다.

정신적 지도자 가운데 이 방법을 사용, 스스로 연구생들에게 '파장을 맞추는' 사람도 있다. 그리고 연구생들의 마음을 알고 적당한 지시를 주어 그들을 리드한다. 내가 말하고 싶은 것은 이 경우에 거리는 전혀 장애가 되지 않는다는 점이다. 시간과 장소는 실험 조건을 설정할 때, 상관적인 고려를 하면 좋을 것이다. 그것이 정신 감응에 의한 통신상 장애가 되는 일은 없다.

당신은 정신 감응에 의해 남의 인상을 받을 수 있는 것처럼, 어떤 사람에 대해 마음속으로 당신 존재를 알 수 있도록 강하게 생각함으로써 당신의 상념 감정을 상대 마음에 투영할 수 있다. 먼저 당신은 눈을 감고 어떤 사람에게 정신을 집중한다. 그리고 그가 어디까지나 눈앞에 있는 것 같이 마음에 그려 넣는다. 뿐만 아니라 감정으로 실감한다. 만약 그의 마음이 감수적(感受的)이고, 당신이 방송하고자 하는 심상이 충분하고 온전하게 그려져 있으면, 그는 당신이 그린 상념 감정을 반드시 받아들인다. 당신은 자기 육체가 어디 있든 그런 일에 상관없이 자기 마음이 집중하고 있는 곳에 존재하는 것이다.

상념 감정의 염파(念波)를 보내든가 받든가 하는 것은 마음이라 생각하는 연구자가 있는데, 나는 그렇게 생각하지 않는다. 상념 감정의 발신 수신의 주체는 '마음'이 아니고 실제는 '참자기'인 '혼(魂)' 또는 '단위의식'이다. '마음'은 인식 작용이 그쪽을 통과하는 필터라고 나는 생각한다.

그러므로 우리가 현재의식적 '마음'의 긴장을 풀고 즐거운 기분이 들면 그만큼 염파는 필터에 흡수되는 일 없이 효과적으로 통하는 경향이 있다고 하게 된다.

◇◇◇◇◇ 초감각 감지는 특수 재능이 아니다

가장 많이 듣는 질문 중 하나는 초감각 감지력은 특수 재능인가의 여부다. 이에 대답한다면, 그것은 우리가 개발해 쓰는 일이 가능한 보통 능력에 지나지 않는다. 많은 사람들은 그 능력이 개발되기까지 자각하려 하지 않으므로 그것은 잠자고 있는 것이다. 그들은 정신 감응이 되면 대체 어떤 일을 알 수 있게 되는가 하고 두려워한다. 그들은 자기들에게 남의 상념 감정을 알 권리가 없고, 또 불필요한 일을 많이 알게 되면 견딜 수 없다고 생각한다.

먼저 첫째 의문에 대답하면, 우리가 정신 감응에 의해 다른 사람들의 상념 감정을 충분히 알 수 있게 되면 동시에 인간은 어느 길, 언젠가는 거의 어떤 일도 감지할 수 있을 정도까지 생장하는 것이라 알아야 한다. 또, 인간 사회에 충분히 익숙해져 분별 있이 행동하고, 다른 사람의 상념 감정을 알았다고 해 판가름할 일이 아니며, 많은 일을 일부러 누설하지 않고 마음 가운데 정리할 일이다.

자, 다음은 둘째 의문인데, 우리는 우리 주위를 떠도는 소극적이고 정견(定見) 없는 상념이 엄청 많음에 걸려 고뇌하고, 이에 관련될 필요는 없는 것이다. 우리 자신의 심경이 확실한 것이면 자기 소망 외의 떠도는 상념 등에 파장이 맞을 리 없기 때문이다.

한 생각을 일으키고 자각의 확대를 목표로 수행을 등한시하면, 자기 본래 면목을 발휘해 충분하게 자주적 활동을 할 수 없는 주된 원인이 된다.

누구나 듀크 대학의 라인(Rhine) 박사의 업적을 알고 있을 것이다. 그는 그의 저술 및 정기 연구 보고를 통해 '초감각 감지' 연구에 크게 공헌, 사람들의 존경을 받았다. 또 앤드리야 파하리치(Andrija Paharich) 박사도 초감각 감지 연구 및 신성한 버섯과 그 관계 자료 연구로 초감각 감지의 주제를 일반 대중에게 인식시키는 데 공헌했다.

방송을 이용한 초감각 감지의 공개 실험

내 친구 길버트 홀로웨이(Gilbert Holloway) 박사는 과거 수년 간 라디오, TV프로그램에 수백 시간이나 출연했다. 그는 어느 도시에 가서 강연할 때, 그곳 방송사 프로그램에 출연하겠다고 신청한다. 그의 성공은 대단하다. 한 도시에 2주 체재 예정 기간 중 라디오에 5회, TV에 3회 출연은 그에게 보통 일이었다. 그러니 초감각 감지의 공개 실험을 하는 이 유능한 연사를 접하는 사람들은 그 수가 어마어마했다.

그가 출연한 방송의 특징은, 그가 초감각 감지의 주제에 대해 익숙하고 고도의 지식을 가지고 논의하는 것뿐이 아니다. 그는 시청취자들의 전화를 받고 그들을 한 번도 만난 적이 없음에도 불구하고 생방송 중에 그들 신변에 있는 사정을 서슴지 않고 말하는 것이었다.

그의 인격이 압도적이고, 또 그가 시청취자들에게 이따금 적절한 해답을 들려줄 수는 있다. 그러나 어떤 질문자 한 사람 개인적 사항에 대해, 그것도 매우 많은 점에 대해 적절한 답을 해 주는 것은 보통일이 아니다. 그러므로 그가 자기와 이야기하는 상대방 마음에 파장을 맞추고 있음은 의심할 여지가 없는 것이다.

사람의 마음을 감지할 수 있는 비결은 적극적이며 감수성이 예민한 상태로 마음을 유지하는 일이라고 그는 말하고 있다.

현재를 살며 미래를 내다본다

행복한 사람들은 현재를 충분히 살아가며 동시에 머지않은 장래에도 즐거운 생활을 계속하기 위해 계획을 세운다. 단기 계획을 다듬고 장기 목표를 겨안도록 하면 그들은 방향과 목적이 정한 감정을 작용할 대상을 갖는다. 그리고 이로 인해 마음은 평화롭게 되어 어느 정도 만족감을 가질 수 있다.

사람이 지나치게 현재 일에 관심을 가지면 당면 과제를 계속 유지하려 하므로 한시도 문제를 마음에서 놓아둘 수 없어 노이로제에 걸리기 쉽다. 그들은 자기 문제 해결에 어떤 건설적인 일은 하지 않고 도리어 문제를 크게 벌리고 만다.

결국 우리는 자기 목표와의 관계에서 자기 생활을 적당한 때 조정할 수 있음에 따라 행복할 수 있고, 마음이 안정되는 것이다. 실패한 사람은 "이랬으면 좋았을 것을" 하고 생각하는 과거 회상 속에 안주하는 것이고, 성공하는 사람은 "자기 인생을 어떤 것으로 할 수 있을까?" 하고 미래 비전속에 사는 것이다. 당신은 확실히 과거 경험에서 배울 수 있다. 그렇다고 해서 과거 속에 산다는 것은 잘못이다.

어느 부인이 나에게 상담을 받으러 온 적이 있다. 그녀는 실업 상태였는데, 어느 방면에서 일해야 좋을지 모르고 있었다. 그녀는 누구에게 고용되어 일하기보다 자기 재능을 살리는 일을 해야 한다는 생각이지만, 어떻게 출발할지 모르고 있었다.

잠시 그녀와 이야기 나눈 끝에 나는 알았는데, 그녀는 전에 패션 디자인 일을 경영한 적이 있었다. 더욱이 자신의 패션쇼를 발전시켜 대중 앞에서 자기 디자인을 발표한 적조차 있었다. 나는 그녀가 비즈니스를 발전시킬 수 있는 자기 재능을 이용, 누군가 그런 재능을 필요로 하는 사람에게 팔면 좋지 않겠는가 하고 제안을 했다. 그녀는 돌아갔고, 그 후 얼마 안 가 그녀는 어느 투자 사업가의 대리자가 되어 일하고 있었다. 그녀는 자기 재능을 살릴 수 있게 되고, 그것을 현재 정황에 적응시키는 형태로 이용할 수 있게 되었다.

우리가 자기 자신을 올바른 아이디어에 기초해 살아가는 방식으로 바꾼다는 사실은 가장 실천하기 어려운 일 중 하나다. 빈번히 우리는 과거에 매달리려는 경향이 있는데, 이것도 정신 활동의 높은 영역을 움직이는 습관을 갖지 않는 경우 무리다. 그러나 성공을 기하기 위해 우리는 아무래도 과거와 인연을 끊지 않으면 안 된다. 때로 그것은 고통을 동반할지 모르지만 그것은 분명 거뜬히 할 수 있는 일이다.

도널드 커티스(Donald Curtis) 박사는 그의 저서 『상념은 생활을 바꾼다』 및 『인생의 여러 문제와 그 해결』 가운데 자기가 어떻게 해 배우라는 직업에서 '마음의 과학 교파' 목사로 전환했는가 하는 체험을 말하고 있다. 그가 걸어온 길이 반드시 한 걸음 한 걸음 착실한 것은 아니었으므로 그가 앞으로 나갈 때 정신을 집중, 정세에 대처해 나가지 않으면 안 되었다. 그러나 그는 해냈다. 그리고 그는 많은 방송에 출연, 그의 저서는 다른 구도자들에게 구원의 손길이 되었다. 그는 외계로 질서와 바른 조화를 반영시키기 위해 먼저 마음의 질서를 확립하지 않으면 안 된다는 사실을 알고 있었던 것이다.

완전한 계획 이행

우리는 자주 자기가 걷는 길을 바꿔야 하는데, 우리가 해 오는 일은 모두 마음속에 있는 계획의 일부가 그때 그 장소에 적합한 형태로 구체화되는 것이다.

내가 지금까지 걸어온 인생 배경을 되돌아보면 물론 두 번 다시 반복하고 싶지 않은 인생 경험조차 그런 경험을 거쳐 온 덕택에 나는 일층 철학적으로 사물을 보는 안목이 생기고, 인격에 깊이가 더해져 한층 더 크게 남을 이해할 수 있게 되었음을 알게 되었다.

중요한 사실은 장기 전망을 하고 목표를 세우는 것이고, 생활 전반은 아무리 작은 것이라도 이 장기 전망의 비전으로 일부분 역할을 주는 것이다. 당신이 인생을 깊이 살아가려고 계속 실천함에 따라 점차 넓고 큰 자기표현의 세계로 들어가는 사실을 알게 된다. 여기서 당신은 인생의 진리를 궁구하려는 결의를 하기에 이른다.

⟩⟩⟩ 실천을 위한 마음가짐

1. 당신은 인생이 유희임을 깨닫고 인생을 지배하는 마음의 법칙을 배워라.

2. 마음속에 설정된 일이 외계 체험으로 나올 수 있다는 사실을 기억하고, 당신 소망을 실생활에 투영하라.

3. 신념은 소망보다 강하다는 사실을 기억하라.

4. 행동 의욕을 높이는 일의 가치를 알라.

5. 자각은 힘이다. 그렇다면 당신 자신이 자각하라.

6. 자기와 무한자의 접점을 가져라.

7. 마음의 신비를 용감하게 탐구하라.

8. 응용심리의 자석적 힘으로 인생의 재보(財寶)를 끌어당겨라.

9. 현재에 살며 미래 계획을 쌓아 올려라.

11장
질문에 대답한다

이 책에서 설명한 자료를 더욱 실제적 도움을 주기 위해 독자로부터 받은 수많은 질문을 정리해 해답과 함께 여기 싣기로 했다. 일반 독자들에게 참고가 되길 바란다.

Q 어떤 사람이 분명 천부의 재능이 모자라거나 없음에도 불구하고 그 사람에게 당신은 위대하다, 무한한 힘이 내부에 있다고 격려하는 것은 위험하지 않습니까?

A 본서가 목적하는 바는 생애 동안 전혀 달성할 수 없는 사물을 찾아 부단히 노력을 계속 시키고, 도리어 그 사람 마음에 불안감을 가지게 하려는 뜻이 아니다. 본서는 자기가 가지고 있는 최대한의 힘을 발휘해 살기 위한 자기 능력을 신장할 수 있게 고무, 격려하는 것이 목적이다.

우리는 미래의 계획을 세울 경우 합리적 범위의 계획을 세워야 할 일이지만, 대부분의 사람은 자기가 가진 능력의 한 부분밖에 사용하지 않고 있다는 사실을 상기하는 것이 좋다. 어떤 사람도 자기가 가진 상념의 규모에 따라 우주의 창조력과 일층 긴밀하게 연결시킬 수 있고, 자기 인생의 운명을 개선할 수 있다.

Q 이 책이 지시하는 바에 따라 내가 창조적 상상력을 발휘할 수 있는 방법을 실제 수행해도 가령 아무 일도 일어나지 않았을 경우, 즉 생활환경에 변화가 일어나지 않을 경우 어떻게 하면 좋을까요?

A 만약 당신이 창조적 상상력 발휘 방법을 강렬한 감정을 가지고 실제 수행하고, 마음에 그려 넣은 꿈속에 살아 그것이 지금 여기 이미 실현되었다고 실감한다면, 당신은 매우 명료하게 새로운 체험을 반드시 할 수 있다. 생활환경은 의연해서 지금 바뀌지 않을지 모르지만, 반드시 새로운 환경 조건이 발생하게 된다. 당신이 마음에 그려 넣은 꿈을 현실 세계로 이입할 수 없는 것은, 감정 쪽에서 그 꿈에 그려 넣은 새로운 정세를 확실한 사실로 받아들이지 않기 때문이다. 즉, 마음의 초점이 지금 현재, 현실 모양으로 끌어당긴 상태이기 때문이다. 그러므로 그것을 끊어버리려면, 가령 당신이 그려 넣은 꿈이 지금 현실과 거리가 있다 하더라도 새롭게 마음에 그려 넣어 이렇게 되기를 소망한 인생의 꿈을 생생하게 감정으로 실감하는 것이다. 그리고 그것이 이미 현실이라는 감정을 계속 유지하는 것이 좋다.

Q 그것은 장밋빛 안경을 끼고 인생을 보는 태도가 아닌가요? 또 그것은 인생의 명백한 사실에 눈을 감는 현실 도피의 태도가 아닌가요?

A 그 사람이 단지 환상의 세계에 사는 일에 익숙해져 전과 조금도 다름없는 상태의 생활환경 표면을 환상으로 호도하고 속이는 경우, 그 한도에서 당신이 말한 대로다. 단지 환상의 세계에 익숙하지 않은 증거는 새롭게 바라는 정세가 분명한 형태, 구체적인 생활로 실현되지 않으면 안 된다. 만약 우리가 마음에 새로 그려 넣은 꿈을 현실로 가져오지 못하면 우리는 환상의 세계에 살고 있다고 비난받아도 방법이 없다. 현실로 증거되는 생활이 동반되지 않으면 안 된다. 화가는 작품을 대중 앞에 보이지 않으면 화가라 말할 수 없다. 사업가는 시장과 연결, 상품 공급을 유지하든가, 서비스를 항상 순환시키지 않으면 안 된다. 저술가는 책을 출판해 보이지 않으면 안 되고, 연인은 사랑하고 사랑받지 않으면 연인이 될 수 없다.

Q 내가 배운 대로 창조적 상상력을 발휘하여 소망이 실현되었는데, 그것이 자기가 마음에 그려 넣은 대로 완전하게 실현되지 않았을 경우 나는 어떻게 하면 좋을까요? 여기서 앞으로 어떤 방법으로 하는 것이 좋을지 자세히 가르쳐 주세요.

A 당신은 꿈이 온전히 실현되지 않았는데 그것으로 충족되었다고 하면 안 된다. 우리가 2등급 또는 3등급정도의 꿈 실현에 만

족하는가, 혹은 완전히 꿈이 실현되지 않는 한 만족하지 않는가의 결정은 자기 자신이 하는 것이다. 그것은 인생이 제공하는 최상의 것을 받아들이려는 우리 능력에 관계되는 것이다. 이따금 우리는 최상의 것을 얻을 자격이 자기에게 없는 것으로 느끼고 무엇이든 얻을 수 있는 것이면 어느 정도까지 자제하자는 기분이 드는 것이다. 그러므로 자기는 최상의 것을 받아들일 자격이 있다는 신념을 갖는 것이 문제 해결의 열쇠가 된다.

Q 이 마음의 힘을 알고 있는 사람들에 의해 생각한 대로 조종받고 지배받는 일은 없을까요? 혹은 반대 입장에서 말하면, 특히 내 소망 실현이 다른 사람 소유의 것과 관련을 갖는 경우, 나는 자기가 바라는 일이 실현되도록 마음의 힘으로 선언할 권리가 있을까요?

A 우리 생활을 조금 되돌아보면 분명하게 알 수 있는 일인데, 이 세계는 우리가 자기 의지를 남의 마음에 인상지어 줄 수 있을까, 아니면 우리 쪽이 그들 암시에 인상 받아 그들 의지대로 움직이는가 하는 것이다. 그러므로 우리는 자기 마음의 힘이 남에게 어떤 영향을 주지 않을까 주저한다면 아무것도 할 수 없다. 우리는 항상 남들한테서 오는 암시에 따라 꼼짝 못하는 것이다. 우리는 게시판이나 인쇄물이나 라디오, TV 등 모든 방면에서 오는 암시에 영향 받고 있다. 그리고 가장 친한 친구와의

대화에서조차 여러 가지 암시를 받고 있다. 누구도 남으로부터 어떤 형태로 암시를 받아 그 영향을 피할 수 없음은 물론이다. 그러므로 우리는 자기 자신의 목표와 미래 계획이 일치하는 암시만을 받아들이도록 하는 것이 인생 승리자가 되는 요령이다.

우리는 무의식으로 어느 정도나 많이 다른 데서 오는 암시를 수용하는가 하는 주된 요인은 '자의식'이 어느 정도 분명하게 깨어나 있는가 하는 역량 여하에 달려 있다. 자의식의 자각이 분명하다고 하면 그만큼 당신은 암시에 대한 저항성이 강한 입장이 되고, 다른 사람 말이나 상념의 암시에 맹목적으로 감응되는 정도도 그만큼 줄어든다. 그래서 당신은 기본적 법칙을 기억하는 것이 좋다. 즉, 인간은 자기가 가능하다고 믿는 것만을 체험한다는 것이다. 그러므로 당신은 인간이 남의 상념 지배를 받는 것이라 믿고, 특히 당신이 남의 마음을 생각대로 움직이려 노력한다면 당신도 역시 다른 사람 상념의 지배를 받기 쉬워진다. 당신이 창조적인 일을 하려고 하면, 자기 사랑에 기울지 않는 보편적 의식을 가지고 일하는 것이 좋다. 즉, 당신은 소망하는 사물의 상태를 어디까지나 현재 이미 실현시키는 것 같이 상상하는 것이다.

그리고 자기와 같은 소망을 가지고 그것을 실현하려 하는 사람들이 있다면, 그들은 소망 실현에 적절한 협력자이므로 마음속으로 그들과 같이 소망을 실현하는 모습을 명상하는 것이 좋다. 그러나 다른 사람들을 자기가 바라는 대로 움직이려 하든가, 혹은 그들에게 자기가 하는 말을 들려주려고 당신 마음의 힘을 악용하면 안 된다. 내가 이따금 질문 받는 일이 있는데, 어느 특정인의 마음을 움직여 자기에게 관심을 가지게 하고, 또 "그 사람에게 친구가 교제 중재자가 되게 하려면 어떻게 하면 좋을까요? 가르쳐 주세요." 하고 물어오는 사람이 있다. 이런 사정을 해결하기 위해 당신은 자기 자신이 강력한 개성을 가지고 자신이 넘치는 인물로 그 일을 순수 감정으로 믿는 것이 좋다. 그렇게 하면 당신은 자동적으로 당신에게 협력할 수 있는 적당한 사람을 자기 쪽으로 끌어당길 수 있다. 자기 염력으로 강제하는 것이 아니라 자연스럽게 마음의 파장이 맞는 사람이 모여 온다. 다른 사람을 강제해서 자기 생활에 관련 있게 하는 것은 "남의 인격을 침범해서는 안 된다."는 법칙에 어긋난다. 당신은 남들이 하고 싶지 않은 일을 남에게 결코 해서는 안 된다.

나는 이것을 '인과법칙'의 입장에서 이런 충언을 하고 있는 것이 아니라 오히려 자기 신념과 자기 생활 체험은 일치한다는 '부합의 법칙'에 따라 설명하고 있는 것이다. 즉, 당신이 어떤 사람에 대해 "이 사람은 이런 사람이다." 하는 생각을 가지면, 이 사람은 당신 생각대로 당신에게 접근하게 된다.

그러므로 당신은 남한테 빼앗을 일만 생각하지 말고 남을 당신이 주는 '행운의 수취인'이라 볼 수 있는 노력을 해야 한다. 그리고 그들을 '행운을 수취하는 고객'이라 당신이 믿게 되면 그 신념에 따라 반드시 당신 자신도 '행운을 수취하는 고객'이 된다.

Q 인간이 지금 이미 받은 것 외에 다른 소망을 가지고 그것을 실현하고자 하는 생각은 바른 일인가요? 이 경우, 자기 운명에 만족하도록 노력하면 어떨까요?

A 인간은 본래 성질상 이미 받은 것만으로 만족할 수 없다. 이 천성 때문에 인간은 대개 동물과 다르게 되어 있다. 이 불만족의 감정과 어울려 인간은 놀라운 상상력을 가지고, 이 상상력을 구사함으로써 인간은 자기가 현재 지내고 있는 인생 경험보다 더 나아가 그 이상의 상태로 이행이 가능한 것이다.

자기가 의지로 남들을 강제해 자기 생각대로 움직이려 하지 않는 한, 우리는 어떤 도덕률도 어기는 것이 아니다. 우리 인생에서 현재의 환경은 자기가 일찍 "미래는 이래야 한다."고 상상해 온 상념의 결과다. 그러므로 우리는 자기 현재에 책임이 있을 뿐 아니라 미래에 대해 책임을 질 수 있게 된다. 인생에서 자기 운명은 자기 이외의 신, 또는 누군가가 주는 것이라 생각하는 것은 보다 좋은 인생을 보내려 스스로 노력하지 않는 것을 합리화하는 변명이다. 그것은 인생의 참가치 있는 싸움, 즉 인생의 깊은 뜻을 더 없는 시련에 직면하는 용기 부족을 보인다.

무한자요, 창조자인 신의 힘은 인간에 대해 편파적인 자기 생각을 갖지 않는다. 그러므로 인간은 인생 티켓에 자기 의지로 자기 행선지를 써 넣는 일을 할 수 있다. 무제한의 자기표현 세계에 통하는 문은 항상 열려 있다. 나아가는 방향의 결정권은 자기에게 있고, 자기 이외 어떤 사람도 인생 진로를 결정할 사람은 없다.

Q **상상력을 구사하는 운명 향상의 이런 방법은 반드시 정확한 효과가 있나요, 아니면 맞기도 하고 맞지 않기도 하는 것인가요?**

A 우리는 항상 진실이라 믿는 일을 외부로 표현하고 있다. 우리가 사는 세계는 자기 내부에 있는 상념의 영상이다. 이와 같이 우리 생활의 현 상태는 자기 잠재의식 깊이 뿌리 내린 신념 그대로 투영되는 것으로, 이야말로 인생을 지배하는 법칙이 참으로 정확하게 작용하고 있는 것이다. 바로 이런 일을 증명하고 있다. 이 법칙이 적어도 작용하는 한, 그것은 쉼 없이 어떤 정황하에서도 작용한다. 우리 인간의 작업은 인생을 지배하는 법칙에 따라 살아감을 배움에 있다.

Q **자기에게 가장 적합한 일을 알려면 나는 어떻게 하면 좋을까요?**

A 이것은 가장 자주 물어 오는 질문인데, 우리는 이따금 선택을 잘못하는 것이 아닐까 하고 걱정한 나머지 결정 내리기를 두려워한다. 당신이 어떤 결정도 내리지 않고 있으면, 지금까지의 타성으로 움직이지 않으면 안 된다는 사실을 기억해야 한다. 당신에게 새롭게 노력할 작정이 없다면 일상적인 일 외에 어떤 경험을 쌓을 일은 없다. 당신은 인생 법칙에 따라 생활하려는 노력을 하면 자기에게 가장 적합한 일을 알게 될 것이다. 한 번 계획이 실행으로 옮겨졌다 해도 뒤에 가서 좀 더 좋은 방법이 있다는 사실을 알게 되면 초기 계획에 수정을 가하는 일은 전혀 지장이 없다. 자기가 정도를 가고 있는가 여부를 아는 가장 확실한 방법은 본서에 설명한 대로 마음속으로 인도를 구하는 것이다.

Q 내가 장래 계획을 세울 때, 남에 대한 자기 책임은 어떻게 생각하면 좋을까?

A 만약 당신 개인 생활에서 현재 당신 생활방식을 바꾼다면 그 사람들에게도 영향을 미치는 자기 이외 사람들이 포괄돼 있는 경우, 그들의 성가신 문제도 보아주는 계획을 세우는 것이 좋다. 광명사상에 의한 생활 방법의 놀라운 점은 누구도 제외시키지 않고 모두가 이득을 얻게 한다는 사실이다.

매우 많은 사람들이 남을 행복하게 하기 위해 자기희생을 필요로 한다는 잘못된 신념에 밀려나 스스로를 불행한 생활을 보내고 있음은 유감스러운 일이다. 당신은 어떤 경우라도 가족들의 사정을 적당히 봐줄 수 있도록 되어 있다. 그러므로 가족 전체의 생활에 영향을 주는 변화를 일으킨다면 그들 생활에 곤란을 겪을 것이라는 생각을 당신은 한때라도 가지면 안 된다. 인간은 상당히 완강한 생물이므로 환경에 순응하는 능력은 놀라운 것이다.

중요한 것은 관계자 전원의 최대 이익을 위해 일한다는 것이다. 때로 당신은 자기가 전보다 일층 창조적으로 일하게 되어 호감을 갖지 못하는 자가 당신 환경에 몇 사람 있다는 사실에 신경 쓸지 모른다. 그들은 당신에게 이대로의 운명에 만족하라고 자기들 희망을 말하는 일이 있을지 모른다. 그것은 그렇게 하면 그들이 어떤 생활의 변화도 경험하지 못하고 끝나기 때문이다. 만약 그들이 말하는 바가 정당하다고 인정할 수 없는 것이든가, 또 작은 이기적 견해에서 나온 것이라면 당신은 무시하는 것이 좋다. 그러나 그때, 그들에게 악의를 갖는다든지, 설교를 하려고 들면 안 된다.

Q 어떤 철학적 설명에 의하면, 욕망은 번뇌라 사람을 얽어맬 수 있으므로 인간을 세상일에 말려들게 해 벗어날 수 없게 만든다고 합니다. 우리는 욕망을 가지고도 동시에 한편 자유일 수 있을까요?

A 사람은 욕망을 갖지 않으면 아무것도 체험할 수 없다. 우리를 얽어매는 욕망은 강한 힘으로 유혹하는 욕정뿐이다. 강렬한 욕정은 지금까지 인생 목적으로 나온 목표를 강제적으로 비뚤어지게 한다. 따라서 물론 심적 갈등의 원인이 된다. 인간은 부단히 자기 마음에 그린 가정(假定)의 방향으로 움직이게 된다.

그리고 인간이 서서히 일층 넓은 의식 상태로 눈뜨는 것은 이런 과정을 통해서다. 우리는 대부분 의식이 없는 상태에서 인생을 출발한다. 어린 아기는 전혀 욕망 같은 것을 가지고 있지 않다. 그 후 우리는 모든 단계의 욕망을 가지게 되고, 그 성취를 경험하며 나아감에 따라 의식은 일층 깊게 넓어지고, 마침내 우리는 욕망 없고 명징하게 깨닫는 경지에 도달하는 것이다. 이래서 도달한 명징 무욕의 심경은 영아의 무신경적 무아와 반대의 무아다.

Q 선생님이 설명하는 원칙은 원리적인 것이 아닌가요? 그리고 신비과학이나 초물질 과학의 영역에 더욱 깊은 것이 있다고 하는 것이 사실 아닌가요?

A 물론 많은 초물질론을 설명하는 책이나 종교상 가르침에 일층 복잡한 법칙 체계가 논의되고 있다. 그러나 신비 과학의 모든 분야를 수년간 연구한 나 개인의 경험으로 본서에 써 놓은 기본 법칙은 이 세계에서 충분히 자기표현을 하고 싶다는 사람

들에게 매우 귀중한 행동 법칙이다.

남녀를 불문하고 사회 모든 분야에서 활약하고 있는 사람들 가운데 규정 신비학의 교과를 수년간 배운 사람이 수천 명 있지만, 그들이 인과관계에 묶이고 신념과 자기 한정 관념의 노예가 되어 있는 것은 참으로 불행한 일이다. 신비학의 가르침이 갖는 매력에 마음을 빼앗기고, 성실한 선생이 설명하는 장래성에 도취돼 버리기는 용이하다.

온전한 신비학 연구는 빈번히 우리를 현실 생활에서 멀어지게 하는 경향이 있다. 그리고 현실에서 멀어지는 일이 신비학의 전부라 생각한다. 영적인 내계(內界) 학문은 우리가 그것을 매일의 현실 생활과 관련짓는 일이 가능할 때 비로소 도움된다. 우리는 지금을 살고 있다. 지금만이 실제 있는 시간이다.

Q 이 같은 광명사상에서 이익을 보려면 사람은 종교 관심, 혹은 영적 자각을 갖지 않으면 안 되는 건가요?

A 자, 나의 생각은 영적 자각을 가진 사람과 종교인은 서로 구별된다고 생각한다. 영적 자각을 가진 사람은 세계적으로 편만(遍滿)한 창조력을 명확히 의식하고 그 창조력과 함께 일하는 사람이라 생각한다. 그때 그가 엄밀한 종교 신조를 가지고 있느냐 여부는 별개 문제다. 영성은 창조성에 연결되는 것이라고 나는 생각한다.

Q 이 같은 실제 수행을 해도 현세와 동떨어진다는 위험은 조금도 없는 건가요?

A 당신이 말하는 것이 현세의 현실에 관계되는 본서에서 말하는 수행법이라면, 당신은 현실 생활과 동떨어질 일은 없다. 우리는 꿈의 성을 쌓으려 하는 것이 아니다. 보다 좋은 세계를 현실에 구축하기 위해 매체인 마음을 행사하는 것이다.

Q 우리는 성과를 얻기 위해 희생할 각오를 하지 않으면 안 되나요?

A 이따금 우리는 선택에 의해 어느 하나로 정하지 않으면 안 되는 일이 있는데, 나는 그것을 희생이라 생각지 않는다. 희생의 관념은 사물을 유한의 입장에서 생각하기 때문에 생기는 것이다. 우리는 무진장의 우주에 산다. 우리는 상념 감정을 훈련하고 마음의 몽롱함을 일소하는 일이 목적이다. 그러므로 인생에서 가장 고귀한 싸움은 생각의 세계에 떠 있는 어두운 소극적 상념과 파장이 맞지 않는 밝은 자유 상념을 가질 일이다.

Q 우리는 어떤 중요한 계획을 수행하고 있을 때 이따금 마음이 안정을 잃고 긴장 과잉에 빠질 경우가 있는데, 그 원인은 무엇인가요?

A 우리는 과거 경험으로 미루어 자기에게 익숙지 않은 어떤 새로운 정신 활동에 들어가려 할 때, 반드시 그것이 기분 좋게 행해지리라 단정할 수 없다. 그럴 때, 우리는 마음이 안정을 잃고

불안하게 된다. 이 일은 자기가 찾는 생활방식에 아직 튼튼히 뿌리 내리지 못했음을 의미한다.

우리는 자기 마음을 누그러뜨릴 때까지 마음의 긴장을 푸는 신상관(神想觀)을 착실히 수행함으로써 더욱 더 자기 상념, 감정, 행동을 목표 달성 방향으로 작용할 수 있게 통솔함으로써 그런 불안감을 극복할 수 있다. 불안감이 없어지면 마음이 안정되지 않는다는 일도 없어진다. 또 우리는 적당한 휴양과 음식물, 그리고 기분 전환이 되는 오락을 함으로써 건강한 신체를 가질 수 있다. 건강한 육체는 현세를 구축하는 기초로서 크게 도움 되고, 동시에 잠재적 어두운 상념이 떠올라 구상화하는 것을 막는 작용을 한다.

Q 명상의 실제 수행, 혹은 당신이 권하는 무아 황홀의 상태에 들어가는 실제 수행은 위험하지 않은가요? 나는 명상은 위험하다는 견해를 많이 듣고 있어요.

A 무아 황홀 상태에 들어가는 것의 위험을 말하는 사람은 대개 명상 개념을 탐구해 보는 기본조차 없는 사람들이다. 그들은 다만 방관하는 일에 어떤 종류의 안정감을 찾아내고, 명상 등에 의해 자기를 향상시키려는 등 바라면 안 되는 이유를 변통해 내고 있다. 중요한 것은 잘 균형 잡힌 생각에서 출발 작용할 것이고, 마음속 경험을 매일 현실 생활에 관련 갖도록 하는 것

이다. 이렇게 하면, 자연히 의식이 확대하게 되는 것이다.

Q 정신을 통일하는 최선의 방법은 무엇인가요?

A 정신을 통일하는 최선의 방법은 마음에 어떤 구실을 주는 것이다. 그러므로 목표를 가지고 그 달성에 매진하는 사람의 만족도가 큰 것은 그 이유 때문이다. 즉, 그들은 자기 정신 활동을 건설적인 일에 연결 지은 것이다.

당신은 단호한 상태로 "나는 마음을 지배할 수 있다. 나는 감정을 지배할 수 있다. 나는 목적 있는 활동에 관계할 수 있다." 하고 단언하는 것이 좋다. 이것이 첫걸음이다. 명상 중에, 혹은 창조적 정밀 중에 마음을 지배하는 일에 관해 이 주제를 취급한 장절에서 설명한 많은 방법 중 어느 것도 좋다. 참조하는 것이 좋다.

Q 우리가 당신 지시대로 인도함을 찾아 정좌할 때, 인도하는 것은 자기 이외의 영물(靈物)인가요? 대체 그것은 무엇인가요?

A 나는 자기 이외 영물에 의해 행동 지시를 우러르라고 말하는 것은 아니다. 첫째, 다른 세계 영물로부터 인도를 받는 경우는 대체로 일종의 환상이다. 둘째, 자기 이외 영물에 의한 정도면 우리는 마음의 불안을 잠재우고 자기의 신격(神格) 내류(內流)에 의한 통찰력을 개발해 그 번득임을 결론으로 사용하는 것

이 좋다는 사실을 아는 일이 훨씬 많아진다.

우리는 신격의 내류에 의한 통찰력 사용을 배울 때, 자기가 원하면 언제든 자유롭게 실상 세계 진리의 인도에 직통할 수 있다. 우리는 다른 영물의 인도에 힘입어 자기 책임을 회피하는 성향을 버리지 않으면 안 된다.

Q 금전이 논의된 장절에서 당신은 많은 사람이 생각하는 것조차 주저하는 주제를 다루고 있는데, 현대는 돈의 가치가 매우 크게 강조되는 반면, 영적인 가치가 충분히 존중되고 있지 않다고 당신은 생각하지 않습니까?

A 많은 사람들이 돈의 가치에 대해 크게 혈안이 되는데, 그것은 인생을 자유롭게 사는 힘도 동시에 찾고 있는 것이다. 그런데 그 힘은 혼을 빛내는 일만 얻을 수 있는 것이 아니다. 그들은 돈으로 나타난 상징의 배후를 간파하고, 돈의 본질은 무엇인가, 곧 그것은 노동 가치를 축적하기 위한 편리한 수단임을 파악해야 한다.

그래서 참에 당면한 싸움은 "우리는 돈을 써서 어떤 일을 하는가? 어떤 사용법을 쓰는가? 더욱 어떻게 해서 우리는 돈을 잘 쓰는 사람이 되어 지성을 활용, 그 용도를 정하는가?" 하는 문제에 맞붙게 된다.

나는 어떤 일도 확실하게 균형이 잡혀 있지 않으면 안 된다고 생각한다. 생명의 진리를 찾는다고 주장하는 사람들이 남녀를 불문하고 많이 있는데, 그들 생활 정도를 말하면 어렵게 살아가는 상태로, 정신생활에 무리가 생기고 있다. 또 자기가 갖는 지혜를 누가 흥미 있는 사람이 이용, 기업화를 희망하는데 자금이 없어 일을 발전시킬 수 없는 사람도 있다.

돈을 쓰기에 따라 큰 이익을 보게 된다. 그것은 여러 가지 아이디어를 지원해 그 실현을 계획하게 된다. 또 아이디어가 나오면 마음이 바뀌어 적당한 의욕이 샘솟는다. 이것이 문제를 푸는 열쇠다.

나는 보통 사람에게 자기 마음속 소망도 아닌 한, 재산을 모으겠다는 소망을 갖지 않도록 말한다. 그 대신 생활고에서 벗어날 만큼 넉넉함을 소망하도록 권유한다.

Q 내가 인생에서 천분을 발휘할 수 있는 바른 위치에 있을 때, 자기가 그것을 어떻게 알 수 있을까요?

A 그것은 당신이 목표를 달성한다는 만족감을 가지고 자기가 전체와 조화하는 일부라 실감할 때 알게 된다. 더욱 인생의 문이 차례대로 당신을 위해 열리고, 그리고 여러 정세가 당신 아이디어를 실현할 형태로 정리될 때, 당신은 자기가 인생에서 바른 위치를 점하고 있음을 아는 것이다. 그때 당신은 조화와 평화를 체험할 것이다. 그러나 그것은 활기 넘치는 평화요, 결코

수동적인 안정 상태는 아니다.

Q 대체 약어인 esp는 어떤 의미인가요?

A 두문자 'esp'는 'extra sensory perception', '초감각 감지'라는 말
에서 따온 것이다. 그것은 당신이 사람의 상념이라든가 먼 곳
에서 일어난 사건 같은 것을 감지할 때, 혹은 당신이 인사 문제
로 일어나는 미묘한 분위기를 느끼게 되었을 때, 가령 현실로
당신이 감지하는 일을 증거 댈 일이 아무것도 일어나지 않았
을 때 당신은 초감각 감지를 사용하고 있음이다.

당신은 실제 직감력, 즉 직접 사물을 파악하는 능력을 사용하
고 있다. 대부분의 사람은 인생에 대해 적극적으로 알겠다는
의사를 작용함으로써 직감력을 향상시킬 수 있다. 많은 사람은
직감력을 갖지 못하는 것이 보통이라 생각하므로 자진해 그것
을 알려고 하지 않는다. 사실 모른다는 사실은 이상한 것이고,
그것은 인생에 직면하는 것을 두려워하고 있음을 말한다.

초감각 감지의 능력은 특수한 사람만이 갖는 재능이 아니다.
더욱이 심신을 느긋한 상태로 돌려 긴장을 풀 수 있는 사람은
그것이 서툰 사람보다 일층 쉽게 초감각 감지의 능력을 발휘
할 수 있다. 당신 가족 중 누군가가 초감각 감지의 능력을 발휘
하기 시작할 때, 그것은 이 세상 가운데 가장 보통인 것처럼 극
히 자연스럽게 다루는 것이 좋다. 결코 그에 대해 소란스러우

면 안 된다. 특히 그 능력이 어린이에게 나타날 때 크게 소란을 피우면 안 된다. 그렇게 하면 그 어린이는 보통 어린이와 다르다고 일부러 지적하게 된다. 우리는 다른 사람과 다른 것을 좋아하지 않으므로 어떤 특수 능력이 있더라도 그것을 사용하지 않고 대부분의 사람이 보통으로 행동하는 방식이라 느끼는 표준을 따르도록 하는 경우가 자주 있다.

그래서 문제가 되는 것은 대개 보통 사람은 인생의 자기 운명에 조화시켜 가며 더욱 발전할 수 있기 때문에 어떤 가치 있는 일도 좀처럼 하지 않는다. 즉, 그들은 다만 어떻든 살아서 사물을 생각하는 방법과 이해하는 방법을 모두 남에게 맡기는 일을 만족해한다.

Q 나는 세계 정세가 이미 조화로 차 있는 상태를 자기 마음에 그려 놓고 그것을 꼼짝 않고 보는 책임이 있다 하면, 대체 그 책임의 정도는 어느 만큼인가요? 또, 이 변화 무쌍한 세계에서 미래가 매우 불안정할 때, 어떻게 하면 우리는 정열을 잃지 않고 생활할 수 있을까요?

A 이 세계는 현재 자기들이 사는 가정이므로, 우리는 마음속에서 자기가 사는 세계는 질서 정연하다고 보는 책임이 있다고 나는 생각한다. 물론 우리는 세계 정세를 잘 연구하고 세계 어떤 곳이 가장 조화의 상태인가를 마음으로 볼 필요가 있는지 알아야 한다. 그러나 항상 전향적인 자세를 유지하고 인류 장

래에 대해 낙관적이란 사실은 정세의 호전에 도움이 된다. 더욱 미래는 불안정하지 않고 확실한 것이다.

우리는 지금 새로운 세계 질서 확립의 초기에 있으므로 그것은 마침내 융성을 극한 황금시대로 생장하는 일이 될 것이다. 그래서 우리가 싸우지 않으면 안 될 당면 문제는 어떻게 해서 세계의 파괴를 회피할까가 아니라 어떻게 해서 새로운 세계 질서의 시대로 정연히 이행시킬까 하는 문제인 것이다. 창조적 의욕을 불태우고 인생의 법칙을 이해하는 민족은 이 질서 정연한 신시대로의 이행을 지원할 것이 틀림없다.

Q 당신의 저서 가운데 가장 중요한 부분으로 기억할 점은 어떤 것인가요?

A 가장 중요하다고 기억해 둘 일은 우리가 사는 세계는 자기 신념의 반영이라는 것이다. 세계는 자기가 갖는 "이렇게 된다."는 신념과 일치한다는 사실을 이해하면 우리는 자기 운명을 지배하는 키를 갖게 되는 것이다.

12장
세계는 당신의 것, 꿈은 그대 눈앞에

본 장절에서 말할 것은 다른 장과 모두 관련되는 사실들이다. 당신은 본 장에서 인생의 신비를 여는 열쇠를 찾아낼 것이다.

나는 본 장에서 지금까지 수많은 사물을 보는 방법이나 인생을 설득함에 있어 마음 갖는 방법, 또는 실제 수행 방법이나 여러 가지 소망 실현 방법을 독자에게 소개해 왔는데, 그것은 당신이 본서를 읽기 시작할 때 당신 심경에 맞게 고려를 한 때문이다.

당신이 지금까지 적어도 이론상으로 배운 내용은 대개 자기가 사는 세계는 자기가 만든 것이란 사실이다. 진언컨대, 외부 세계는 당신의 창조물이다.

현재의 상태는 과거 결의에 의해 나타난 결과다. 당신이 자기의 현재 상태를 창조한 것이라면 그것은 당신에게 책임이 있다. 당신은 자기 현재 상태를 지금 그대로 해 놓는 일도, 혹은 여기에 수정, 또는 변화를 가하는 일도 가능하다. 당신이 최초에 만든 것이므로 자기가 다시 창조할 수 있다는 뜻이다.

그러나 곤란한 일은, 인간은 자기가 환경을 창조하면서 환경을 주인공으로 하고 자기 힘으로 어찌할 수 없는 것으로 생각하기 때문에 이래서 환경에 속박되고 만다. 인간이 환경을 자기 힘으로 어찌할 수 없다고 실감하는 것은 자기가 거기 있다는 사실을 기분 좋게 느끼고 있지 않다는 것이다.

대부분의 사람들은 자기를 일정하게 한정함으로써 행복하게 성공한 인생을 보내는 일, 즉 기쁨을 체험하는 일은 잘못된 것이라 멋대로 생각한다. 이런 부분에서 그들은 자기 인생의 운명이 이상적이지 않을 경우 그를 바꿀 자격도 없다고 생각해 버린다.

따라서 이런 사태를 타파하기 위해 취할 첫걸음은, 당신은 이 세상을 구성하는 실질을 마음의 힘으로 원형을 만드는 능력이 있는 의식적 존재자라는 자각에 눈뜰 일이다. 당신이 없다면, 또 당신과 같은 역할을 하는 의식적 존재자인 다른 사람들이 없다면 지구에 자연 창조물 외에 아무것도 없는 것이 된다.

당신이 상상력을 작용시키기 때문에 세계는 당신의 마음 내용을 나타낼 수 있다. 그러므로 당신은 책임이 있다. 당신은 당연히 이 세상 실질 모두를 처리할 모든 권한을 가지고 있다. 우리는 약소와 불완전의 관념을 마음에 받아들임으로써 어떻게 자기 자신을 한정할 것인가를 이미 알고 있다. 또 우리는 자기에게 참으로 위대한 창조 능력이 있고, 단지 그것을 행사하려고 결의하면 좋을 것이란 사실은 이미 배운 바 있다.

그러나 우리는 자기가 사는 세계의 외견에 의해 마음이 혼란해 어떻게 하면 좋을지 모르게 될 경우도 있을 것이다. 그럴 때, 당신은 우리가 지금까지 강조해 온 일을 생각하면 좋다. 즉, 이 세계는 결코 우리 마음과 무연해 어쩌지 못하는 환상이 아니다.

우리가 이 세계에 대해 가진 관념이 이 세계를 구성한다. 이 세계는 진실이지만 그 자체 독립한 진실성은 없다. 이 일은 물질이 모두 에너지로 환원된다고 현대 과학이 증명하고 있다.

어떤 형태를 취하는 물질도 가령 의자, 자동차, 책상, 수목, 인간 등 에너지는 우리가 보고 있는 형태로 나타나고 있다. 이처럼 물질의 근본 성질을 이해하면 우리는 마음에 새로운 동인(動因)을 만드는 것으로써 외계로 나타나는 물질 형태를 바꿀 때, 어떻게 자기가 도움 될 수 있는가를 알게 된다.

외계를 바꾸려면 사고력이 명석하지 않으면 안 되는데, 그것은 반드시 할 수 있다. 그리고 이 사실이 본서의 주제다.

◇◇◇◇◇
시간을 정복하려면

시간은 법칙이 아니다. 당신은 시간을 속박하기에 미치지 못한다. 참으로 의식이 깬 사람은 지금 행동한다. 당신이 하고 싶은 일이 무엇이든 간에 실행의 첫걸음으로 상상의 세계에서 지금 곧, 실행할 수 있다. 그러나 그렇게 말은 해도 사실은 "어떻게 할 것인가" 하고 당신은 말할 것이다.

당신이 말하는 사실은 환경의 일이다. 그러나 환경은 계획적으로 작용한 상념의 산물이다. 그것은 원인이 아니고 결과이므로 바꿀 수 있다. 당신이 지금 자각에 들 때 시간의 장애를 극복한다. 외계 환경은 내계(內界), 곧 마음의 반영이다.

당신이 겉보기 병증에서 벗어나 건강한 현실로 옮겨 갈 때 요하는 시간은 당신 마음이 건강을 현실로 완전히 믿게 하는 데 요하는 시간이다. 동시에 당신이 겉보기 빈곤을 벗어나 번영을 실현하기까지 요하는 시간은, 당신이 번영을 현실로, 번영이 당신 생활을 지배하는 법칙으로 마음이 믿는 데 요하는 시간이다.

진리의 빛이 비친 마음에 어둠도, 무지도 없다. 진리의 빛이 비친 마음에 망설임은 없고, 맑음이 있을 뿐이다. 당신 마음이 어느 정도 맑은지 돌이켜 보라. 당신은 어두운 상념이나 틀린 관념으로 마음이 혼잡한 채로 방치되고 있지 않은가? 만약 그렇다면, 그것이 당신 환경에 나타나고 있다. 이것이 법칙이기 때문이다.

당신이 마음의 방황을 일소할 수 있을 때 자기 세계에 조화를 실현할 수 있다. 당신이 맑고 명석한 심경일 때 질서 정연하게 시간을 처리할 수 있다. 곧, 당신이 활동 예정을 짜면 그대로 실행할 수 있다. 당신은 이래서 시간의 장애를 극복할 수 있을 때 공간의 제약도 극복하고, 처신 방법도 알 수 있다. 당신이 자유롭기 위해 시간과 공간의 세계를 자유로이 조종할 수 있어야 한다.

생존의 일대 목적

누구도 느리든 빠르든 인간의 생활 목적을 생각하게 된다. 우리는 이 세상에 왜 생을 누리게 된 것인가? 그리고 그 생은 어느 곳에 가려 하는 것인가를 명상해 보는 일은 매우 좋은 일이라 생각한다. 그렇게 함으로써 우리는 인생에 대해 더욱 넓은 견해를 가지게 되고, 장기 목표와 관련해 행동하고 소망을 가지게 되므로 자기 자신에게 성실할 수 있다. 우리는 성실할 때 더욱 강력한 기초 위에 인생을 구축할 수 있다. 그렇게 되면 우리 행위는 자연스럽게 윤리에 들어맞게 되고, 남을 대할 때도 매우 자연스러운 기분으로 최고의 예를 다하게 된다.

성실하다는 것은 그 자체 훌륭한 의무일 뿐 아니라, 우리가 성실하면 동류의 사람이 서로 끌어당기는 법칙 때문에 성실한 사람과 교섭을 하게 된다. 이 성실성을 가지면 인생은 훨씬 뜻있는 사람이 되고, 또 인생은 깊이를 가지게 된다. 인생은 매우 만족한 것이다.

인생의 목적은 우리가 종국적으로 자기 본성을 알게 되는 일이라 생각한다. 여기까지 오는 과정에서 우리는 진리의 깨달음이 결여된 결과, 나타나는 인생의 여러 가지 문제 해결이라는 일에 직면하게 된다. 우리가 인생 문제의 해결책을 안출할 수 있는 것은 그 자체가 기적이고, 인생 문제를 끝까지 인내하고 해결한다는 것은 '생'의 본원 세계로 한층 접근해 가는 경우가 된다.

매우 많은 사람들은 인생을 전체로 의식하는 가운데 자각하지 않은 상태로 보내기 때문에 인생의 기쁨을 사실 모른다. 생각해 보라. 당신이 의연하게 참된 의미로 생을 마칠 때, 결국 당신이 전 심신을 던져 인생에 최선을 다해 삶을 살 때 겪은 황금처럼 빛나는 순간을 돌이켜 보라. 그 생활의 기쁨을 항상 맛보는 체험을 계속할 수 없다는 이유는 없다.

우리는 불멸의 혼이다. 대부분의 사람은 이 점을 인정한다. 적어도 우리는 혼이 불멸임을 직감적으로 느낀다. 우리는 이 진리에 대한 완전한 자각을 가지기 위해 다른 시간 및 공간을 기다려야 할 것인가? 물론 이것은 각자 의지의 결정을 기대할 일이지만, 그 결정 여하에 따라 본서가 주는 자료의 공헌 정도가 바뀐다.

인생에 대해 참정열을 가지는 경우 크게 생장하고, 크게 배우고, 크게 사물을 성취하는 체험을 갖기 위해 전심전력을 바치는 힘이 나오는 것이다. 살고자 하는 이런 의욕이 없다면 모든 노력은 허사가 되고, 참감정이 동반되지 않게 된다. 그것이 내가 인생을 기쁨 속에 생활하는 중요한 이유다.

우리가 인생의 사실을 어떻게 할 수 없는 부동의 존재로 인정하기 시작할 때 늙어지고, 마침내 숨져 가게 된다. 우리가 "벌써 살아가는 데 가치 있는 것은 아무것도 없고, 우리가 생존해야 할 이유도 없어진 것이다." 하고 마음으로 결정했을 때, 늙어지고 죽어간다. 이처럼 심리적으로 죽는다는 일은 항상 육체의 죽음에 선행한다.

당신은 반드시 있어야 할 모습으로 인생의 뜻을 이해하고, 이것을 마음으로 받아들일 수 있을 때가 오는데, 그때 죽음은 벌써 당신을 앗아가지 않는다. 왜냐하면 '죽음'은 의식을 자각하는 창을 닫는 것이고, '생'을 방기하며, 그것을 먹으로 빈틈없이 칠하기 때문이다. 당신은 어떤 살기 위한 대상을 가짐으로써 더욱 가치 있는 계획이나 목표를 마음속에 다듬고, 자기 자신을 미래 세계로 투영함으로써 '시간을 창출', 장수(長壽)할 수 있다.

당신은 자기 인생은 자기 상념이 투영되어 만들어진다는 사실을 기억하는 것이 좋다. 그러므로 당신은 육체 연령에 상관없이 언제나 창조주인 것이다. 당신은 언제든 인생의 지휘관으로 창조의 기수에게 발포를 명령할 수 있다.

◇◇◇◇◇
창조 의도의 기초는 무엇인가

우리가 끊임없이 몰아대는 것은 무엇인가? 그것은 남에게 자기 인상을 나타내 주겠다든가, 안전감을 느껴야 하겠다든가, 또 자기 진가를 입증해 보이겠다든가 하는 소망인 것처럼 느껴질 때가 있다. 그러나 사실 의욕의 근원이 되는 것은, 가령 그것이 권세욕, 지식욕, 또 명예욕의 형태로 변장해 나타나는 것도 혼이 자기를 알고자 하는 충동인 것이다. 내부의 혼이 의식층으로 전개해 옴에 따라 그 전개하는 모습이 외계(外界)에 사는 방식으로 반영된다.

즉, 인간은 새로운 상념의 영역으로 돌진함에 이르러 시간과 공간이 새롭게 전개하게 되어 피 끓는 활동이나 감정생활의 단계를 체험하게 된다. 누구도 참된 자기는 마음껏 크게 꿈에 꾸려 넣은 것보다 더 위대한 존재이고, 자기 미래는 틀림없이 빛나는 사실임을 알 때가 온다. 이런 때가 도래하면 우리는 전진하고 자기의 참운명으로 향한다.

◇◇◇◇◇
인생 지배자의 의식

우리가 어두운 방황의 관념에서 모두 벗어나 자유가 되었을 때, 가지기에 이른 의식 상태를 일컬어 나는 '인생 지배자의 의식'이라 부른다. 우리가 이 세계를 곡해하지 않고, 또 사실을 흐리게 하는 색안경을 쓰지 않고 참으로 있는 그대로 바라볼 수 있는 것은 이 같은 자각 단계인 의식적 존재를 기초로 하고 있다. 우리는 이 자각 단계에 도달함으로써 인생 지배자가 되는 목적을 가지고 활동하는 일이 가능하고, 우리가 직면하기를 바라는 바 어떤 정세에도 모두 대처할 수 있다.

또, 우리는 이 같은 우월한 관점에 설 때만 사물의 외견을 통해 모든 인생 문제에 대한 즉석 해결, 모든 의문에 대한 해답을 간파할 수 있다. 마음 문제에 갇혀 있는 사람은 결코 문제의 해결이 불가능하다. 힘껏 노력해 그가 할 수 있는 일은 어떤 문제를 다른 문제로 전환하는 정도의 일이다. 문제를 해결하기 위해 당신은 문제에 이끌리지 않는 자유로운 의식을 회복하지 않으면 안 된다. 그것은 마음이 향하는 곳으로 이전함을 말하는 것이다. 마음이 향하는 곳으로 이전함은 어느 정도 실제 수행을 요하는데, 무엇보다 그것은 요령의 문제다.

지배자 되는 자각의 빛이 비춰 인생의 여러 정세에 직면하기 위해 당신은 현 정세에서 출발, 마음속에서 그 해결된 상태가 어떤 것인지 미리 전망하는 일이 가능해야 한다. 그 후 마음으로 전망한 그 해결 상태가 현실이 되기까지 그 상태를 마음에 그려 넣어 명상하지 않으면 안 된다. 그 과정을 일러 '전이(轉移)'라 한다.

'전이'라는 말은 본래 "어떤 장소에서 다른 장소로 옮겨 가는 것"을 의미한다. 사전에 실린 해석 중 하나는 "하늘로 이행한다."로 쓰여 있다. 이 해석은 우리가 현재 연구 중인 과제에 비춰 보면 흥미가 있다. 그것은 우리가 인생의 바른 관계에 눈뜰 수 있게 되면 우리는 문자대로 지상에 천국을 실현할 수 있기 때문이다.

우리가 따로 어디든 가는 것이 아니다. 단지 마음속을 조정할 뿐인 것이다.

◇◇◇◇◇

실상을 현실로 번역하는 방법과 순서

현상의 사물을 질서 법칙에 따라 마땅히 있어야 할 모습으로 번역하는 과정에 네 가지 간단한 단계가 있다.

첫째, 이 세계의 본질은 지성(知性)이 있는 마음이다. 눈에 비치는 모든 것은 그 마음이 구상화된 것이란 사실을 자각하라.

둘째, 두려움 없이 문제에 직면하라. 그리고 그것을 분명히 본다. 이렇게 실행하는 것만으로 문제의 본질을 간파해 가는 가운데 스스로 해결해 버리는 일이 이따금 있다. 당신은 문제의 본질을 파악, 여기서 해결을 끌어내려면 문제에 직면하지 않으면 안된다.

셋째, 모든 인생의 여러 정황은 마음이 그런 형태로 나타난다. 이런 사실을 자각하고, 이 제1단계에서 사물의 본질을 명상하는 것이 좋다. 이것이 사물의 실상이다. 당신은 지금 사물을 존재케 하는 기본적 실질인 마음과 교섭을 가지고 있다. 그 마음인 기본적 실질은 조화 있는 형태로 나타나지 않는 일도 있지만, 그래도 역시 그것은 근본적으로 같은 마음이라는 실질이다. 마음이라는 실질은 용이하게 원형을 만들어 고칠 수 있기 때문에 당신은 어떤 문제도 해결할 수 있다.

넷째, 당신은 마음속에 문제 해결의 전망을 정확히 그려 넣고 그 해결 방법을 파악, 강렬한 감정을 담아 그것이 벌써 해결되었다고 명상함으로써 실제 그 해결을 실현하는 것이 좋다. 당신이 마음에 그려 넣는 일은 자기 현실이 되는 것이므로 당신이 "문제는 이미 해결되었다."고 그 모습을 명상할 때 그것이 외계로 나타나 문제는 이미 없어져 버린다. 이것이 이른바 '트랜스레이션(Translation)'이다. '마음의 세계'에 있는 것이 '현실의 나라'로 번역된 이유다.

자, 다음에 실제의 정황에 맞춰 이 방법을 수행하고 실상을 현실 세계로 번역해 내는 요령을 기억하도록 한다. 당신은 지금 자기에 관한 여러 정황에 대해 그것을 회피하는 일은 나타난 그대로의 모습으로 직면할 수 있다고 가정한다. 여기서 당신은 다음에 항목별로 내건 문제에서 자기에게 적합한 것을 선택, 앞에서 말한 것처럼 이상적인 해결 상태를 마음에 그려 넣어 다음과 같이 염원하고 명상하는 것이 좋다.

건강을 실현하는 사념의 말

건강은 내가 완전히 원만한 실상 본래의 마음을 자각할 때의 자동적 결과다. 육체는 자기가 그에 대해 가진 관념에 따라 마음이 모습을 나타낸 것이다. 때문에 실상 본래의 마음은 원만하고 완전하다는 진리를 알 때, 나는 오체 구족(具足)한 신체를 가지는 것이 틀림없다. 이 사실은 내가 자기 육체의 모든 부분과 극소한 세포조차 마음의 세계에서 잘 통하고 있음을 의미한다.

또, 내 육체의 상태는 내 마음의 세계와 일치하고 있음을 의미한다. 자기가 식사와 운동에 관해 내부의 기미에 따라 좋은 것을 먹고 좋은 운동을 해도 그것은 "인간은 원만, 완전하다."는 일이 인생을 지배하는 법칙이라는 내 자각에서 나오는 내부의 기미다.

내가 육체의 본질에 대해 진리를 깨닫는다는 사실이 원인이고, 지금 나타난 완전한 육체는 그 깨달음의 결과다. 나는 끊임없이 완전을 의식하고 살아가기 때문에 내 육체는 항상 건강하고 정상적인 기능을 한다.

가정을 좋게 하는 사념의 말

우주 의식은 내가 "이렇게 있다." 또는 "이렇게 된다." 하고 받아들이는 대로의 모습으로 구상화한다. 그리고 우주 의식은 유일한 실재이므로 그것은 어디서든 널리 꽉 차 있다. 나는 항상 마음속에서 자기의 '바른 장소'에 살기 때문에 나는 항상 적당한 주거를 향수할 수 있다.

나는 필요에 따라 반드시 형태로 나타난다는 우주 의식의 본질을 알고 있으므로 살 집이 없다는 일은 결코 없다. 또, 사물을 성취시킬 때 시간 제약이나 장애도 결코 없다. 그것은 내가 지금을 살고 순간순간을 완전히 살아가고 있음을 알고 있기 때문이다. 똑같은 진리는 의, 식, 자금 등 그 밖에 내가 필요로 하는 모든 것에 딱 맞는다. 모든 것을 항상 받고 있다. 더욱 풍부하게 받고 있다.

돈에 대한 사념의 말

마음이 전개되어 외계에 여러 가지 상징으로 나타난다. 그리고 돈은 그 본질에 대한 내 자각이 외부로 나타난 상징이다. 마음은 외계로 구체화되고 내 소망에 응하는 형태를 취하기 때문에 나는 항상 돈을 풍부히 갖는다. 인생에 적극적으로 관여한다는 사실은 내 본성이므로 아무래도 내부 기미로서 나는 창조적 표현으로 인도받는 것이다. 나는 마음의 긴장을 누그러뜨리고 이 진리에 모든 것을 맡긴다.

교훈, 교사, 또 신념에 대한 사념의 말

'의식'이 우주의 본체이고 그것이 외계로 나타난다. 그러므로 '의식'을 떠난 교훈·교사 등은 없고, 의식과 무관계한 부동의 신념 등은 없다. 나는 그 유심(唯心)이 나타남으로써 최선의 교훈 또는 교사에게 필요에 따라, 또 최종 목표의 달성을 위해 다음 단계로 옮겨 가려는 중요한 때에 항상 만날 수 있다. 또 나는 인생에 대한 확고한 전망을 주는 신념을 유지하는 것이고, 새로운 통찰에 의해 진리를 일층 명쾌하게 아는 경우 묵은 신념은 곧바로 버릴 수 있다.

교우관계에 대한 사념의 말

나는 인생에서 자기 지위를 확실하게 자각하기 때문에 내부에 불안을 갖지 않고 외부에 만족하고 있다. 나는 완전한 것이다. 나의 이 신념을 뒷받침하는 데 필요한 것은 남편이든, 아내든, 친구든 그것은 모두 자연스럽고 놀라운 과정을 통해 이 생활권에 나타나는 것이다. 내부에 충실한 완전성의 실감이 원인이고, 적당한 교우관계가 가능한 것은 원인이 외계에 확실하게 나타난 결과인 것이다.

인생에 대한 사념의 말

내가 사는 외계는 자기 내부 자각 정도와 일치한다. 그러므로 나는 항상 자기가 자각하고 있음에 잘 어울리는 위치를 점한다. 나는 자기감정, 상념, 행동을 통솔하고 내부 자각을 외부로 투영시킴으로써 이 자각의 올바름을 증명한다.

이래서 나는 온전하게 되고, 우주의 구도와 조화한다. 나는 항상 좋은 체험을 혜택 받지만, 그러나 내 소망의 달성은 그 결과가 누구도 해를 받는 자 없고, 경시당하는 자 없는 형태로 항상 실현된다. 내가 교섭을 갖는 모든 사람이 축복받는다. 이것이 올바른 마음이 구상화되는 법칙이기 때문이다.

부(富)에 대한 사념의 말

나는 창조의 마음 특질을 완전히 이해한다. 그것은 불가분(不可分), 불가감(不可減), 불가할(不可割)해서 우주에 편만해 있다. 나는 이 진리를 완전히 알기 때문에 나는 불분, 불감, 불할하는 부의 의식을 갖는다. 나의 자각은 유한의 육체를 넘어 확대하고, 드디어 전 세계를 자기 확대의 신체라 알기에 이르렀다.

이 대자각(大自覺)과 함께 나는 유한한 크기의 관념을 초월해 아무리 큰 규모의 활약도 할 수 있다. 마음은 도처에 편만하고, 구체적인 몸을 갖추고 스스로 구상화해 나타나는 것임을 나는 알고 있다.

나는 자기의 가장 높은 직감적 인도에 따라 기꺼이 마음을 소재로 해 구상화한다. 나는 인생에서 무엇인가를 가져온다는 생각을 초월한다. 내가 해야 할 일은 항상 어디에서도 얻을 수 있는 마음 소재를 써 바라는 형태를 구상화하는 사실을 나는 알고 있다.

교육에 대한 사념의 말

나는 '참교육'이란 생명과 어떤 관계인가에 대해 그 본질을 아는 것이라 알고 있다. 교육은 사람이 무엇이 되기 위해서가 아니라 사람이 무엇인가를 알기 위해 하는 것이다. 모든 지식은 "진리는 이런 것이다."라고 알기 위해 배우는 것이다. 내가 무엇을 읽는 노력, 연구하는 노력, 그리고 배우는 노력은 모두 내부 지혜를 환기시키는 역할을 다하는 데 지나지 않는다. 내부 지혜가 눈 뜨면 나는 어떤 일도 알 수 있게 되고, 어떤 정황에도 대처할 수 있고 조화할 수 있다.

시간에 대한 사념의 말

시간의 관념은 선천적으로 본래 존재하는 개념은 아닌 것으로, 나는 본래 존재하지 않는 시간 속에 포괄되어 있어야 하는 것은 아니다. 시간은 우리를 지배하는 법칙은 아니다. 나는 진리에서 초시(超時)의 지금을 살고 있다.

따라서 나는 나이를 먹는 것도, 권태로운 일도 없다. 일이 일어나려 하는 것을 두 손 모아 단지 기다린다는 일도 결코 하지 않는다. 나는 지금 의식은 충분히 진리에 눈떠 있다. 우주에 존재하는 모든 사랑, 모든 평화, 모든 진리는 지금 이곳에 있는 것이고, 나는 그것을 활용할 수 있다. 그것은 모두 나의 손안에 있다.

자성(自性) 원만함을 자각하는 사념의 말

나는 혼(魂)이다. 한 개 자각 의식이다. 나는 존재한다. 나는 외계를 의식한다. 그러나 나는 항상 어중간하게 사물을 관찰한다. 즉, 나는 떨어져서 보고 사물을 관찰한다. 나는 시간과 공간의 상관 관념의 세계에서 활동할 수 있지만 시공의 관념에 매어 있지 않다. 나는 죄와 원한의 의식에서 자유롭고, 실패와 손실의 관념을 갖지 않는다.

나는 자기 인생의 '꿈을 그리는 사람'이란 사실을 온전히 알고 자기 소망을 외계로 투영, 현상계에 구체화한다. 그러나 이런 구체화된 현상계의 사물에 매이지 않는다. 나는 완전한 지배권을 갖는다. 나는 사물을 창조할 수 있고 창조한 것을 유지하고, 또 그것을 뜻대로 소멸시킬 수 있다. 나는 지배자 의식의 입장에 서서 행운유수(行雲流水)와 같이 막힘없고 밀림 없이 사는 것이다.

자각을 인정받기 위한 사념의 말

나의 마음은 진리의 자각이 그곳을 통과하기 위한 여과기 작용을 하는 것이다. 마음의 잠재의식층은 창조의 법칙에 따라 사물을 구상화하는 목적으로 내가 인상(印象)하는 심상을 받는 작용을 한다.

현재의식은 완전한 계산기로, 현재의 사물 자료를 쉽게 평가하고 그것을 과거 경험과 미래 가능성을 비춰 본 뒤, 정확하게 이론적인 결론에 도달한다. 그 초재(超在)의식층은 실상의 빛을 흐리게 하지 않은 채 완전하게 반영한다. 내 마음은 지금 진리의 빛으로 비치고 있다. 따라서 어떤 답답함도 비뚤어짐도 없이 틀린 미망 관념에서 자유롭다. 내 마음은 편안하고 조용한 경지에 있다. 그러므로 생명의 실상을 투시할 수 있다.

생명에 대해 자각을 얻는 사념의 말

생명은 그 자체에 기초해 작용하는 마음이다. 생명은 처음도 없고, 끝도 없다. 생명은 인연에 매이지 않고 자아를 초월한 필연에 기초해 활동한다. 내가 이 생명의 큰 활동에 파장을 맞추면 이원적인 관념에서 벗어난다. 즉, 성공과 실패, 기쁨과 고통, 건강과 병중이라 하는 상대 관념에서 벗어난다. 지금 나는 생명의 본질에 대해 눈뜬 것이다. 나는 지금 명경지수(明鏡止水)의 심경에 있다. 명상하지 않으면 안 되고, 또 마음의 개발에 관해 가능한 대로 노력하지 않으면 안 된다.

이 같은 실제 수행을 쌓아 가면 그만큼 당신 마음의 빛은 힘을 받게 된다. 누구든 간에 '지배자의 자각'을 가지고 살아가는 일을 먼 장래의 목표로 서서히 노력해 그 의식에 도달하지 않으면 안 된다고 생각하는 사람이 있다면, 그것은 그다지 현명한 일이 아니다. 누구라도 "지금 벌써 '지배자의 자각'을 얻었다."는 전제하에 가능한 한 노력을 기울이는 편이 보다 작은 도달 목표를 정하기보다 훨씬 좋다. 그렇게 하면 당신은 자기가 할 수 있다고 생각한 것보다 훨씬 많은 일을 할 수 있다. 그러므로 당신은 좀 더 자기를 크게 하는 것이 좋다. 반드시 기쁨이 끊이지 않는 결과를 가져올 수 있다.

마침내 독자는 본 장에서 설명한 여러 가지 분야에 들어가 자기의 통찰을 깊게 하고 싶다고 바라게 될 것이다. 당신 자신이 통찰하는 내용 여하가 당신의 인생에서 운명을 결정하는 것이다. 이것은 중요한 일이다. 당신에게 중대한 의미를 갖는 것은 권위자가 한 말도, 어떤 다른 사람이 말할 일도 아니므로 당신 자신이 통찰해 아는 길밖에 없다.

당신이 사는 세계를 이상적인 형태로 번역해 보이려는 시도는 자기 암시의 시도와 다른 것이다. '번역'이란 개념은 먼저 원서(실상)의 내용을 알 일, 진리를 아는 것으로써 이것은 각성 상태에서 더구나 실제 수행 방법을 완전히 의식해야만 가능하다. 당신은 자기 조건에 맞게끔 독특한 번역어라 할 말을 공부할 수 있다. 당신이 사업가라면 다음 말을 써도 좋다.

사업에 대한 사념의 말

외계의 사업은 사실 마음속 활동이다. 따라서 성공과 실패에 관한 기성관념의 지배는 받지 않는다. 정치적 추세나 기후의 상황, 또 지리적 조건에 지배되지 않는다. '인간의 마음'은 '무한자의 마음'을 개별화한 것이고, '무한자의 마음'은 그 자체 내에서 만물이 충족해 있으므로 마음의 활동인 나의 사업도 그 자체 내에 필요한 모든 것이 충족되어 있다.

나는 이르는 곳마다 기회를 본다. 대개 우주에 좋은 사물이 풍부하게 있고, 누구라도 각각 자기 심경에 상응하는 위치에 있다는 사실을 잘 알기 때문에 나는 어떤 사람의 사업 성공도 기뻐한다. 가장 적절한 행동은 자연으로 일어나는 것이 '나의 인생'을 지배하는 법칙이다. 그러므로 나의 사업은 번영한다.

이상과 같이 염원하는 말을 실제 수행할 때 당신이 보는 시야가 크게 넓어져 자기 본질에 대한 이해가 깊어진다. 이래서 당신은 자기 자신이 살아가는 길을 이상적인 형태로 바라볼 일이다.

본서에서 설명하고 있는 많은 견해는 당신이 자립하는 데 도움될 것임을 나는 확신한다. 내 자신도 충실한 인생을 살아가기 위해 포착하기 어려운 여러 법칙을 파악하는 연구를 계속한 것이므로 이것이 본서를 집필할 때 도움이 된 것이다.

앞으로 매일 당신은 생명의 본원에 일층 접근해 살아가도록 노력할 필요가 있다. 당신은 시간의 조정을 능숙하게 해 심신의 긴장을 풀고 계획을 세워 그것을 마음에 그려 넣고, 또 창조적 조정의 세계를 탐구할 수 있는 여유를 만드는 것이 좋다. 그 후는 응당 있어야 할 마음의 태도를 유지, 자기 계획을 실행하고 행동으로 옮기는 것이 좋다.

당신은 성공으로 향하고 있는 중이다. 이것이 바로 '진리'다. 나는 지금 당신이 성공을 향하고 있다는 '진리'를 염원하며 이 글을 끝맺는다.

전영우(全英雨)

　1934년 서울 출생으로, 경복고교를 거쳐 서울대학교 사범대학 국어교육과를 졸업하고, 서울신문학원과 성균관대학교 대학원 석사과정 및 중앙대학교 대학원 박사과정을 이수한 문학박사다. 경기고 교사와, KBS 아나운서 실장을 거쳐, 수원대학교 인문대학장을 지냈다. 2017년 한글 발전 유공자로 선정되어 '문화포장'을 받았다. 그 밖에 한국연극상, 서울특별시 문화상, 외솔 최현배상, 국민훈장 목련장, 한국언론학회 언론상, 천원교육상 학술부문 등을 수상하였다.

　번역서에 『아리스토텔레스의 레토릭』, 『플라톤 대화편 고르기아스, 소크라테스의 스피치 철학(상)』, 『플라톤 대화편 프로타고라스, 파이드로스, 소크라테스의 스피치 철학(하)』, 『키케로 연설가에 대하여, 로마의 실천 변론법』, 『퀸틸리아누스 스피치교육』 등이 있으며, 그 외 저서로는 『스피치 개론』, 『화법원리』, 『국어화법론』, 『대화의 미학』, 『한국근대토론의 사적연구』, 『신국어화법론』, 『표준 한국어 발음 사전』 등 다수가 있다.(그 외 저작은 목록 참고)

옮긴이의 저작 목록

■ 저서

『표준 한국어 발음 사전』, 공보처, 1962

『스피치 개론』, 문학사, 1964

『화법원리』, 교육출판사, 1967

『현대인의 화술, 유쾌한 응접실』, 삼중당, 1968

『화법』, 청설문화사, 1969

『화법론』, 익문사, 1973

『설득력 개발』, 한국교육공사, 1973

『비즈니스의 화술』, 창조사, 1974

『오늘을 사는 화술』, 창조사, 1976

『현대 연설의 화술』, 창조사, 1977

『젊은 여성의 화술』, 창조사, 1982

『표준 한국어 발음 사전』, KBS 방송사업단, 1984

『현대한국수상록 '59』, 금성출판사, 1984

『국어과 국어화법』, 한국방송통신대학, 1985

『방송연구, 전문방송인론 방송아나운서론』, 방송위원회, 1986

『국어화법론』, 집문당, 1987

『여성의 예절과 올바른 대화법』, 기린원, 1987

『대화의 에티켓』, 집문당, 1988

『북한의 말과 글』, 을유문화사, 1989

『오늘의 화법』, 창조사, 1990

『한국 근대토론의 사적연구』, 일지사, 1991

『표준 한국어 발음 사전』, 집문당, 1992

『교양인의 화법』, 창조사, 1993

『말길을 트고 마음의 문을 열자』, 와우, 1993

『바른말 고운말』, 집문당, 1994

『바람직한 토론문화/토론의 실체와 방법』, 문화체육부, 1995

『고등학교 화법』, 교학사, 1996

『토의토론과 회의』, 집문당, 1996

『대화의 미학』, 집문당, 1997

『신국어화법론』, 태학사, 1998

『표준 한국어 발음 사전』, 민지사, 2001

『바른 국어생활』, 국립국어원, 2002

『설득의 화법』, 민지사, 2003

『느낌이 좋은 대화방법』, 집문당, 2003

『설득의 비즈니스』, 역락, 2003

『화법 개설』, 역락, 2003

『토론을 잘하는 법』, 거름, 2003

『스피치와 프레젠테이션』, 민지사, 2004

『짜임새 있는 연설』, 민지사, 2004

『언어예절과 인간관계』, 역락, 2004

『귀담아 듣는 언어생활』, 민지사, 2005

『표준 한국어 발음 소사전(개정판)』, 민지사, 2007

『화법연구14 한국사회 말문화와 언어예절』, 「서평논문 아리스토텔레스
　　　의 레토릭에 대하여」, 역락, 2009

『회의를 잘하는 법』, 민지사, 2010

『청소년을 위한 토론 교과서』, C&A에듀, 2013

『실록, 언론 언론인의 길(5), 아나운서 30년, 대학교수 30년』, 대한언론
　　　인회, 2015

『바른 예절 좋은 화법』, 민지사, 2015

『화법에 대하여』, 소명출판, 2017

■ 공저

『국어국문학논총』, 와우, 1994

『기전어문학』 12·13 합병호, 2000

■ 역서

『화술의 지식』, 을유문화사, 1962

『방송개설』, 한국교육공사, 1970

『아리스토텔레스의 레토릭』, 민지사, 2009

『플라톤 대화편 고르기아스, 소크라테스의 스피치 철학(상)』, 민지사,
　　2011

『플라톤 대화편 프로타고라스, 파이드로스, 소크라테스의 스피치 철학
　　(하)』, 민지사, 2012

『키케로 연설가에 대하여, 로마의 실천 변론법』, 민지사, 2014

『아리스토텔레스 니코마코스 윤리학』, 대원사, 2018

CHANGE
체인지

초판 1쇄 인쇄 ｜ 2019년 8월 8일
초판 1쇄 발행 ｜ 2019년 8월 20일

지음 ｜ 로이 유진 데이비스
옮김 ｜ 전영우

발 행 인 ｜ 김남석
편집이사 ｜ 김정옥
디 자 인 ｜ 최은미
기획·홍보 ｜ 김민서

발 행 처 ｜ ㈜대원사
주   소 ｜ 06342 서울시 강남구 양재대로 55길 37, 302
전   화 ｜ (02)757-6711, 6717~9
팩시밀리 ｜ (02)775-8043
등록번호 ｜ 제3-191호
홈페이지 ｜ http://www.daewonsa.co.kr

ⓒ Roy Eugene Davis · 전영우, 2019

Daewonsa Publishing Co., Ltd
Printed in Korea 2019

ISBN ｜ 978-89-369-2120-0

이 책의 국립중앙도서관 출판시 도서목록(CIP)은 e-CIP홈페이지(http://www.nl.go.kr/ecip)에서
이용하실 수 있습니다. (CIP제어번호 : CIP2019029410)